觉醒与幻灭

1861

1861年的内乱、外交与政局

池子华 著

岳麓书社 · 长沙

咸丰与慈禧弈棋图轴

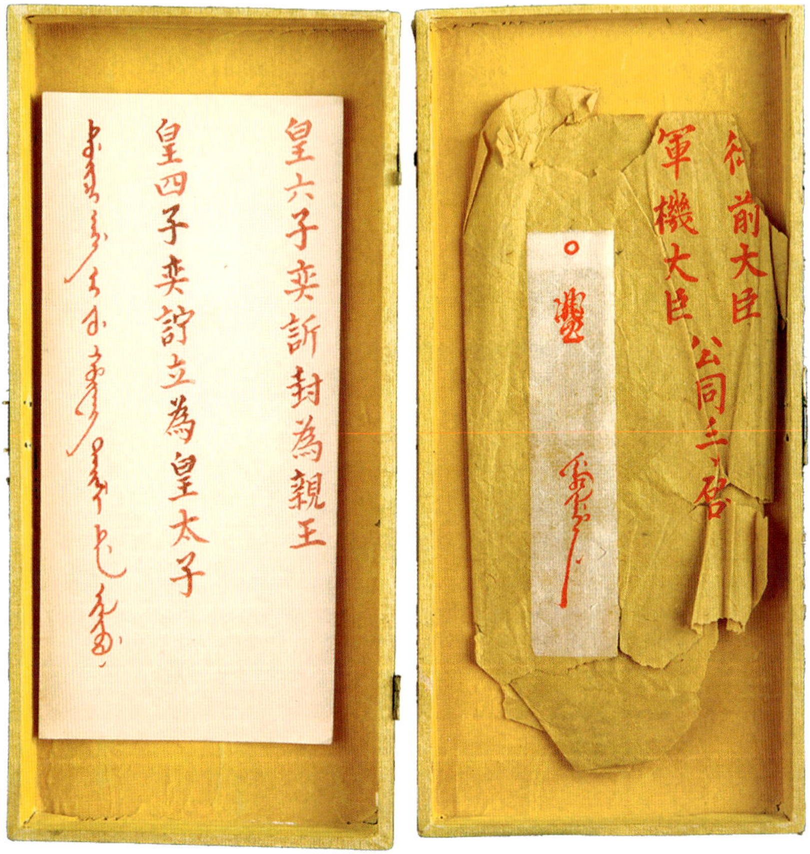

道光帝秘密立储谕旨

孝贞显皇后（慈安太后）璇闱日永图轴

僧格林沁行乐图

法国人绘制的《盟军胜利进入北京》

湘军克复瑞州府城图

北門
瑞州府城
南門
東門
橋北賊礮臺
瑞河

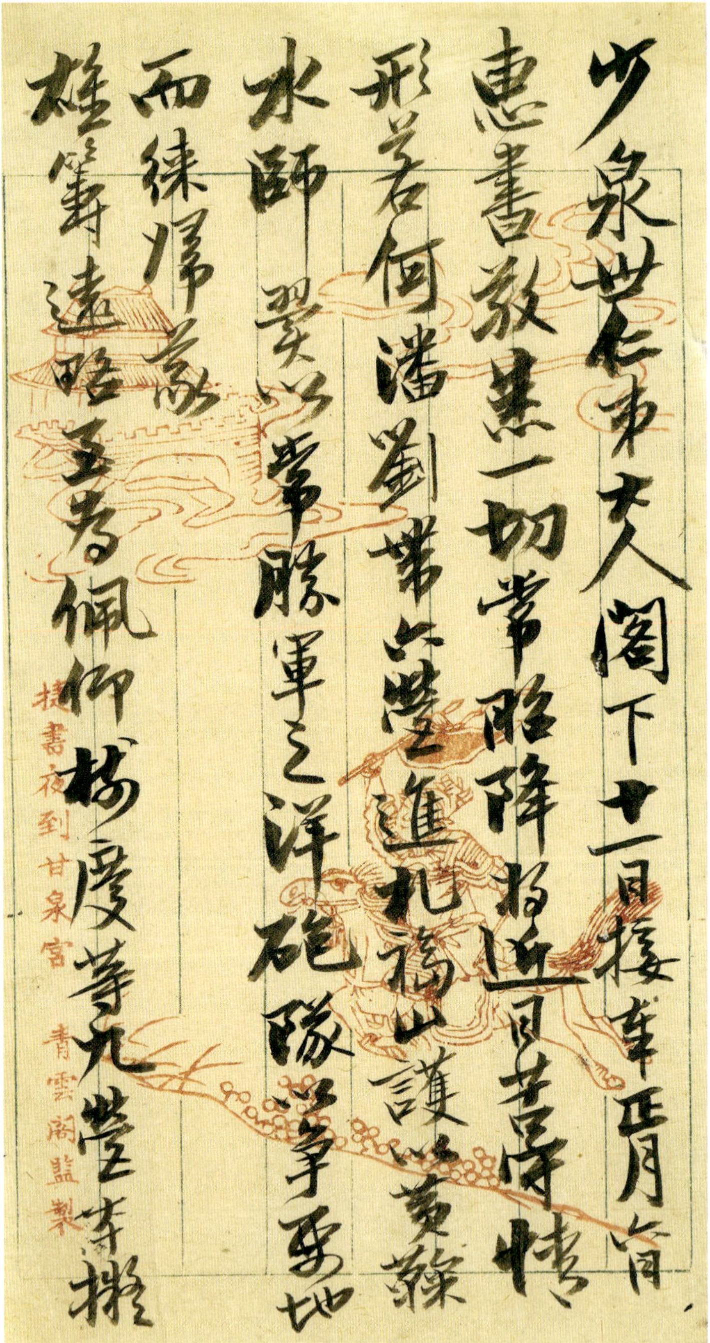
少泉世仁弟大人閣下：十一日接奉正月六日
惠書，敬悉一切。常昭降將近日甚得情
形若何？潘劉常六營進扎福山，護以黃蘇
水師，翼以常勝軍之洋砲隊，掌要地，
而緑帰蒙
雄籌遠略，至為佩仰。楊慶等九營等撥

同治二年正月十六日曾国藩复李鸿章函（第一页）

目　录

引　子　001

第一章
“行在”热河：破碎的梦
- 一、不堪回首的“洋祸”　006
- 二、天子蒙尘　021
- 三、诅咒“上帝”　038

第二章
新春霉运：苗沛霖分庭抗礼
- 一、大海蛟螭：苗沛霖的崛起　058
- 二、养痈遗患　071
- 三、天顺王：咸丰的新对手　085

第三章
幻灭与觉醒
- 一、公使驻京：“天朝”迷梦的幻灭　098
- 二、皇弟奕䜣的觉醒　109
- 三、“洋务内阁”的诞生　124

第四章
纷扰之夏
- 一、淮北捻军“远征”　141
- 二、糜烂的山东　147
- 三、“借师助剿”乎？　162

第五章
龙驭上宾：咸丰驾崩之后

一、破碎的蛋壳 175
二、“肃老六”与“鬼子六” 193
三、慈禧：权欲中的异变 210

第六章
军事上的大转折：曾胡洞开天京门户

一、曾国藩：在“自杀”中崛起 231
二、曾国藩与胡林翼：湘军的灵魂 246
三、安庆之围：洞开天京门户 266

第七章
惊心动魄的权力角逐

一、叔嫂之间 290
二、震惊中外的北京政变 299
三、垂帘听政 320

第八章
中兴之基

一、尘埃落定：“借师助剿”的实施 339
二、花未全开月未圆：曾国藩的人生哲学 349
三、安庆内军械所：中国近代化的新起点 368

尾　声　“抗议” 382
后　记 387

引　子

咸丰十一年（1861），幻灭、失落、郁闷、焦虑、彷徨、恐怖、刺激而又充满希望的一年。小心保存的“木乃伊”在“欧风美雨”中化为粉末，支撑天朝的虚骄的心理地平线倾斜破碎，沉睡已久的东方巨龙开始睁开蒙眬的眼睛，向近代迈出了艰难的第一步。

咸丰十一年（1861），旧历辛酉年。

新年已至。无论达官贵人，还是寻常百姓，无不备置年货，恭迎春神驾幸，求赐福禄寿考。东西南北中，新春气氛正浓。

一元复始，大吉大庆，本该喜气洋洋，可是“行在”热河的咸丰皇帝爱新觉罗·奕詝却愁容满面，怎么也高兴不起来。往年此时，作为大清国皇帝的他，在京师接受文武百官隆礼贺喜，而如今，名为巡幸，实际上还不如说是落难。对落难者来说，佳节之日更难耐。

咸丰皇帝驻跸的行在，又称避暑山庄、承德离宫、热河行宫，地处京师东北，距京 200 余公里，是塞外少见的景色优美的去处。山庄周围群山起伏，苍莽雄劲，峰峦怪石，奇异突兀；山上林木丰茂，郁郁葱葱；更兼滦河、武烈河（古称热河，承德亦有热河之称，热河行宫即由此得名）蜿蜒流淌，山水辉映，风光旖旎，美不胜收。难怪清人揆叙、蒋廷锡、张廷玉等人在《恭注御制避暑山庄三十六景诗跋》赞叹不止："自京师东北行，群峰回合，清流萦绕，至热河而形势融汇，蔚然深秀。故称西北山川多雄奇，东南多幽曲，兹地实兼美焉。"[1]

热河行宫是先帝们给咸丰留下的遗产。它始建于康熙四十二年（1703），五年粗成，其后屡经扩建、改造，直到乾隆五十五年（1790）才算完工，历时 87 载。行宫占地 8400 多亩[2]，规模宏大，可称园林之最。行宫内建筑百余处，错落有致，康熙皇帝以四字题名的三十六景和乾隆皇帝以三字题名的三十六景（合称"七十二景"）点缀其间，取法自然，融南、北园林风格于一体，极富情趣。"烟波致爽""芝径云堤""无暑清凉""万壑松风""曲水荷香""云帆月舫""澄波叠翠""青枫绿屿""梨花伴月""金莲映日""长虹饮练"……这些名称，令人遐想，徜徉其间，可使人乐不思蜀。咸丰皇帝也许会由衷地慨叹先帝们如此会享乐。建造行宫，费银无算，这些都是从平民百姓身上榨出来的，曾使

1 转引自承德市文物局、中国人民大学清史研究所编：《承德避暑山庄》，文物出版社 1980 年版，第 2 页。

2 河北人民出版社编：《可爱的河北》，河北人民出版社 1984 年版，第 293 页。

几多百姓陷于水深火热之中！“皇帝之庄真避暑，百姓仍是热河也”[1]，这两句颇为流行的民谚，正是对当时社会现实的深刻揭示。民怨的种子早已深埋，这岂不是先帝们给他留下的另一份“遗产”？

热河是避暑胜地，咸丰皇帝初来之时，已是金秋时节，当然不是为了避暑。几个月过去了，眼下到了年关，虽说热河的冬景别具情调，但他无心消受。随扈的大臣们努力铺张仪典，皇上仍意甚寥落，感到从未有过的寂寞。挨过大年初一，初二（1861年2月11日）即决定回銮日期，但终究没能遂愿，直到这年秋天他躺卧在梓宫（棺材）里，才被抬回京师……

咸丰十一年的“关键”，随着咸丰皇帝生命的凋零而展开，中国历史由此发生大转折。

1 小横香室主人：《清朝野史大观》卷一《清宫遗闻》，上海书店1981年版，第49页。

第一章

『行在』热河：破碎的梦

“玉路旋悲车毂鸣”，落难热河的一国之君奕詝在为“失乐园”而悲怆，滴血的心在诅咒“洋祸”和“上帝”，他也在期待着什么。

咸丰皇帝，作为一国首脑沦落到了热河，而其“身躯”——吏、户、礼、兵、刑、工六部办事机构还在京师，文武百官差不多都在京城，“身首异处”，这种惨痛在中国历史上罕有其例。惨剧的发生，肇于“洋祸”，咸丰在新年“佳节”思之，更是百感交集，诚可谓不堪回首。

一、不堪回首的“洋祸”

“洋祸”炽燃于先帝道光皇帝统治时期，道光二十年（1840）爆发了“鸦片战争”，大清帝国一败涂地，中国由此步入“挨打”的不幸时代。

灾难的降临，有时并不是偶然的。

自 17 世纪英国产业革命以来，世界资本主义取得长足发展，大有席卷全球之势。大凡资本主义工业发展很快的国家，都要急于开拓海外市场，以倾销商品，掠夺原料，“资本主义如果不经常扩大其统治范围，如果不开发新的地方并把非资本主义的古老国家卷入世界经济的旋涡，它就不能存在与发展”[1]。这是资本主义的本性——开拓不息的资本主义精神。古老的东方大国中国理所当然成为英、法、美等西方资本主义强国欲求开发的“新大陆”，它们因而屡叩国门。但清朝统治者以天朝老大自居，闭关锁国，固守藩篱，对世界资本主义发展大势，对曾经是世界文明古国的中国早已被历史抛在了后面的残酷现实闭目塞听，茫然无知。假若不是闭关自守，而是主动开放，大刀阔斧地进行改革，迎接汹涌而至的世界资本主义潮流——顺之则昌，中国社会也许会异彩重放，咸丰皇帝或不至于沦落至热河。但机遇一经丧失，中国只有在挑战中被动挨打。

道光二十年，英国发动了侵略中国的鸦片战争——因借口中国禁止鸦片走私贸易和林则徐“虎门销烟”而挑起，故称。清朝的八旗、绿营兵丁腐朽无能，清政府战败求和，道光二十二年七月二十四日（1842 年 8 月 29 日）在南京下关江面的英舰“皋华丽”号上签订中国近代史上第一个丧权辱国的不平等条约——《江宁条约》(《南京条约》)，割让香港岛给英国，开放广州、福州、厦门、宁波、上海为通商口岸，赔款 2100 万银元……中国被迫向世界开放了。

道光皇帝把《南京条约》视为“万年和约”，以为从此可以高枕无忧，“一劳永逸”，“永杜后患”了。[2]可是仅过了一年，英

1 列宁：《俄国资本主义的发展》，《列宁全集》第 3 卷，人民出版社 1984 年版，第 545 页。

2 中国史学会主编：《鸦片战争》第 5 册，神州国光社 1954 年版，第 418 页。

国又迫使清政府于道光二十三年六月二十五日（1843 年 7 月 22 日）签订《五口通商章程及海关税则》，八月十五日（10 月 8 日）签订《虎门条约》(即《善后事宜清册附粘和约》)，取得领事裁判权、居住及租地权、片面最惠国待遇等特权，规定将来清朝“大皇帝有新恩施及各国，亦应准英人一体均沾”[1]。按照这一条款，以后任何国家在中国取得的任何特权，英国都可以同样享受。这就为列强在侵略中国的过程中互相援引，攫取侵略权益开了恶例。当然，也给道光皇帝的继任者咸丰留下后患。

继英国之后，美国于道光二十四年五月十八日（1844 年 7 月 3 日）强迫清政府签订《中美望厦条约》，法国于九月十三日（10 月 24 日）强迫签订《中法黄埔条约》，除取得与英国同样的特权外，还获准在各通商口岸自由传教。其他资本主义国家如葡萄牙、比利时、瑞典、挪威、荷兰、西班牙、普鲁士、丹麦诸国接踵而至，“窃睨其旁，妄生觊觎”[2]，打着“利益均沾”的旗号要求订约，清政府“一视同仁”，一概允准。战败者既是那样无奈，却又如此慷慨大方。不过，道光皇帝从不承认失败，《南京条约》就赫然写着：“自今以后，大皇帝恩准英国人民带同所属家眷，寄居大清沿海之广州……等五处港口。”[3] 所谓丧权辱国，在道光皇帝看来，不过是天朝大国对这些蛮夷小国施恩布惠罢了，他仍然可以夜郎自大。失败者在“精神胜利”的心理平衡机制调适下

1 王铁崖：《中外旧约章汇编》第 1 册，三联书店 1982 年版，第 36 页。
2 中国史学会主编：《鸦片战争》第 5 册，神州国光社 1954 年版，第 409 页。
3 王铁崖：《中外旧约章汇编》第 1 册，三联书店 1982 年版，第 31 页。

显得那样坦然。虚骄的失败者是不愿面对失败的现实的。

奕詝的青少年正是在这场被称为“数百年来中外一大变动”[1]的噩梦年代度过的，对所发生的一切，他感到迷茫，似乎若有所思。

道光三十年正月十四日（1850年2月25日），道光皇帝驾崩，奕詝入承大统，改明年为咸丰元年。他继承了父亲留下的一切。咸丰皇帝看来并不幸运，他比道光还命苦。虽然在皇位的角逐中，他大获全胜，却也因此埋下了祸机，最后引发了攸关大清王朝国运的宫廷政变（即辛酉政变）。在他御宇的头一年（咸丰元年），中国有史以来规模最大的农民战争——太平天国运动爆发了，直到他撒手人寰还没有平息。更不幸的是，可怕的“洋祸”又来了，终于把他逼上了“行在”不归路。

从城下之盟《南京条约》订立到奕詝坐上皇帝宝座，有十年中外相安的和平时期，十年时间在历史的长河中太短促，但对战败的中国实在是难得的机遇，抓住机遇，只争朝夕，奋发图强，改变积贫积弱的现实，谁能说中国没有希望？令人扼腕叹息的是，来之不易的机遇又一次在虚幻的迷梦中流逝。战败者（清政府）既不以战败为耻，自然无所谓洗雪国耻了。至于国际地位一落千丈，民心已失，更不在话下了。

咸丰皇帝20岁登上皇位，血气方刚，风华正茂，很想有所作为，他觉得，再不能像父皇那样浑浑噩噩，弄得国势阽危。没

1 中国史学会主编：《鸦片战争》第5册，神州国光社1954年版，第409页。

有直接资料证明咸丰对先父的外交政策妄置一词，但其登极伊始的所作所为，的确使人感到他身上散发出一种朝气，有着扶大厦之将倾的胆略。试看，他把签订《中英南京条约》《中法黄埔条约》《中美望厦条约》的宗室耆英降职，说他“抑民以媚外，罔顾国家”[1]，给大清帝国带来耻辱，罪有应得。同时，给因禁烟、抗英而遭贬的林则徐平反昭雪，重新录用。这带有拨乱反正意味的举措，虽难说他是公然向英国等西方列强发出挑战信号，但至少出了一口郁积胸中的恶气。他不服输。

咸丰长在深宫之中，对外界，特别是对西方列强的情形毫无所知。要防“夷”治“夷”，非知“夷”不可。咸丰三年（1853）他命武英殿修书处将魏源编纂的《海国图志》一书进呈。这是一部影响深远的著作。书中提出一个令世人震惊的命题：“师夷之长技以制夷!”“师夷”就是以“夷”为师，学习西方先进的造船制炮技术以及养兵练兵之法，目的是“制夷”。让至高无上的大清帝国皇帝放下架子去“师夷”，以前谁都不敢想象。究竟如何“制夷”？他当然要寻求行之有效的方略。可是“上帝”（这里指洪秀全领导的太平天国运动，因其信奉基督教故）硬是不给他时间，还差一点把他的老窝给端了，这使他欲伸国威而有所不能。而国内大乱的局面又为“洋祸”的卷土重来制造了良机，陷他于尴尬难堪的境地。“苦命天子”[2]咸丰可谓雪上加霜，祸不单行，

1《清史列传》卷四十《耆英传》，王钟翰点校，中华书局 1987 年版，第 3178 页。
2 茅海建：《苦命天子——咸丰皇帝奕詝》，上海人民出版社 1995 年版。

只好三叹“命苦”！

“洋祸”的卷土重来起于修约交涉，又是英国一马当先。

所谓“修约”，无非要求修改《中英南京条约》《中法黄埔条约》《中美望厦条约》等条约内容，增加新的条款，扩大在华利益。修约要求本身并不是“无理的”，《中美望厦条约》第34条就规定，“和约一经议定，两国各宜遵守，不得轻有更改。至各口情形不一，所有贸易及海面各款恐不无稍有变通之处，应俟十二年后，两国派员公平酌办”[1]。《中法黄埔条约》也有相应的条款。尽管《南京条约》《虎门条约》没有这样的内容，但英国援引“一体均沾”的片面最惠国待遇，享有同样的权利。咸丰四年（1854），《南京条约》满十二年，英国率先提出修约要求。法、美本来应到咸丰六年（1856）才有资格提出修约，这时也援引片面最惠国待遇与英国桴鼓相应。修约问题提了出来。

既然修约要求提了出来，咸丰皇帝就该面对现实，派员堂堂正正进行修约谈判，“稍有变通”。英法等国旨在利用中国内乱之机进行外交讹诈，并不希望诉诸武力，咸丰更不愿意开辟“第二条战线”，国内战争早已使他焦头烂额。可是“修约”成为引发战争的导火索，这是他所始料不及的。

问题出在两广总督叶名琛身上。

叶名琛，字昆臣，湖北汉阳人，道光十五年（1835）进士，先后出任陕西兴安知府，山西雁平道、江西盐道道员，云南按察

1 王铁崖：《中外旧约章汇编》第1册，三联书店1982年版，第56页。

使，湖南、甘肃、广东布政使，道光二十八年（1848）擢广东巡抚。任内组织团练，支持两广总督徐广缙坚拒英国人依约进入广州城，这起本不该发生的事件在当时被渲染成外交上的重大胜利。加上平定广东内乱（凌十八起义）有功，叶名琛更得咸丰信任，咸丰二年（1852）给他加了一个总督衔，不久实授两广总督，兼通商大臣，全权办理对外交涉。被咸丰倚为南国长城的叶名琛“颇自负，好大言，遇中外交涉事，略书数字答之，或竟不答”[1]，换句话说，就是避而不谈，不予理睬。英、法、美三国于咸丰四年（1854）、咸丰六年（1856）两度“修约”交涉，都在叶名琛这种所谓“避”的“无外交政策”面前碰得鼻青脸肿，致使他们恼羞成怒，认定“同这个政府只能在炮口上才有外交”[2]。外交讹诈被“封杀”，扩大在华侵略权益的唯一途径就是诉诸武力了。

咸丰六年九月十日（10 月 8 日），广东水师因中国走私船“亚罗”号窝藏海盗，拘捕水手 12 名，该船曾在香港领取过英国通行证，早已过期，但英国以为这是点燃战火的极好借口。九月二十五日（10 月 23 日），英国海军将领西摩尔“乘战船三只，突入内河”，炮击广州城。第二次鸦片战争爆发。

咸丰皇帝听不到广州的隆隆炮声。叶总督也不当一回事，他自有应变妙法，是为“不战不和不守，不死不降不走”，诚可谓

1 赵尔巽等：《清史稿》卷三九四《叶名琛传》，中华书局 1977 年版，第 11764 页。
2［美］马士：《中华帝国对外关系史》第 1 卷，三联书店 1957 年版，第 484 页。

“相臣度量，疆臣抱负，古之所无，今亦罕有”。[1] 以此对敌，安有不误国之理！

十二月二十五日（1857 年 1 月 20 日），英军自动撤出内河待援，“六不”总督叶名琛迫不及待飞章告捷，谎报“获胜”。咸丰览奏大喜，看来叶名琛“操纵得宜”，不负委任，他没有看错人。只是担心“该夷”去而复来“报复”，提醒叶名琛“密为防范，勿存轻视之心”。[2]

广州照样不设防，叶总督依然故我。

咸丰皇帝担心的事情发生了。咸丰七年（1857），英、法、美俄四国达成对华作战同盟，以英、法为主力，美、俄助势。十一月十一日（12 月 26 日），英国专使额尔金、法国专使葛罗向叶名琛发出最后通牒，如不答应修约，将立即攻城。阖城大乱，唯独叶总督镇定自若，他有神仙保佑，用不着惊慌。他在城北建有长春仙馆，穷极侈丽，里面供奉着吕洞宾、李太白二仙，一切军务取决于神仙乩语。当英法联军兵临城下，他不作战守准备，而去请仙扶乩。“仙乩”告诉他：“十五日后便无事。”[3] 可是还没等到十五日，十四日（12 月 29 日）广州不守，英法联军 5600 余人冲进城中肆意杀戮，两广总督叶名琛躲到督署后花园八角亭，被英军俘获，随从暗示他投河自杀殉城，他竟然“不

1 赵尔巽等：《清史稿》卷三九四《叶名琛传》，中华书局 1977 年版，第 11766 页。
2 贾祯等编：《筹办夷务始末（咸丰朝）》卷十五，中华书局 1979 年版，第 535 页。
3 李凤翎：《洋务续记》，见中国史学会主编《第二次鸦片战争》第 1 册，上海人民出版社 1978 年版，第 224 页。

悟”，被押往香港。叶总督工书画，在港每日挥毫泼墨以应洋人之请，从者力劝不可题姓名，他也觉得那样太丢脸，便题“海上苏武”，当然，这大清苏武没有牧羊，而是作画。咸丰八年（1858）春，他被挟往印度加尔各答，居住在大理恩寺楼上，靠家人带去的食物存活。咸丰九年二月（1859 年 3 月），食物将尽，不允添买，英人送来食物也拒不入口，他曾以诗阐明自己的心迹：

> 镇海楼头月色寒，将星翻作客星单。
> 纵云一范军中有，怎奈诸君壁上看。
> 向戍何心求免死，苏卿无恙劝加餐。
> 任他日把丹青绘，恨态愁容下笔难。[1]

三月七日（4 月 9 日），这位“海上苏武”面带恨态愁容客死异域。

广州沦陷，咸丰皇帝闻讯，深感诧异，没想到叶名琛办事如此乖谬，大负委任。可是悔之已晚，谁叫他用人不当呢？

事态不断扩大，终于闹到不可收拾的地步。

咸丰八年正月（1858 年 2 月），英法联军到达上海，要求清廷派钦使至上海议约。不料咸丰不允。联军决定继续北上。三月

1　叶名琛诗，见小横香室主人《清朝野史大观》卷四《清朝史料》，上海书店 1981 年版，第 40 页。

七日（4月20日），四国公使率军舰20余艘先后到达天津白河口，十一日（24日）发出照会，要求清廷钦派全权大臣前来谈判。咸丰派户部侍郎崇绮，内阁学士、礼部侍郎乌尔棍泰赴天津会同直隶总督谭廷襄与四国交涉，英、法认为崇绮等人不足以当全权之任，概辞不见。四月八日（5月20日），英法联军向大沽炮台发起攻击，一鼓而下，扬帆溯白河而上，兵临天津城下。天津是京师的门户，一旦天津有失，京师危矣。京师人心惶惶，咸丰顿感大势不妙，立即派大学士桂良、吏部尚书花沙纳驰赴天津议和，五月（6月）分别与英、法、俄、美签订《天津条约》。准公使驻京；增开牛庄（后改营口）、登州（后改烟台）、台南、淡水、潮州（后改汕头）、琼州、汉口、九江、南京、镇江为通商口岸；鸦片贸易合法化；外国商船可以在长江各口岸往来；洋人可以随意到内地游历、通商、自由传教；修改税则，中国海关由外国人帮办税务，进出口货物一律按价抽5%的关税，外货入内地只加征2.5%的子口税；赔偿英国军费银400万两，法国200万两。这又是一副沉重的枷锁。

《天津条约》是“用手枪抵在咽喉上”签订的，咸丰皇帝实在心有不甘，“愤懑”不已。洋兵放洋南下，京师转危为安，咸丰忽然后悔起来，派桂良、花沙纳南下上海，与洋人交涉，希望通过外交谈判使各国“罢弃条约”。他太天真了。

《天津条约》满一年在北京互换条约批准书。咸丰九年五月（1859年6月），英国公使卜鲁斯、法国公使布尔布隆各率舰队北上大沽口。换约犯不上重兵相加，但英法联军以为非此不足以迫使咸丰就范。五月十七日（6 月 17 日），英法联合舰队云集大沽口，蛮横拒绝清廷指定的由北塘登陆经天津去北京的路线，坚持经大沽口溯白河赴京换约（如为换约而来大可不必），否则开仗。五月二十五日（6 月 25 日），联军突然炮轰大沽炮台，强行登陆。守军在僧格林沁亲王的指挥下发炮还击，经过一昼夜的激战，重创联军，击沉击伤战舰十余艘。联军伤亡累累，挂帆狼狈逃走。

捷报传来，京中人心振奋，朝野上下奔走相告，谓“为二十余年未有之快事”[1]。咸丰皇帝特旨嘉奖，总算出了口恶气。然转念一想，愁上心来：英法联军会善罢甘休吗？国内的战火燃遍了大江南北，如再对外“专意用兵，如何了局”？他不敢往下想，但愿能够化干戈为玉帛，“从来驾驭外夷，未有不归于议抚者”。[2]咸丰认为，此次开战，衅自彼启，责任当由彼来负，倘英、法“自愿弃嫌修好”，他可以既往不咎。且美国公使华若翰（John E.Ward）情词恭顺，已在北塘换约，“吃软”的姿态已经做出，英、法经此大创，理当驯服，他可派继任直隶总督恒福在北塘接待换约。他想得很多，也很美。

咸丰不想对外开战，但战争凶神偏偏与他过不去。

大沽惨败的消息传到伦敦、巴黎，激起英、法政客强烈的

1 萧一山：《清代通史》卷下，中华书局 1986 年版，第 494 页。
2 萧一山：《清代通史》卷下，中华书局 1986 年版，第 496 页。

战争狂热，他们嚣嚷对华实行“大规模报复”，“打进京城，将皇帝逐出皇宫”。[1]咸丰十年（1860）春，新编英法联军2.5万余人（英军1.8万人、法军7200人）、船舰200余艘，在英国公使额尔金、法国公使葛罗率领下开到中国，齐集上海。三月（4月），英海军司令何伯（James Hope）、陆军司令葛兰特（Sir T.Hope Grant），法海军司令沙纳（Charnor）、陆军司令蒙托班（Montauban）遣军占领舟山，作为基地。四月（5月），英法军舰连樯北犯，占领大连、烟台，六月（7月）抵大沽口外，在北塘大沽间往来游弋。

战争的阴霾笼罩京津，浮动的人心在为这个不幸的帝国祈祷。

深居在圆明园的咸丰皇帝奕詝更是寝食难安，他有一种不祥的预感。

强寇临门，来者不善，战既无把握，还是“和”为上策。皇帝饬令大沽守军切不可“贪功挑衅”，“总须以抚局为要”。[2]同时派直隶总督恒福前往求和。英、法置之不理，他们相信强权就是公理，“大炮的轰鸣是最为有力量的外交辞令”[3]。

六月十五日（8月1日），英法联军在俄国人的引导下挽炮登陆，不费一枪一弹占领北塘炮台。对此洋人也大惑不解。其

1《每日电讯》（伦敦），转引自马克思《新的对华战争》，见《马克思恩格斯选集》第1卷，人民出版社2012年版，第827页。

2 贾祯等编：《筹办夷务始末（咸丰朝）》卷五十五，中华书局1979年版。

3 茅海建：《苦命天子——咸丰皇帝奕詝》，上海人民出版社1995年版，第210页。

实这是奕訢求“和”的表示，也是僧格林沁亲王玩弄的“战争游戏”。自上年大沽之战取胜后，僧亲王有些不把洋人放在眼里，这些高鼻蓝眼卷毛的“怪物”没什么了不起。而且洋人作战也有懈可击。有人就献上诱敌登岸之策，僧亲王深以为然，彼之所长在“船坚炮利”，远航而来，不能多带马队，一旦登岸，失其所长，我以劲骑蹂之，不把洋人踏成肉泥才怪呢！有位名士郭嵩焘时在僧亲王幕中，力争不可，御寇不于藩垣而于堂奥，实为失计。僧亲王不听，郭嵩焘请辞而去。“锦囊妙计”固然可以增强自信，而过于自信又往往使人丧失理智。僧格林沁似乎没有意识到发挥马队威烈冲击力的冷兵器时代早已逝去，他所面对的不是扛着大刀长矛的太平军、捻军，而是手持世界上最先进的“热兵器”洋枪洋炮的洋人。六月二十六日（8月12日）新河一战，僧军马队在洋枪洋炮面前如墙之倒，3000精骑兵，最后仅剩7人。直到这时，僧亲王才明白纵敌登岸之蠢，深悔自己没有掌握“游戏规则”，没听郭嵩焘之言。

二十八日（14日）联军攻占唐儿沽，大沽危在旦夕。

闻僧军败讯，咸丰不胜凄怆。求和不成，战又不胜，将如何是好？他现在不能不为自己着想，至于大沽炮台失守与否，反倒在其次了。二十九日（15日），他给僧格林沁发出亲笔朱谕：

> 握手言别，倏逾半载，现在大沽两岸，正在危急，谅汝在军中，忧心如焚，倍切朕怀。惟天下根本，不在海口，

> 实在京师。若稍有挫失，总须带兵退守津郡，设法迎头自北而南截剿，万不可寄身命于炮台，切要！切要！以国家倚赖之身，与丑夷拼命，太不值矣！离营后，南北两岸炮台，须择可靠之大员，代为防守，方为妥善。朕为汝思之，身为统帅，固难言擅自离营，今有朱笔特旨，并非自己畏葸，有何顾忌？若执意不念天下大局，只了一身之计，殊属有负朕心！握管不胜凄怆，谆谆特谕，汝其懔遵！[1]

这封语重心长的朱谕，颇耐人玩味。乍看起来，咸丰皇帝对僧格林沁的人身安全格外牵肠挂肚，细细品味，还有更深一层寓意。僧格林沁，博尔济吉特氏，科尔沁旗人，道光五年（1825）袭封科尔沁札萨克多罗郡王爵。他所统率的蒙古马队（约 3 万之众）曾扼杀太平天国北伐之师，战功显赫，是清廷的一张王牌，素为咸丰所倚重。僧格林沁忠心耿耿，性格刚烈，一旦大沽不保，僧亲王杀身成仁，将来由谁来救驾？这才是问题的关键，这就难怪僧亲王“倍切朕怀”了。在专制时代，君叫臣死，臣不敢不死；君叫臣生，臣不能不生。僧亲王不仅不能与大沽共存亡，而且要撤出阵地，退保皇上所在的“天下根本”——京师，有皇上亲笔写的“通行证”，可以不必顾虑擅离职守之罪。皇上的安危重于一切，现在重托给僧亲王了。僧军倘能力阻“丑夷”北

1 《军机处王大臣寄钦差大臣僧格林沁应顾念大局退守津郡不必亲自死守海口炮台朱谕》，见中国史学会主编《第二次鸦片战争》第 4 册，上海人民出版社 1978 年版，第 469 页。

进，冀可免生辇毂之变，万一……皇上没有说。此时的咸丰在凄怆、惶惶之中很可能萌生“巡幸”（出逃）之念，僧亲王心领神会。

七月五日（8 月 21 日），大沽炮台失守，僧格林沁没有退守天津，而是退往通州，拱卫京师。

天津拱手让敌，人心动荡。咸丰急派大学士桂良、直隶总督恒福为钦差大臣，驰驿赴津谈判，“便宜行事”，但不授予“盖印画押”之权。英、法以此为口实，要带兵前往通州重开谈判。七月二十三日（9 月 8 日），天津谈判破裂。这时的咸丰既恨且愤，大动肝火：马善被人骑，人善被人欺，朕一再迁让，这些“丑夷”竟贪得无厌，实在可恶！第二天他颁布了一道朱谕，要对洋人进行讨伐：

> 桂良等奏夷务决裂情形，览奏曷胜愤怒！朕为近畿百姓免受荼毒，不得已勉就抚局。乃该夷屡肆要挟，势不决战不能。况我满汉臣仆，世受国恩，断无不敌忾同仇，共伸积忿。朕今亲统六师，直抵通州，以伸天讨而张挞伐！[1]

看来，咸丰要动真格的了。与此同时，他还发下七月初十日（8 月 26 日）的一份密折，密折提出一个令人目瞪口呆的建议：请皇上“巡幸木兰”。

1 贾祯等编：《筹办夷务始末（咸丰朝）》卷六十，中华书局 1979 年版，第 2254 页。

二、天子蒙尘

向咸丰皇帝密折建言“巡幸木兰”的不是别人，正是僧格林沁亲王。僧亲王“受恩深重”，理当赴汤蹈火，誓死相报，只是战争风云瞬息万变，他没有必胜的把握。他在密折中说，“胜败之机，在于顷刻，或偶有不利，京师商贾云集，必纷纷迁徙，兵心万一不固，关系匪轻”，为圣上安全着想，还是伏乞皇上“援照秋狝之例”，“巡幸木兰”。[1]

僧格林沁所说“木兰”，指的是热河行宫西北的木兰围场，建于康熙二十年（1681），周围千余里，林木葱郁，水草茂盛，群兽出没，是行围打猎的好地方。“秋狝”（秋天打猎）例在中秋节后一日举行，又称“巡幸木兰”，为期20天。出于团结蒙古各部、巩固边防的政治意图和保持满族骑射传统的目的，围场建立后，咸丰的先帝们坚持出塞行围习武，雍正皇帝还为后世子孙定下了“习武木兰，毋忘家法”的规矩。每届“秋狝”，先帝率领八旗子弟，会同蒙古各部王公贵族，盘马弯弓，纵横驰骋，好不威武壮观，《木兰行围歌》描绘这种场面说：

三千铁骑纵围猎，十二天闲当塞盘。

1《威妥玛所盗窃之中国档案》，见中国史学会主编《第二次鸦片战争》第2册，上海人民出版社1978年版，第481页。

此时侍从皆屏息，猛士鹄立何桓桓。
上亲发矢殪两虎，群贺万岁山声欢。
飞者走者百旋转，万马蹴踏风一团。[1]

其声其势，对咸丰来说，已是遥远的过去，如神话传说一般。自从嘉庆二十五年七月二十五日（1820 年 9 月 2 日）仁宗（嘉庆皇帝）死在热河，整整 40 年，清廷再没有举行过木兰“秋狝”之典。

僧格林沁亲王吁请咸丰“巡幸木兰”，当然不是要皇上去耀武扬威或游玩打猎，而是给皇上找个冠冕堂皇的理由逃离京师，到热河行宫避避难。咸丰览密折，心中自然不是滋味，国难当头，安有“巡幸”之理？可是如果不离开这个是非之地，万一洋人打进北京，让“丑夷”活捉，自己受凌辱不说，岂不更让祖上蒙羞！逃跑固然可耻，不逃让祖上蒙羞更可耻，为今之计，“走为上（策）”。还是那句老话，皇上的安危重于一切！

留中的密折发下，连同讨伐“丑夷”的檄文。

咸丰此举给人一种印象：天子震怒，要御驾亲征，对“丑夷”大张挞伐，发下密折，分明要给“巡幸木兰”的建言者好看，以表明决战的决心。但我们若是这样理解，那就大错特错了。皇上欲行某事而又难以启齿，借大臣之口来吁请，就顺理成

1 《响泉集 · 木兰行围歌》，引自章乃炜《清宫述闻》，紫禁城出版社 1990 年版，第 55 页。

章了，这是中国政治史上一个不大不小的特色。咸丰的底牌并没有亮出来，他在诱导大臣们去翻：让皇上冒生命危险去“亲征”，岂不开玩笑？这肯定是不行的，接下来就是“巡幸木兰”的问题了。大敌当前，皇上要去“巡幸”（逃跑），他自己说不出口，发下密折，就是希望大臣们理解皇上的苦衷，像僧亲王那样，联名上奏，“合词恭请皇上巡幸木兰”，这样他就可以顺水推舟，勉为所请，不露声色地达成目的而不失龙颜之尊。这种“政治游戏”的奥妙就在这里，咸丰会玩，大臣们也懂“规则”，最关键的一条就是见风使舵，运用得当，全盘皆活，上下相得，皆大欢喜。

密折发下，皇上要求王大臣迅速定议。

王大臣没有一个傻瓜，皇上的心思焉能不知！要是在平时，皇上欲巡幸木兰，自然不在话下，可这是非常时期，生死关头，皇上一走了之，人心涣散不说，国体有失（被洋人耻笑），社稷堪虞，绝不是闹着玩的。

由内廷王、军机大臣、御前大臣、内务府大臣及各部院大臣参加的王大臣会议召开了。面对朱谕和密折，王大臣缄默不语，议事厅内，鸦雀无声。过了一会儿，人们开始议论纷纷。“亲征”毋庸议，那是皇上做的姿态，谁都明白。巡幸木兰也不可行，不是时候。通州谈判还没有结果，京师人心已乱，皇上（时居圆明园）应该车驾还宫，以固人心，这是比较一致的意见。最后由大学士贾祯领衔具折奏闻，列名者 26 人，略言“澶渊之功难恃，土木之变堪虞，吁请车驾还宫，以坚众志”[1]。这里引出了两个典故：一是宋真宗景德元年（1004），辽国（契丹）萧太后统大军南下，宋真宗欲迁都南逃。因宰相寇凖一再坚持，真宗御驾亲征，至澶州（又名澶渊郡，今河南濮阳）督战，宋军士气大振，取得胜利，迫辽议和，史称“澶渊之盟”。二是明正统十四年（1449）蒙古瓦剌贵族也先率军大举攻明。英宗受宦官王振挟持，发兵亲征，军至土木堡（今河北怀来东），战败被俘，这就是“土木之变”，而留守京城的弟弟朱祁钰被拥戴称帝（景帝）。大臣们的意思是说，皇上亲征，“时无寇凖”，断不可“轻于一试”；木兰平川大野，无险可阻，洋人能到天津，难道不能打到木兰？而且，还有更可怕的事，一旦皇上出走，很可能有失位的危险，“土木之变”就是前车之鉴，不可不防。至于有谁胆敢觊觎神器？是恭亲王奕䜣吗？不好说，也不能说，也许是随便说说，用典规劝不是更具有说服力吗！

第二天（七月廿五日，即9月10日）皇上览奏，不觉动气，问此折“何人定稿，何人秉笔”，王大臣只好以总管内务府大臣宝鋆主稿复奏。皇上大为不满，事到如今，也顾不上什么龙颜之尊，干脆明说，“巡幸之举，朕志已决，此时尚可从缓。惠亲王天潢近派，行辈又尊，自必以国事为重，着与惇亲王、恭亲王、端华等速行定议具奏”。[2]点名要惠亲王绵愉、惇亲王奕誴、恭亲

1 翁同龢著，陈义杰整理：《翁同龢日记》第1册，中华书局1989年版，第66页。
2 翁同龢著，陈义杰整理：《翁同龢日记》第1册，中华书局1989年版，第66页。

王奕䜣、郑亲王端华等表态。

这一天，王大臣会议又一次召开了，众人毫无主见。

有人问：“团防大臣有何准备？”

回答：“无。”

又问：“京城兵力足以登陴守御否？”

没人回答。

郑亲王端华愤愤地说：“既已毫无可守，如何请车驾还宫？”

死一般的寂静。

过了好一会儿，尚书陈孚恩的哝哝声打破了沉默：“（总得）为皇上筹一条路才是！”[1]大家相对唏嘘，嗟叹而已。

皇上执意要“走”，恐怕谁也阻挡不住，皇上毕竟是皇上。“巡幸”的准备工作在紧锣密鼓地进行着，朝廷要求大兴、宛平两县当夜备齐500辆大车，随时听候调用。

纸里包不住火。皇上“巡幸”的风声传出，迅速在京师播扬开来，街头巷尾，不安的人群聚集着，交头接耳在议论着什么：今年是个不祥之年，六月（7月）以来，荧惑星入南斗，七月（8月）间太白经天，这种星象，占验家预言：“荧惑南斗，天子下殿走。”[2]果然不谬。迷信的人们总能对不解之惑作出“合理”的解释。皇上要“下殿”出巡，老百姓的命虽然不值钱，总不能坐以待毙吧！不安的人群把前门大街的烧饼抢购一空，“为干粮

1 翁同龢著，陈义杰整理：《翁同龢日记》第1册，中华书局1989年版，第66页。
2 佚名：《庚申英夷入寇大变记略》，见中国史学会主编《第二次鸦片战争》第2册，上海人民出版社1978年版，第50页。

之用”[1]。京师人心惶惶，朝内也不平静。大臣们不知从哪儿借来的胆子，硬是不顺着皇上的杆子往上爬，谏阻不止。七月二十六日（9月11日），南书房、上书房两房连衔上奏，力言历代迁都之祸，劝皇上不做“巡幸”之想。第二天又有六部九卿连衔封奏、都察院连衔封奏、五城御史连衔封奏“止驾”，占名者达200余人，朝中高官几乎全部表态，声势浩大。尚书彭蕴章、侍郎潘祖荫也各上封奏，潘折列举出巡“八祸”：负祖宗之托、隳积累之基、拔天下之根、绝中兴之望、挫军士之气、长寇盗之心、启乱贼之祸、速危殆之势。果真如此，何堪设想！还有人将契丹立石敬瑭、金人立张邦昌故事加以引申，意思是说，如皇上“巡幸木兰”，洋人占领京城，非另立傀儡不可。失位！又是失位！用石敬瑭、张邦昌影射何人？是赋闲的皇六弟恭亲王奕䜣吗？不得而知。也许是，也许不是。此时的恭亲王保持沉默。

谏阻之折如雪片般飞来，全“淹了”（留中不发的习惯用语）显然不能，面对汹涌而来的“止驾”风潮，咸丰也不能不有所顾忌。当日他颁了一道朱谕，说：

> 朕揆时度势，夷氛虽近，尤应鼓励人心，以拯时难（艰），即将巡幸之预备，作为亲征之举，着惠亲王等传谕京城巡守接应各营队，若马头、通州一带见仗，朕仍带劲

1 翁同龢著，陈义杰整理：《翁同龢日记》第1册，中华书局1989年版，第66页。

> 旅在京北坐镇，共思奋兴鼓舞，不满万之夷兵，何患不能歼除耶？将此（谕）交王大臣同看。[1]

细心的读者不难发现，皇上要改“巡幸”为“亲征”，却不往京南，而往京北“坐镇”，岂不是随时准备开溜？

咸丰的花招，当然蒙不了人。七月二十八日（9月13日），六部九卿、都察院连衔具奏，带兵大臣胜保，御史曹登庸，大学士祁寯藻、翁心存等各上疏力陈“巡幸”之非，并说，“（洋人）在京东南，既改巡幸为亲征，自应进扼潞河，以为僧格林沁援应，若坐镇京北，是仍远避敌锋，名为亲征，实则巡幸”[2]。可谓一针见血，毫不容情。七弟醇郡王奕譞来到圆明园，涕流满面，力争不可，五弟惇亲王奕誴也来劝阻。为“巡幸”事闹到这步田地，这是咸丰始料未及的，看来不得不作些让步，僵下去激起变故来，非同小可，果真“巡幸”，不幸复现“土木之变”，就更惨了。“巡幸木兰”既然作罢，干脆明发上谕辟谣。上谕说：

> 近因军务紧要，需用车马，纷纷征调，不免啧有烦言，朕闻外间浮议，竟有谓朕将巡幸木兰举行秋狝者，以故人心疑惑，互相播扬。朕为天下之主，当此时势艰难，岂暇

1 佚名：《庚申北略》，见中国史学会主编《第二次鸦片战争》第2册，上海人民出版社1978年版，第29页。

2《威妥玛所盗窃之中国档案》，见中国史学会主编《第二次鸦片战争》第2册，上海人民出版社1978年版，第490页。

> 乘时观省？且果有此举，亦必明降谕旨，颁行宣示，断未有乘舆所莅不令天下闻之者，尔中外臣民当可共谅。所有军营备用车马，着钦派王大臣等传谕各处，即行分别发还，毋得尽行扣留守候，以息浮议而定人心。钦此。[1]

录下这道上谕，连笔者也不禁为咸丰的狡猾而感到吃惊：明明自己贪生欲逃，偏偏说老百姓造谣。这也难怪，九五之尊，上天之子，怎能在众人面前跌跤！不过，这道皇皇上谕，也有硬伤，不妨请读者来找。

不管怎么说，车马发还，京师人心稍安。咸丰虽然心中不悦，但金口玉言，再不好重提“巡幸”的事，还是看看通州的夷情再决定行止。

通州谈判艰难曲折地进行着。桂良不能盖印画押，不足当全权之任，咸丰皇帝只好改派怡亲王载垣、兵部尚书穆荫前往通州求和，所谓“亲征”“决战”云云，现在看来，不过是欺人之谈，“和”是根本。

七月二十九日（9 月 14 日），载垣一行与英国领事巴夏礼（Harry Smith Parkes）等在通州东岳庙往复辩论，深夜方散。八月二日（9 月 16 日），双方重新坐到谈判桌边，唇枪舌剑。皇上有言在先，“可许则许，不必拘于成例”，只要掌握这条准则，议

---

1 佚名：《庚申北略》，见中国史学会主编《第二次鸦片战争》第 2 册，上海人民出版社 1978 年版，第 29 页。

和并不难，难的是“夷人”要向皇上亲递国书，见皇上立而不跪——现在来看，这是国际惯例，实在算不了什么。可是对昧于世界大势、满脑子“天朝上国”腐旧观念的清廷官僚来说，却是不容讨论的大是大非问题，国土可以多割，口岸可以多开，唯独“天朝”的“礼乐”不能破坏。他们封闭的心态总也容不下近代的新概念。这与其说是“中西文化冲突”，倒不如说是传统意识与近代意识的冲突。

通州谈判陷入困局。就在这时，皇上突然令僧格林沁拘捕洋人谈判代表 39 人（其中英方 26 人，法方 13 人），全部押往京师，打入刑部大牢。他不知从哪儿听说巴夏礼是洋人“谋主”，竟忽发奇想，以为扣押巴夏礼等人作为人质，洋兵方寸必乱，一战可胜，就是清军战败了，也可拿人质作为谈判议和的筹码。

巴夏礼，英格兰斯特拉福德郡人，一名铁厂技工的儿子，15 岁来华，在澳门学习汉文。后任厦门领事馆翻译、福州领事馆翻译、上海领事馆翻译，咸丰六年（1856）代理广州领事。虽然在对华战争中他扮演了重要角色，但绝对不是什么“谋主”，咸丰认定他就是“谋主”，说起来并不奇怪，当时京中不少官员就这么认为。《翁同龢日记》有记载，说“巴嗄哩（即巴夏礼）者，年三十四，能通满、蒙、汉语，略有文义，为通事十余年，夷人中最黠者也，三国皆听其指麾，广东之事，实为主谋，广东曾悬赏三万购之”[1]。巴夏礼几乎成为神秘而又具有传奇色彩的人物。

1 翁同龢著，陈义杰整理：《翁同龢日记》第 1 册，中华书局 1989 年版，第 69 页。

“谋主”之说不胫而走。不过，是否是“谋主”，皇上说了算。

囚禁谈判使者，不用说，是愚蠢的决策，咸丰不懂国际惯例，总不至于不知道“两国交兵，不斩来使”的古训吧！更可笑的是，后来竟下令将这些“俘虏”全部处死，未遂，这是 20 天后的事。

咸丰的如意算盘落空了，战火重新燃起。皇上忽战忽和，朝令夕改，战不是，不战也不是，弄得军心涣散。八月初四日（9 月 18 日）、初七日（21 日），张家湾、八里桥两战两败，溃不成军，胜保差一点送了命。

前线作战失利，京师岌岌可危，皇上大惊失色，这时的他连喊亲征的勇气也没有了，什么石敬瑭、张邦昌、“土木之变”，他顾不上，眼下“巡幸”最要紧。

咸丰十年八月初八日（1860 年 9 月 22 日），用今天的眼光去看，这天是“大发”的吉日，但对咸丰皇帝奕詝来说，却是一个刻骨铭心、不折不扣的“耻辱日”。这一天 10 点钟，他率着六宫粉黛从圆明园后门出走，仓皇逃离京师。

京师是天下根本，咸丰生于斯、长于斯、承继大统于斯……现在要离开了，一种难以名状的悲伤油然而生。以往，皇上在圆明园泛舟游乐时，岸上的宫人会曼声高呼：“安乐渡！安乐渡！”递相呼唤，一声接一声，悠扬不绝，直到叶舟到达彼岸。咸丰离开时，年幼的皇子载淳模仿宫人的声音，喊起“安乐渡”来，咸丰抚摸着皇子的头，说：“今日无复有是（安乐渡）矣！”[1]言罢，潸然泪下，在场的人相顾无言，凄惶不已。是呀，对咸丰来说，再也不会有“安乐渡”了……

这次“巡幸”，更不比从前。从前先帝们出巡，“要举行隆重的仪式。未动身之前，向导官便先期督饬沿途地方官吏清道修路，储备供应。宗人府和内阁各部院司寺奏请皇上指定随从王公大臣及官员，两翼八旗奏请指定前锋护军统领，理藩院则行文蒙古诸扎萨克准备迎候并加强戒备。临行前一天，遣官虔告奉先殿，向其祖宗牌位辞行。第二天清晨，皇上身穿行衣，乘马出宫，随行王公大臣和卫队前导后拥，留京王公大臣及百官采服跪送”[2]，场面浩大。咸丰皇帝却没有这个福分，各种排场全无，且是匆忙偷走，銮舆不备，扈从无多，随行者仅惠亲王绵愉、怡亲王载垣、郑亲王端华、宗室肃顺及军机大臣穆荫、匡源、杜翰诸人，车马寥寥。事起仓促，“膳房、行李俱未到，上进小米粥半盂，一夜无被褥，大哭”[3]。金枝玉叶的咸丰，哪曾受过这番罪！他要掉头回返，细思再三，还是继续北上，日吃两枚鸡蛋，喝点稀粥，“泣数行下”[4]，一路啼哭。

1 徐珂：《清稗类钞・宫苑类・安乐渡》，中华书局 1984 年版，第 170 页。

2 承德市文物局、中国人民大学清史研究所编：《承德避暑山庄》，文物出版社 1980 年版，第 72—73 页。

3 佚名：《庚申都城戒严事记》，见中国史学会主编《第二次鸦片战争》第 2 册，上海人民出版社 1978 年版，第 37 页。

4 佚名：《庚申英夷入寇大变记略》，见中国史学会主编《第二次鸦片战争》第 2 册，上海人民出版社 1978 年版，第 49 页。

秋驾昆仑疾景斜，盘空辇道莽风沙。
檀车好马诸王宅，翠褥团龙上相家。
剩有残磷流愤血，寂无哀泪落高牙。
玉珂声断城西路，槐柳荒凉怨暮鸦。[1]

透过这首诗，我们看到咸丰“蒙尘”的落难情景，其凄惨令人浩叹。

咸丰恨洋人，恨得要死。“巡幸”前两日，他再次发出讨伐洋人的檄文，悬赏“杀夷”，无论何人斩“黑夷”首级一颗，赏银 50 两；斩一“白夷”首级，赏银 100 两；擒斩“夷酋”一人，赏银 500 两；焚抢“夷船”一只，赏 5000 两……[2]咸丰怕洋人，怕得要命。“巡幸”当天，他以载垣、穆荫办理和局不善为由，撤其钦差大臣之职，重新起用六弟恭亲王奕䜣，任命他为“钦差便宜行事全权大臣，督办和局”[3]。

这种既恨且怕的矛盾心态，导致决策上的两歧，反复无常，始终把握不住和战之机，最终把自己送上“巡幸”之路。咸丰，成为清代历史上第一位逃出京城的皇帝，但不是最后一位，四十年后，他的侄子光绪皇帝，在后来的慈禧太后的胁迫下，再次出逃。

---

1 黄文琛作，载徐珂《清稗类钞·巡幸类·咏文宗秋驾诗》，中华书局 1984 年版，第 345 页。

2 佚名：《庚申英夷入寇大变记略》，见中国史学会主编《第二次鸦片战争》第 2 册，上海人民出版社 1978 年版，第 48 页。

3 贾祯等编：《筹办夷务始末（咸丰朝）》卷六十二，中华书局 1979 年版，第 2335 页。

咸丰一行苦行八日，八月十六日（9月30日）终于到了热河。热河总管督率属员在清扫卫生，四十年没有巡幸之事，陈设尘封，落叶满地，煞是凄凉。江河日下，避暑山庄也失去昔日风采，无复旧观了。

咸丰在避暑山庄安顿下来，却安不下那颗受创的心。当日，他在热河发出第一道上谕，令奕䜣“相机办理，总期和局速成，和约已换，国书已递，朕即可及早回銮，镇定人心”。并且表示，“事机紧迫，间不容发，朕亦不为遥制”。[1]一句话，“总期和局速成！”他彻底服输了。

战火仍在天子脚下延烧，烧得“行在”热河的咸丰焦灼不安。一年前，咸丰做了一场“妖梦”。一日，他在圆明园独坐假寐，恍惚入眠，忽见一白须老人跪在他面前。

咸丰惊问：“何人？”

答：“守园神。”

问：“何所言？”

答：“将辞差使耳！”

问：“汝多年无过，何为而去？”

答：“弹压不住，得去为幸。”[2]

对“妖梦”，咸丰曾百思不解，他只觉得守园神辞职而去，绝对不是什么吉兆。果然，一年后，当他逃到热河不久，圆明

---

1 贾祯等编：《筹办夷务始末（咸丰朝）》卷六十三，中华书局1979年版，第2375页。

2 王闿运：《湘绮楼自书圆明园词》，见中国史学会主编《第二次鸦片战争》第2册，上海人民出版社1978年版，第520页。

园便腾起熊熊烈焰，他震惊了，又一次失声痛哭。

圆明园大火，不仅咸丰震惊，举世皆为之震惊。

八里桥之战后，英法联军乘胜向京师推进，八月二十二日（10 月 6 日），几乎未费吹灰之力，攻占了被西方人誉为“万园之园”的清朝皇家园林——圆明园。

圆明园地处京师西郊，由圆明园、长春园、绮春园三园组成，人称圆明三园。从康熙年间修建畅春园（圆明园的前身）起，历经雍正、乾隆、嘉庆、道光、咸丰朝 150 年的殚精构造，圆明园蔚成东方奇观。在这座占地 5000 余亩的巨大园林里，置景百余处，中国名园如海宁安澜园、南京瞻园、杭州小有天园、苏州狮子林等，无不增制其中，可谓“谁道江南风景佳，移天缩地在君怀”[1]。每一胜区，又有离宫别馆，月榭风亭，与湖光山色交相辉映，置身其中，犹入仙境，有词为证：

> 斯园胜概疑天造，不羡十洲与三岛。
> 山明水秀有余妍，花放月圆无限好。
> 最宜人似水晶宫，桂楫兰桡处处通。
> 直把江湖与沧海，并教缩入一壶中。
> 月榭风廊巧回互，云窗雾阁纷无数。

1 王闿运：《湘绮楼自书圆明园词》，见中国史学会主编《第二次鸦片战争》第 2 册，上海人民出版社 1978 年版，第 518 页。

向阳草木拱宸居，含笑花枝迎辇路。[1]

圆明园曲尽游观之妙，景色宜人，清帝一向喜欢园居办公，其政治地位不下京师中的清宫。先帝们一般都是初夏入园，冬至还宫，而咸丰压根不愿回宫，这里有他的梦想，有“四春”和“天地一家春”。

圆明园也是当时中国最大的博物院，珍藏着中国历代稀世文物，像鼎彝礼器、名人书画等，还有数不尽的金银珠宝。

当英法联军闯进圆明园，他们立刻被这座“令人炫迷的奇迹”惊得目瞪口呆。他们简直不敢相信真的到了欧洲人盛传的华丽巨宫——“夏宫”。他们先是贪婪地欣赏着，品评着……面对罕见的无价之宝努力地克制着不去触摸……接着，强大无比的占有欲终于使他们彻底撕下文明的外衣，开始了疯狂的抢劫，从一个宫殿到另一个宫殿，一次又一次……接下来举起火把，燃烧一个又一个宫殿……“这一缕一缕的烟，聚成一团一团的烟，又集合为弥天乌黑的一大团，万万千千的火焰，往外爆发出来，烟青云黑，亏蔽天日。所有庙宇、宫殿、古远建筑，轮奂辉煌，举国仰为神圣庄严之物，和其中历代收藏，富有皇家风味，精美华丽，足资纪念的物品，都一齐付之一炬，化为劫灰了”[2]。这座

1 戴启文：《招隐山房诗钞・圆明园词》，见中国史学会主编《第二次鸦片战争》第2册，上海人民出版社1978年版，第523页。

2《西书中关于焚毁圆明园纪事》，见中国史学会主编《第二次鸦片战争》第2册，上海人民出版社1978年版，第418页。

苦心经营百余年、耗银两亿两、象征中华民族智慧结晶的壮丽景观，顷刻化为断壁残垣，这是世界文化史上的浩劫。1861 年法国大文豪雨果（Victor Hugo）对英法联军的强盗行径痛加斥责，他说：

> 有一天，两个强盗走进圆明园，一个抢了东西，一个放了火，仿佛战争得了胜利便可以从事抢劫了。在两个胜利者瓜分赃款的条件下，圆明园就大规模地遭了蹂躏。……把我们各大教堂的宝藏集拢在一起也是抵不上东方这所庞大的辉煌的博物院的。里面不但有各式各样的艺术杰作，并且堆积着金银珠宝。是丰功伟绩，也是贼运亨通，这个胜利者把口袋装满，那个把箱箧装满，他们手拉手，笑嘻嘻地回到欧洲。这就是那两个强盗的历史。
>
> 我们欧洲人是文明人，在我们眼中，中国人是野蛮人，可是你看文明人对野蛮人干了些什么。[1]

圆明园上空硝烟滚滚，数日不息。九月五日（10 月 18 日），圆明园再次罹难。十多天中，没有任何有力的反抗，有的倒是清政府软弱无力的抗议，还有商人牵着猪牛犒劳强盗，还有中国土匪、奸民、满洲贵族、穷而无告者的趁火打劫，还有一个守园大臣文丰投园中福海而死，成为“京师死节一人耳”，当然还有无

1 丁名楠等：《帝国主义侵华史》（第一卷），人民出版社 1961 年版，第 158 页。

声的啼泣，中国巨龙在呻吟、叹息。[1]

火烧圆明园，主要目的还不是“灭迹”，而是为了压迫清政府接受他们提出的一切条件。八月二十九日（10月13日），英法联军不费一枪一弹占领北京城，声称：如不答应条件，将火焚清宫！当然，他们达到了所要达到的目的。九月十一日（10月24日）、十二日（25日）恭亲王奕䜣分别与额尔金、葛罗签订了《中英北京条约》《中法北京条约》，规定：《中英天津条约》完全有效；增开天津为商埠；准许外国人招募华人出洋做工；割让九龙司地方一区给英国；退赔以前没收的天主教堂财产，法国传教士可在各省传教，买田、租地、建造教堂均听其便；赔偿英、法军费各800万两。中国社会继续滑向深渊。

九月十五日（10月28日），“行在”热河的咸丰皇帝奕詝在烟波致爽殿的西暖阁阅看奕䜣的奏折，他感到胸闷，咽下一口苦水，强打起精神，无奈地批准了丧权辱国的《北京条约》，但愿“从此永息干戈，共敦和好！”[2]

---

1 相信读者都看过电影《火烧圆明园》。影片放映后，激起国人强烈的爱国热情，重修圆明园之议纷然而起。笔者有幸应邀参加一次大学生辩论会的评判，辩题就是“重修圆明园”，在总结发言中陈述了自己的意见：“希望有一天能拂去历史的尘埃，再现圆明园的辉煌，更巴望年轻的我能在有生之年身临其境。圆明园，毫无疑问，应该重修，但不应该是现在，她应该成为强大中国的象征，而不是其他。中国还很落后，圆明园遗迹应能唤起国人沉思，冷静地面对现实、思考未来，把洗雪国耻的爱国激情转化为建设强大中国的内在驱动力。”有位学者说得好：“一个民族的历史，有过荣光，也会有耻辱。荣光使人兴奋，耻辱却让人沉思。……一个沉思中的民族较其兴奋状态更具有力量。”（茅海建：《苦命天子——咸丰皇帝奕詝》，上海人民出版社1995年版，第228页。）

2 贾祯等编：《筹办夷务始末（咸丰朝）》卷六十七，中华书局1979年版，第2502页。

阵阵爆竹声打断了咸丰的万千思绪。新年一到，他又年长一岁，虚岁 31，去年是他的而立之年，不仅毫无所成，而且成为他一生中最惨痛的一年。他只能期盼新的一年平安、顺遂。

三、诅咒“上帝”

“洋祸”算是熬过去了。他虽然切齿外患，因为外患直接把他“送”到热河，但最恨的还是内忧。在咸丰看来，没有内忧，外患绝对不会炽烈如此，在对外交涉中，他也绝不会那样窝囊。外患虽炽，不过要求开埠通商及其他利益，不要他的江山社稷，内忧是要与他争天下，这是他的“心腹大患”。

在新年这个普天同庆的日子里，咸丰也和老百姓一样许愿祈祷，他最大的愿望就是早日根除心腹大患，他诅咒给他带来心腹大患的“上帝”。当然，他诅咒的“上帝”并不是真正的“上帝”，而是打着“上帝”的旗帜造反的洪秀全及其追随者，还有乘乱而起的捻军、小刀会、天地会、长枪会等，闹得天下大乱，而“上帝”之光照耀下的洪秀全无疑是罪魁祸首。

洪秀全与咸丰争夺江山，似乎是“天”意。当奕詝承继大统改元咸丰之时，就有童谣唱道：“一人一口起干戈，二主争山打破头。”[1] 这其实是谶语——指将来要应验的预言、预兆。这两句

1 徐珂：《清稗类钞·迷信类·咸丰年号之谶》，中华书局 1984 年版，第 4703 页。

童谣，读者一看便知，是由“咸丰”二字拆成的，预言咸丰继位后必将出现“二主争山”大战。年号本身与社会治乱毫无关系，中国历史上的年号没有一个是不吉利的。谶语是迷信，但迷信背后有时隐藏着历史的真实。制造谶语的“预言家”也不是“神”或“神化”的人，而是嗅觉敏感具有一叶知秋洞察力的识时务者。

奕詝登极，自然希望天下太平，国富民丰，昏君才希望开创“二主争山”的政治局面。可是，这由不得他，先帝种下的“火种”烧到他身上，他实在是一个无辜的受害者。

在先帝道光统治时期，各种矛盾交汇，社会危机和政治危机并发，已埋下战争的“炸药包”。

道光执政时期最严重的社会现实问题就是人口问题。法国一位人口学家说过一段耐人寻味的话：“只有当我们感觉膝盖疼痛或膝关节动作不灵时，才会想到我们的膝盖。同样道理，只要国家还没有感受到人口过剩或经济不景气的疼痛，就不会引起人们注意。”[1]道光皇帝意识到人口问题的严重性，但已有切肤般的感觉。其实，这也不能怪道光，人口问题不是突然冒出来的，它有一个累积过程。清朝自立国经康熙、雍正、乾隆三朝的统治，政局相对稳定，社会经济也有较快发展，加上“盛世滋生人丁永不加赋”的鼓励生育政策，人口直线上升。清初，人口不足1亿，而到乾隆五年（1740）前后剧增到2亿，到道光继位时已达4亿

1［法］阿尔弗雷·索维：《人口通论》上册，商务印书馆1983年版，第3页。

多，道光、咸丰之交更增加到 4.3 亿多。人是生产者，同时又是消费者，因此，人的生产要与物质资料的生产保持适当比例，不然，就会造成社会生态的失衡。根据当时的生产力水平，人均耕地 4 亩才可以达到温饱水平。随着人口爆炸性增长，人均耕地面积急剧下降：清初人均耕地大约 6 亩，乾隆十八年（1753）4 亩，嘉庆十七年（1812）2.3 亩，道光二年（1822）2 亩，咸丰元年（1851）人均耕地仅为 1.7 亩。洪秀全领导的太平天国运动的策源地广西，“人满之患”更为严重。从乾隆十四年（1749）到道光三十年（1850），广西人口由 368 万增加到 782 万，百年间人口增加一倍多，人均占有耕地由 2.4 亩降到 1.1 亩。广西是地瘠民贫的省份，人均耕地面积还达不到 1.7 亩的全国平均值。[1] 当然，土地不会被平均分配，伴随着兼并狂潮的愈演愈烈，土地集中的速度相应加快，到太平天国运动爆发前夕，广西、广东等 14 省的土地，有 40%~80% 集中在 10%~30% 的地主官僚手中。这样，随着人多地少的矛盾不断加剧，大量劳动者被强制脱离生存所系的物质生产资料，成为“剩余”。“不士、不农、不工、不商”之人的大量存在给道光皇帝套上沉重枷锁，他感到不堪重负却没有找到缓解人口压力的有效途径。当时美国资本主义处于高速发展时期，需要大量劳工去开矿山、修铁路。道光不仅没有建立“劳工输出”机制，反而禁止华人出洋，这一出路被堵死，结

1 梁方仲：《中国历代户口、田地、田赋统计》甲表 78、82，上海人民出版社 1980 年版。

果“劳工输出”被扭曲为拐卖“猪仔”“猪花”（女工）的罪恶活动，直到咸丰年间通过条约关系才强迫清政府开放华人出洋禁令，但为时已晚。道光也没有寻找新的经济增长点，广开就业门路，当然也不可能指望他去实行“计划生育”政策。政策行为无法解决这一严峻的社会问题，随之而至的将是自然调节（天灾人祸），使失衡的社会生态重新恢复平衡。笔者不是马尔萨斯主义者，但无法否认这样的事实：当人口压力超过社会所能承受的限度时，社会动乱就会发生（谋生无门，势必铤而走险）。道光皇帝已尝到“人满之患”的苦涩，道光十六年（1836）到二十五年（1845），民变次数达到 246 次，在他统治的最后五年中，民变次数大大超过前十年的总和[1]，咸丰刚继位便发生了中国有史以来最大规模的内战——太平天国战争。道光点燃“导火线”让咸丰挨“炸”，咸丰皇帝只好自叹“命苦”。

动乱的原因不止在于“人满之患”，它是由多种因素“合力”诱发的，政治腐败也是一个因素。

先帝道光不讲自强之道，不求振作有为，臣下则以招权纳贿、卖官鬻爵为能事，政不清，治不明，结党营私，逢迎谄谀之风弥漫官场。曹振镛就是一个典型。他是道光的宠臣，居相位达 15 年之久，“恩遇益隆，声名俱泰”，死后被谥“文正”。在清朝 260 多年的统治中，共有 8 人获“文正”这一“佳谥之首称”，

1 杨庆堃：《十九世纪中国民众运动的几种最初形式》，见费正清编《剑桥中国晚清史》下卷，中国社会科学出版社 1985 年版，第 678 页。

除曹振镛之外，还有汤斌、刘统勋、朱珪、杜受田、曾国藩、李鸿藻、孙家鼐，这 7 人中，杜、李、孙都是皇帝的老师，其余不是文成，就是武功，当之无愧，唯独这个曹振镛庸鄙无能，却被道光倚重，权倾朝野。门生请问为官经验，曹说："无他，但多磕头，少说话耳。"有无名氏赋《一剪梅》总结他们的做官经，其一云："仕途钻刺要精工，京信常通，炭敬常丰。莫谈时事逞英雄，一味圆融，一味谦恭。"其二云："大臣经济在从容，莫显奇功，莫说精忠。万般人事要朦胧，驳也无庸，议也无庸。"其三云："八方无事岁年丰，国运方隆，官运方通。大家襄赞要和衷，好也弥缝，歹也弥缝。"其四云："无灾无难到三公，妻受荣封，子荫郎中。流芳身后更无穷，不谥文忠，也谥文恭。"[1] 圆滑弥缝，吏治柔靡，相袭成风，国事不堪闻问。政治腐败、黑暗，贪官污吏，布满天下，弄得民怨沸腾，"豪杰绝望"，洪秀全振臂一呼，遂成大变。

"外患逼，内变生，非常之祸，皆开于道光一朝。"[2] 咸丰只是可怜的受害者。

"争山"之战不可避免，至于对手洪秀全打出"上帝"的招牌，倒有点不期然而然的味道。

洪秀全，原名仁坤，小名火秀，嘉庆十八年十二月初十日（1814 年 1 月 1 日）生于广东花县福源水村一户普通农家，兄弟

1 朱克敬：《暝庵杂识　暝庵二识》，岳麓书社 1983 年版，第 119 页。

2《清代野史》第 1 辑，巴蜀书社 1987 年版，第 135 页。

三人，长兄仁发，次兄仁达。父亲洪镜扬守有几亩土地，两头牛，在当地算是比较富裕的人家。

青少年时代的洪秀全是大大的顺民，他从未想过要造反，倒是希望通过科举考试，从清政府那里捞得一官半职，光荣门第。道光七年（1827），13岁的洪秀全到县里参加县试，顺利通过，取得参加府试的资格。在以后的十年里，他三次赴广州参加府试，三试三败，落第而回。是考运不佳，学业不优，还是科场弊窦太深不能选拔真才？恐怕三方面的原因都有。总而言之，他孜孜以求、朝思暮想的扬名声、显父母、光宗祖、垂后世的功名利禄欲望破灭了，这使他对现实社会乃至“明君圣主”大为不满。强烈的挫折感、羞耻与愤恨交织煎熬的心理，几乎使他精神失常。道光十七年（1837）春，第三次府试失败，他在悲苦失意中病倒了，被抬回家去，卧床不起，一病就是40多天，他受的打击太大了。卧病期间，高烧不下，神志不清，不省人事，恍惚魂不附体，做了许多奇怪的梦，看到许多“异象”（幻影），甚至见到了“上帝”。学界普遍把洪秀全做“异梦”看作他披上“上帝”外衣走上夺权之路的起点。梦真的能够扭转一个人的人生路向吗？我们请不到周公，也请不到弗洛伊德，只能稍作分析，算不上“解梦”。

奇异的梦开始了，洪秀全看到许多人向他招手，欢迎他的到来，他顿有所悟，这是“见鬼”了，是死亡的征兆，醒来赶紧把父母及家人叫到病榻前，心情沉痛地说：“我的日子短了，我命不久了。父母啊！我不能报答大恩，不能一举成名以显扬父母了。”（这时的他神志还是清楚的。）言罢，渐渐闭上双眼，失去知觉，宛如死人一般，周围的喊声、叫声、无奈的叹息声，全然不知。他进入“异梦”之乡。当他合上双眼时，忽见一龙、一虎、一雄鸡走入室内，一会儿，又见多人抬着漂亮的肩舆伴着鼓乐声向他走来，请他坐上肩舆，吹吹打打拥之而去。突受如此荣宠，何胜惊异，一时不知如何是好。不一会儿，来到一个华丽光明的地方，但见两旁聚集着无数高贵的男女向他施礼欢迎。下了轿子，有位老妇人把他引到一条河边，口称：“污秽的人啊！何以自暴自弃与那些人亲近，以至惹得满身肮脏呢？如今我必得把你洗净了。”洗毕，他走进一个大宫殿，同行者是一班年高德劭之人，其中有许多古先圣贤。在宫中，这些人用刀剖开他的腹部，取出五脏，换上一副鲜红簇新的内脏，刀口立刻愈合，不留痂痕。宫内四壁均有木牌，上面刻着劝善教德的语言，一一读罢，进入一个大殿，其美丽与华贵，不可言喻。一位满头金发、穿着皂袍的老人，巍然坐在宝座上。老人一见洪秀全，泪如泉涌，说：“世界人类皆我所生，我所养。人食我粮，服我衣，但无一人具有心肝来纪念我和尊敬我，其尤恶者，则竟以我之所赐品物去拜事鬼魔。人有意忤逆我，而令我恼怒。你勿要效法他们。”说完，老人给他一柄宝剑，用来斩除鬼魔，但不要妄杀兄弟姊妹；又给印绶一个，用来制服邪神；又赐给金黄色的美果一枚，他吃下，其味甜美。他既受帝皇徽志，立即劝告同在各人敬拜宝座上的老人。有人听罢回答说：“我们对老人确未尽本分了。”另有人说：“为什么要尊敬他呢？我们且与朋友们饮酒寻乐罢。”他见各人心肠如此冷硬，继续劝道，以至下泪。老人对他说：“奋勇放胆去干这工作啊！如遇有种种困难，我必扶助你。”又对座中年长有德者说：“秀全真堪任此职。”接着，引他出殿，让他俯视下面，说：“看看世上的人啊！都是心邪行乖的。”他俯览全世，芸芸众生，一切苦痛与罪孽，进入他的视域，目不忍睹，口不忍言。神游既醒，仍受奇梦影响，自觉头发直竖，忽然间，怒从心起，穿衣下床，走出卧室，见其父，鞠躬长揖，说：“天上至尊的老人，已令全世之人归向我了，世间万宝皆归我有的了。”父亲洪镜扬见其从卧室出来，又听此言，喜惧交加，不知如何是好。[1]

奇梦的内容实在太丰富了，还有他在异象中常见一中年人，洪秀全呼曰“长兄”；又见那位皂袍老人斥责孔子，孔子自愧认罪；经常大声疾呼“斩妖！斩妖！”更奇的是，家人为其延医治病，均不见效，一天，其父发现有一小纸塞在门柱的缝隙中，纸上写着七个红字：“天王大道君王全。”遍示家人，不解其意，而洪秀全的身体却日渐康健。

洪秀全的梦的确很奇，但不足为怪。无人不梦，无人不做奇异之梦。洪秀全神游天堂，是因为他屡受挫折，幻想荣华富贵，

1 洪仁玕述，韩山文著：《太平天国起义记》，见中国史学会主编《太平天国》第6册，神州国光社1952年版，第840—842页。

这与“黄粱梦”没什么差别。洪秀全屡往广州应试，基督教在广州有所传播，他肯定有所耳闻，更重要的是，这年他在广州得到一本基督教传道书《劝世良言》，虽然粗翻一下目录即放入书箱，但对里面的纲目肯定有些印象，所以梦见“上帝”、受“洗礼”都不是空穴来风。梦中“上帝”怒斥孔子一节，也无非是因他读孔孟之书却不能实现自己的梦想，借“上帝”为他出口恶气罢了，确也反映了他对现实社会的不满。至于“天王大道君王全”，倒不应该这时出现，应是在太平天国运动爆发前夕洪秀全称天王，编写《太平天日》时出于夺权需要制造出来的符瑞，证明他的事业是“君权神授”的神圣事业。梦中，洪秀全还吟过几首诗，其中一首云：“龙潜海角恐惊天，暂且偷闲跃在渊。等待风云齐聚会，飞腾六合定坤乾。”这分明要争夺天下了。在屡试屡败的强烈刺激下，心理失衡，梦中萌生这样的冲动看来也是顺理成章的。

对病中“异梦”，洪秀全毫不隐讳，实际上也没人愿意相信。经过这场异梦，据史书说，洪秀全的人格与外貌都发生了变化：品行谨慎，行为和蔼，身体增高增大，步履端庄严肃，见解不凡。他的朋友后来描述他的状貌说，“秀全身材高大，面部椭圆，容颜甚美，鼻高，耳圆而小，声音清晰而洪亮。每发笑则响震全屋，发黑，须长而作砂红色，体力特伟健，知识力亦绝伦”[1]。看

1 洪仁玕述，韩山文著：《太平天国起义记》，见中国史学会主编《太平天国》第6册，神州国光社1952年版，第843—844页。

来这场梦太“神”了，不仅改变“心”，连“身”也被改铸了，砂红色的长须，仿佛让人看到了“上帝”的使者“教父”的影子，在这里，洪秀全被夸大到“超凡脱俗”的地步了。不过，经一系列挫折和那场大病中的异梦，他变得深沉、成熟了。

梦毕竟是梦，谁也不能靠幻象过日子。大梦醒后，他还得面向现实。洪秀全一边教书糊口，一边等待时机。一晃六年过去了，道光二十三年（1843），对科举已是万念俱灰的他抱着一丝希望又一次走进考场，结果再告失利。假如这次他成功了，笔者敢断言，咸丰的“争山”对手绝不是洪秀全了。洪秀全绝望了，怏怏回到离家30里的莲花塘。深埋心底的怒火在再次遭到重创后迅速升腾，他终于由“忠君”走上反叛的道路。

要发动事变，就要有舆论和组织上的准备，他冥思苦想而不得要领。表兄李敬芳偶翻他的书柜，得见《劝世良言》，借阅后归还，告诉他说，这是一本奇书，书的内容与中国经书迥然不同。于是洪秀全潜心细读起来，读着读着，他回想起六年前的那场奇梦，他去的地方不正是天堂？梦中的那位皂袍老人不正是书中所讲的“神天上帝”耶和华吗？那位“长兄”不正是书中的救世主耶稣？那么书中上帝所称的“汝”不就是自己吗？“斩邪留正解民悬”不正是上帝赋予他的神圣使命吗？他终于“大觉大悟”，在不经意中他找到了“上帝”，找到了发动事变的有力工具，他欣喜若狂。假如李敬芳不翻他的书柜，假如没看到《劝世良言》，假如不向洪秀全推荐，假如洪秀全根本没有得到这部书……历史的发展将是什么样的，实在难以设想。我只想提醒读者，千万不可小视“巧合”。

《劝世良言》是基督教徒梁发编写的布道书。梁发或称梁阿发，广东高明人，曾在广州十三行街一家印刷所当工人，因为雕印《圣经》的关系，与传教士混得很熟，后受洗皈依基督教，成为伦敦布道会的宣教士，在中国广州、马六甲、新加坡等地传教。

《劝世良言》成书于道光十二年（1832），9卷。书中宣扬“独一真神皇上帝”，宣传“上帝面前人人平等”，这对洪秀全是有启发的。道光二十三年五月（1843年6月）他创立了“拜上帝教（会）”，表兄李敬芳第一个入教，接受洗礼，表示“洗除罪恶，去旧从新”，只拜上帝，不拜邪神，不行恶事，恪守天条。六月（7月）族弟洪仁玕、同窗冯云山相继入教。拜上帝教是一个政教合一的组织，教义是著名的《十款天条》(源自《圣经》)：第一，崇拜皇上帝；第二，不好拜邪神（指上帝以外的一切偶像）；第三，不好妄题皇上帝之名；第四,七日礼拜颂赞皇上帝恩德；第五，孝顺父母；第六，不好杀人害人；第七，不好奸邪淫乱；第八，不好偷窃劫抢；第九，不好讲谎话；第十，不好起贪心。这《十款天条》后来成为太平天国最初的军事纪律。

拜上帝教创立后，洪秀全和冯云山走出花县，“出游天下”，进行艰苦的“传教”活动，但收效甚微，这是因为拜上帝教教义与一般民众心理不符。任何理念，如果不能与民众心理契合，将无法化为行动的内驱力。因此，从道光二十四年（1844）底到道光二十六年（1846），冯云山继续在广西传教，洪秀全留原籍进行理论上的创造，先后写出了《百正歌》《原道救世歌》《原道醒世训》《原道觉世训》等文献，把原始基督教与中国实际联系起来。其中最为突出的一点就是通过“上帝”这个宗教形式，阐发了旧式农民革命的平等（等贵贱）、平均（均贫富）思想。他说：“天父上帝人人共，天下一家自古传”，“天人一气理无二，何得君王私自专”。就是说，天下是大家的天下，不是君主专有的天下。“普天之下皆兄弟”，“上帝视之皆赤子”，这是对传统等级制度的否定，主张人与人在政治上应该平等。洪秀全揭露当时清王朝统治下的中国，是一个“相陵相夺相斗相杀”“暗极”“乱极”的社会，而其根源是“所爱所憎一出于私”的私有制，提出要铲除这个“私”，建立一个“公平正直”“天下一家，共享太平”的“新世界”。在这个新社会里，“天下多男人，尽是兄弟之辈，天下多女子，尽是姊妹之群，何得存此疆彼界之私，何可起尔吞我并之念”[1]，灌输了经济和男女平等的思想。

平等、平均曾是以往农民战争最具诱惑力的口号，洪秀全虽然用新的外衣加以包装，但其真实的内容为中国民众所熟知。在晚清残酷的经济剥削、政治压迫和农民贫困破产的情况下，洪秀全以“太平”相号召，要打出一个有田同耕，有饭大家吃，人人平等，天下大同的全新世界，对广大民众不啻一个福音，这为广

1 中国史学会主编：《太平天国》第1册，神州国光社1952年版，第92页。

泛动员、组织民众提供了有力的思想武器。

道光二十七年（1847）夏，洪秀全二进广西，与冯云山会合，选择紫荆山为根据地，进行起义的准备工作：在紫荆山烧炭工人及下层民众中发展会员，吸收天地会众共拜上帝，捣毁庙宇偶像，扩大影响；建立领导核心，异姓结拜，共奉上帝为天父，耶稣为长兄，洪秀全为次兄，冯云山行三，杨秀清行四，萧朝贵行五，韦昌辉行六，石达开行七，“共推洪秀全为首”；训练队伍，铸造兵器。经过几年的努力，起义的准备工作基本就绪。道光三十年六月（1850年7月），洪秀全发布总动员令，命各地拜上帝教民众于十月一日（11月4日）到广西桂平县金田村集中。

近世烟氛大不同，知有天意启英雄。
神州被陷从难陷，上帝当崇毕竟崇。
明主敲诗曾咏菊，汉皇置酒尚歌风。
古来事业由人做，黑雾收残一鉴中。

这是洪秀全在起义前夕所作的一首《近世诗》，自喻明主汉皇。朱元璋胜利前夕敲诗咏菊“要与西风战一场”的豪迈，汉皇刘邦《大风歌》“威加海内”的磅礴以及洪秀全收残黑雾重现光明的信念浑然一体。他对争夺天下充满信心。

道光三十年十二月初十日（1851年1月11日），这一天是洪秀全37岁诞辰，杨秀清、萧朝贵、冯云山、韦昌辉、石达开诸人，率众将士来到金田村韦氏祠堂为洪秀全祝寿，正式宣布起义，洪秀全称天王；建号太平天国；封杨秀清为左辅正军师（占领永安州后封东王），萧朝贵为右弼又正军师（后封西王），冯云山为前导副军师（后封南王），韦昌辉为后护又副军师（后封北王），石达开为左军主将（后封翼王）；发布檄文，向清政府宣战。金田村升起了第一面太平天国的旗帜。

顺笔涉话，“太平天国”国号也很有趣。“天国”当然是洪秀全从“上帝”那儿借来的，他称“天王”也是自然的，但“太平”却是中国的“国粹”，出自道教经典《太平经》。“太平”的意思，照《太平经》的解释，“太者，大也；平者，正也”[1]，翻译成白话就是“最大的平等公正”。中国农民战争史上就有“杀尽不平方太平”的口号。可见“太平天国”是一个不中不西、即中即西的政治实体，也算是一种别具一格的中西文化交流形式吧。

战争序幕正式拉开，咸丰皇帝奕訢也就不能不硬着头皮应付，调集重兵围追堵截，先后派林则徐、李星沅、大学士赛尚阿、两广总督徐广缙、都统琦善、两江总督陆建瀛为钦差大臣前往督师，均不中用，太平军越铜关，扫铁卡，仅两年时间，纵横广西、湖南、湖北、江西、安徽、江苏六省，势如破竹，咸丰三年二月十日（1853 年 3 月 19 日）一举攻下虎踞龙盘的南京（金陵），改南京为“天京”，作为太平天国的首都，形成南北两京对峙的局面。

1 王明编：《太平经合校》，中华书局 1979 年版，第 148 页。

咸丰之江山被洪秀全硬是“争”去一块，气得他“痛哭”。所幸洪秀全也会犯错误——他没有乘全胜之势，弃南京而直取北京，这样，咸丰还可以保住大半江山，把失去的江山再“争”回来。

咸丰不幸失江山，洪秀全假“上帝”之威打下一片江山，这是他值得庆幸的，但在南京建都，却是他不幸的起点。

当太平军攻下南京不久，太平天国领导集团内部就是否建都南京问题展开了一场争论，殿左指挥罗大纲反对建都，主张北上河南，进逼京师，一举推翻清廷的统治。当时的京师一片混乱，弃官者有之，送家眷出京者有之，惊恐万状，大有末日来临之感。太平军百万雄师，如乘胜前进，进捣京师，端下咸丰的老窝是有把握的。但罗大纲的意见没有受到重视，绝大多数人主张建都南京，说南京城郭坚厚，虎踞龙盘，储粮充足，王气所钟，是建都的好地方。洪秀全迫不及待要在南京构筑他梦寐已久的“小天堂”(他把“天国”分为“天上天国”即大天堂和“地上天国”即小天堂、天朝)，建都成为定局。

建都天京是洪秀全决策上的一大错误，错就错在在完全可以扳倒咸丰的时候没有去扳倒他。当时有识者就指出，“天王在南京停留下来，开始防守自己的阵地，实在是犯了一个致命的错误，而且是一个使他失去帝国的致命的错误。如果他不让敌人有时间喘息，从惊慌失措之中恢复过来挽回颓势，而集中兵力直捣北京，那么毫无疑问，他的光辉灿烂的胜利进军将会使他几乎不遇抵抗地占领清朝京城，而清王朝的崩溃就会使他一举得到整个的帝国了”。[1]天王的错误，实在是清王朝不幸中的万幸，当太平天国忙着大封功臣、各王大兴土木营建王府时，咸丰从惊慌失措中镇静下来，重新组织力量进行反扑。二月二十二日（3月31日），钦差大臣向荣率军在金陵城东的沙子冈（不久改扎孝陵卫）扎下大营，建立江南大营，三月九日（4月16日）钦差大臣琦善、帮办军务直隶提督陈金绶屯兵扬州城外，建立江北大营，集结在天京周围的清军不下20万。咸丰想用重兵围困的办法把洪秀全困死在天京，可是不久，他迎来了一场考验，差点儿提前走上“巡幸热河”之路。

定都天京后，洪秀全颁布《天朝田亩制度》，以“太平”——绝对平均主义为原则，精心绘制“地上天国”（小天堂）蓝图。同时，发兵西征，执行肃清天京上游的军事任务。当然，洪秀全也想推翻清廷，于是有北伐决策。定都天京走错了一步，这时洪秀全、杨秀清如果亲率大军北伐，这一过错是可以弥补的，但洪、杨仅仅从百万大军中抽调2%的兵力（2万人）交给李开芳等人去执行推翻清朝的重任，这就令人费解了。北伐变成了军事冒险，然而从保护天京着眼，孤军深入，虽犯军中之大忌，但毕竟攻敌必救，至少可以减轻清军对天京的压力。这一目的虽未经洪、杨之口说出来，太平天国文献也没有明确记载，但

1 ［英］呤唎：《太平天国革命亲历记》，王维周译，上海古籍出版社1985年版，第120页。

可以作为合理的推测。事实上，天京的压力的确因北伐、西征而大有缓解。

四月一日（5月8日），北伐军在“定胡侯”李开芳、“靖胡侯”林凤祥、“平胡侯”吉文元的率领下，从扬州出发，开始了悲壮的北伐作战。北伐军由江苏取道安徽、河南、山西攻入直隶，连下沙河、任县、隆平、柏乡、赵州、栾城、藁城、晋州，九月八日（10月10日）克深州，兵锋直抵距保定60里的张登镇。咸丰大惊，一怒之下将钦差大臣直隶总督讷尔经额和帮办军务理藩院尚书恩华逮京，派惠亲王绵愉为奉命大将军、科尔沁郡王僧格林沁为参赞大臣，会同钦差大臣胜保重兵堵剿，以保卫京畿。京师设巡防所，宣布戒严。这时的京师一片混乱，官员“无不如鸟兽散”，“官民逃迁者达三万户”[1]，王大臣们个个“涕泣丧胆，眼眶肿若樱桃”[2]。睹此情形，咸丰伤透了心，感到末日即将来临，他甚至想到煤山那棵歪脖子树。他对恩师杜受田之子杜翰说：“天启（明熹宗朱由校）当亡国而弗亡，崇祯（明思宗朱由检）不当亡而亡。今豫南北皆残破，贼（太平军）已渡河，明代事行见矣。设有不幸，朕亦如崇祯不当亡而亡耳。”[3]咸丰以为崇祯不应当亡而亡，那是“闯祸”（李自成起义军）造成的，如今他面临的处境与明末差不多，一旦北伐军打进北京，他准备步崇祯后尘，成不当亡而亡国之君。他的情绪低落到了极点。一支偏

1 郭廷以：《太平天国史事日志》上册，上海书店1986年影印本，第275页。
2 邓文滨：《醒睡录初集》第3卷，申报馆铅印本。
3 沃丘仲子：《慈禧传信录》卷上，崇文书局1918年版，第14页。

师就把他折腾成这样，假如太平军在洪、杨统率下全数压来，可以想见，咸丰虽不欲亡而不能了，由此也可证洪秀全建都天京之误。既是“不当亡而亡”，咸丰当然也就不甘心，他还有退路，如京师不守，他准备开溜，逃往“行宫所在地热河”。看来，咸丰过虑了，北伐军虽然是洪秀全射出的利箭，但孤军转战二千余公里后，已成强弩之末，无法穿透京师厚厚的城墙，于是折向东方，占领天津近郊的静海县和独流镇，坚守待援，苦撑年余，弹尽援绝，咸丰五年四月十六日（1855 年 5 月 31 日）在山东茌平冯官屯全军覆没。咸丰得捷报，甚喜，特恩赏僧格林沁以亲王“世袭罔替”，五月十日（6 月 23 日）亲自在乾清宫为凯旋的僧亲王举行盛大的庆典。在咸丰的心目中，僧亲王简直成了再造清廷的盖世英雄。

北伐军被消灭了，京畿地区转危为安，可是长江沿线的战火还在延烧，第二年“洋祸”又起，弄得咸丰焦头烂额，处境尴尬。值得庆幸的是，太平天国发生自相残杀的内讧事件——杨韦事变，自身力量遭到严重削弱，力量对比趋于平衡，太平天国起事四年，双方算是打了个平手。咸丰十年（1860），咸丰而立之年，“洋祸”陷他于前所未有的困境之中，洪秀全“乘人之危”，打垮了他的江南大营，东进苏、常，开辟以苏州为首府的“苏福省”根据地，浙江名城重镇也纷纷易手，东南半壁河山差不多成了太平天国的天下。洪秀全又一次略占上风。

东南地区是清廷财赋所出之地，洪秀全“卡脖子”的军事进攻，的确令咸丰坐卧不安，派往江南的清军精锐之师已不复成军，他拿什么去平定太平天国？如今也只有依靠汉族官僚曾国藩统率的湘军了。

新年的爆竹还在炸响。咸丰在诅咒着“上帝”。

第二章

新春霉运：苗沛霖分庭抗礼

知兵乱世原非福，老死寒窗岂算奇？

为鳖为鱼终不免，不如大海作蛟螭。

——苗沛霖诗

“行在”热河的咸丰在为自己的“苦命”祈祷，巴望新的一年能够灾消难弭、时来运转。美好的愿望往往难以成为美好的现实。倒霉的咸丰在大年初一就遇到了麻烦，苗沛霖公然与他分庭抗礼，大举围攻寿州，将安徽巡抚翁同书等一批大吏困在城中。咸丰的美梦又一次被严酷的现实惊碎。

一、大海蛟螭：苗沛霖的崛起

咸丰的新对手苗沛霖是一个很特殊的人物，经历复杂，关系复杂，还带有些传奇色彩，从他身上，很能窥见咸丰统治时代的社会风貌。以往人们总为他表面上的反复无常所迷惑，看不清他的“庐山真面目”，以往的研究也不愿在“小人”身上浪费笔墨，一般史书也只是论及太平天国英王陈玉成被杀情节时，才把他抬出来当“叛徒”口诛笔伐，詈之曰风吹两边倒的墙头草、流氓无赖，这都不是真实的苗沛霖。需要廓清的迷雾太多，欲知详情，可翻阅 1999 年安徽人民出版社出版的拙著《晚清枭雄苗沛霖》

一书。这里与读者一道探究他的内心世界，看看他是怎样成为中国近代史上第一个军阀和咸丰的对手的。

苗沛霖，字雨三，安徽凤台人，凤台与寿州同城而治，也可说是寿州人，生于嘉庆年间，家庭贫贱，是一个十足的穷光蛋，照当地土话说，是没有日子过的人家。人不能自由选择自己的出身。出身可以让人“安命”，也可以促人奋起。苗沛霖就不甘于安命居贫，他“少负意气”，“倜傥有大志”，要改变穷光蛋的家境。可是，怎样才能改变自己的命运？“万般皆下品，唯有读书高”，传统的功名利禄，像磁石一样吸引着他，在他看来，这才是人生价值所在。他，和洪秀全一样，选择科举入仕之途，成为功名利禄的狂热追求者，“习贫攻苦”，勤于章句，兼之天资聪颖，“年三十而补弟子员”[1]，考中了秀才。一个“于侪类无所不凌侮”的乡村无赖，脸上总算有了一点光，但这丝毫不能改变他穷困潦倒的凄凄惨境，他失望、愤懑，但为了生存，也只好到六安教个蒙学，就是这样，还是“不足自赡”[2]，养活自己都困难。他又陷入了深深的苦闷之中。

手披残简对青灯，独坐搴帏数列星；
六幅屏开秋黯黯，一堂虫语夜冥冥。
杜鹃啼血霜华白，魑魅窥人灯火青；

1　金天翮：《皖志列传稿》卷七，《孙家泰传》，民国二十五年刊本。
2　张瑞墀：《两淮戡乱记·苗逆叛迹本末》，见中国史学会主编《捻军》第1册，上海人民出版社1957年版，第288页。

我自横刀向天笑，此生休再误穷经。[1]

面对孤馆青灯，黯黯秋夜，独坐搴帏，沉思……世界不会满足人，人要以自己的行动来改变世界。利禄之欲破灭，他要从失落中找回自我。有远大抱负，刚愎自用，桀骜不驯的他，又怎甘如此落寞？遂投笔而起，“丈夫终不当沟壑死！”[2]他要以自己的行动来改变不能满足他的世界了。而咸丰执政以来的社会大震荡，为他提供了大显身手的广阔天地。

咸丰三年（1853）初，太平军沿江东下，克九江，陷安徽省城安庆，直捣金陵，朝野震动，对活跃在皖北的捻党运动也起了催化剂的作用，“乡集土匪蜂起”[3]：冯金标、张凤山起义于皖豫边境；朱洪占、陈起生、邓作仁、尹甲、王怀山、孙玉标、倪中平、朱天保起义于亳州；胡元众、张狗、史鸭、陈小爱、江怀勤起义于蒙城；刘洪立、王之重起义于凤台；李殿元起义于宿州。

他们于咸丰三年正月（1853 年 2 月）在雉河集（今涡阳县）举行会盟，公推雉河集人张乐行为盟主，宣布起义抗清，这就是著名的“十八铺聚义”。它是捻党转向捻军的里程碑。大江南北，鼓角相闻，烽火连天。这种乱世之秋，在苗沛霖看来，正是千载

1 苗沛霖《秋宵独坐》诗，转引自荒芜《纸壁斋说诗》，三联书店 1985 年版，第 15—16 页。

2 张瑞墀：《两淮戡乱记 • 苗逆叛迹本末》，见中国史学会主编《捻军》第 1 册，上海人民出版社 1957 年版，第 288 页。

3 曾道唯修：《寿州志》卷十一《兵事》，光绪十六年刊本。

难逢的机遇，照他自己的话说，“此丈夫得志之秋也！”[1]他决志投笔从戎，在乱世之秋一显身手。可是，在这一广阔的历史舞台上，要扮演一个适合自己的角色，并不那么简单，究竟要像洪秀全那样充当农民起义领袖角色，还是像曾国藩那样充当“戡乱卫道”的角色？对这种相悖的知识分子参政行为模式，他都进行了尝试。

捻军起义后不久，他跑到了皖北雉河集去投靠张乐行。

当时的皖北，受地理和交通条件的限制，非常闭塞，教育特别落后，所以捻军中的知识分子屈指可数。见苗沛霖这个读过《孙子兵法》的秀才来投，张乐行求之不得，对他信任有加，请他在幕中充当“先生”（即谋士，皖北土语称“红笔师爷”），为之运筹帷幄，决胜千里。但没过多久，苗沛霖后悔了。在他看来，张乐行不过一草莽，自己怎能屈居其下？于是与张分道扬镳，跑到寿州知州金光筯那里，请求团练乡勇，自为练总。这完全是响应咸丰的号召。

原来，咸丰看到绿营兵不堪一击，为取得战争的胜利，便把视线转移到宗族上来，试图利用宗族组织来达到扑灭农民起义的烈火，巩固、重建地方统治的目的。为此，他采取了两大措施：第一是政权下放，重申“凡聚族而居，丁口众多者，准择族中有品望者一人立为族正，该族良莠责令察举”[2]。就是说，族长（正）

1　张瑞墀：《两淮戡乱记・苗逆叛迹本末》，见中国史学会主编《捻军》第1册，上海人民出版社1957年版，第288页。

2《户部则例》卷三《保甲》，清乾隆四十六年武英殿刻本。

可以有行政的权力，这样，原来限于调整宗族内部关系的族权开始与基层政权结合起来了。第二大措施就是拥兵权下放。咸丰三年一月八日（1853 年 2 月 15 日），咸丰颁布上谕，号召各地乡绅族长组织团练乡勇，保卫乡里。同时，鼓励在朝官吏回乡倡办团练，以宗法血缘关系为纽带，组织“子弟兵”，去“保卫桑梓”，从而捍卫清政府的地方统治，并且还任命了一批团练大臣，差往各省督办团练。由于皇帝的大力倡导，在太平天国占领区、其势力可能达到的地区及其他农民起义烈火燃烧的地区，出现了团练乡兵的高潮，曾国藩的湘军产生了，而像淮北的牛师韩、李南华等小规模的团练武装，多得难以计数，这样，在太平天国的冲击下，原来只有国家可以拥有的兵权，咸丰也下放给了地方宗族。

由于清政府的大力扶植，宗族势力得到膨胀性发展。虽然皇上借重宗族组织只是权宜之计，事实证明，打败太平天国、捻军及其他农民武装的确得力于宗族的援助，但也因此造成地方势力的恶性发展，苗沛霖的崛起就与咸丰采取的这一应变措施有很大关系。

在团练乡兵的高潮中，苗沛霖见有机可乘，也想通过这种途径组织一支武装。没想到，金光筯根本不加理睬，他所得到的只是“不许”二字。[1]苗沛霖大失所望，快快而去。不过，如

1 方濬师：《退一步斋文集》卷一《刑部员外郎追赠四品卿衔寿州孙君传》，光绪三十年刻本。

何借助团练之名去实现自己的政治抱负的念头，却在他的脑海里萦绕。

苗沛霖的确有自己的野心。现实角色选择失败后，他曾赋诗言志。云：

故园东望草离离，战垒连珠卷画旗；
乘势欲吞狼虎肉，借刀争剥马牛皮。
知兵乱世原非福，老死寒窗岂算奇？
为鳖为鱼终不免，不如大海作蛟螭。[1]

不为鳖不为鱼，那就独树一帜，做大海中的“蛟螭”。“蛟”是一种龙，“螭”也是一种龙，“龙”是帝王的象征，做大海蛟螭，与洪秀全“龙潜海角”何其相似！苗沛霖可谓“居心叵测”。

作为一个受过传统教育的知识分子，他内心深处对如火如荼的农民起义运动极为痛恨，同时又对清王朝不行德政的黑暗统治深感不满，他写过这样一副对联：

什么天主教，敢称天父天兄，丧天伦，灭天理，竟把青天白日搅得天昏，何时伸天讨天威，天才有眼；

这些地方官，尽是地痞地棍，暗地鬼，明地人，可怜

1 苗沛霖《故园》诗，见柴萼《梵天庐丛录》卷二十二，民国十五年石印本。

福地名区闹成地狱，到处抽地丁地税，地也无皮。[1]

显然，上联是诅咒太平天国运动的，下联则是辱骂清王朝的黑暗统治的，这种奇特的内心世界，使他可以向任何一方靠拢，但不可能与任何一方黏合，他可以左右逢源，游离于两者之间，他要走出一条自己的路——做大海蛟螭，这种自我发展的道路，用官方语言说，就是“崛强官匪间，专制一方”[2]，在夹缝中建立一个割据政权。这就是他的政治野心。有一次，他遇到在阜阳办团练的尹嘉宾，私下对他说：“天下大势去矣！安徽一省如为他人所据，可惜也！”[3] 尹一下给弄蒙了，苗沛霖何出此言？等他恍然大悟时，吓得半天说不出话，苗雨三太阴险了。

要打天下，不是一句空话，要有现实条件做保证，特别是军队。在大动乱年代，只要有能耐，拉出一支军队，并不太难。咸丰三年，当家乡大办团练时，苗就到处扬言，团练不可靠，“必筑寨、积粟、治兵可保”，提出包括“治兵”在内的“六字”方针。也许因他平时“好大言”，爱吹牛皮，此次恐怕又是纸上谈兵，所以无人搭理。咸丰六年（1856）夏，情况发生了变化，捻军兵进凤台，本乡本土地主士绅及其团练被打得一败涂地，这时人们才“稍思沛霖言”，觉得苗沛霖的主张不无道理，于是苗沛霖打出“御捻”的旗号乘机号召，重申他的“治兵”主张，得到

1 柴萼：《梵天庐丛录》卷二十二，民国十五年石印本。
2 金天翮：《皖志列传稿》卷七《孙家泰传》，民国二十五年刊本。
3 尹嘉宾：《征剿纪略》卷二，光绪二十六年刻本。

回应，众人“听之，奉为练长”[1]。他立即在武家集筑立圩寨，率宗族二十人，居然指挥打败了捻军，遂聚有千余人。接着，他把武家集圩寨扩充为苗家老寨，立寨并村，约得万人。这万把人，就是他的基础武装，地域、宗法、血缘关系成为团结这支武装的纽带，使它一开始就具有鲜明的部曲、家兵的性质，像苗氏宗族中的苗天庆、苗景开、苗熙年、苗长春、苗景和、苗景花等都是这支武装的骨干人物，随着苗沛霖势力的壮大，他们各率所部，东征西讨，独当一面，为苗沛霖尽心尽力开拓地盘。对这支武装，苗沛霖完全按自己的意志将其统一编排，置五旗，编队伍，齐金鼓，束号令，“不听者以军法从事”[2]，使这支武装与漫无纪律的乡团区别开来，走向正规化。由于苗沛霖驾驭得法，“苗家军”有着较强的战斗力，它多次打败捻军，打败那些不愿听其指挥、控制、收编的地主士绅及其经营的团练，异军突起，壮大了声威，“附之者甚众”，到咸丰七年（1857）即成为“名震两淮”的地方实力派，他，由此走上自我发展的割据之路。

时势造英雄，英雄亦造时势，恐怕没人怀疑此话的正确性，但如果笔者提出文化传统造“英雄”，读者会以为笔者是在故做惊人之语吗？且不妨作为“假说”提出来。本书的体例不容笔者去广征博引、详加考证，不过，可以稍作说明（恕笔者暂时偏离主题）。其实也不难理解，如有的地方自古多慷慨悲歌之士，有

1 张瑞墀：《两淮戡乱记·苗逆叛迹本末》，见中国史学会主编《捻军》第1册，上海人民出版社1957年版，第288页。

2 李师沆等修：《凤台县志》卷七《兵事》，光绪十九年刊本。

的地方自古以来以盛产武人（包括军阀）著称，有的地方人文荟萃，有的地方人宁死不讨饭，有的地方以乞讨为荣甚至连女孩子找对象也要看看男方会不会乞讨……这些都是各地不同的文化传统，沿以为例，可以影响、锻造一代又一代人。与“时势”的作用相比，地方文化传统的作用并不逊色。苗沛霖之所以走上了自我发展的“军阀”之路，除“战垒连珠卷画旗”的时势之外，地方文化传统的影响力非同小可，我们的“假说”由此切入，也许能够得到验证。

苗沛霖是淮北人。狭义上的“淮北”包括江苏、安徽两省淮河以北地区，广义的“淮北”还包括豫东、鲁西南以及淮河以南部分地区。这个地区自古以来就以重武轻文著称于世，谁能在“武”的方面成就一番事业，谁就可以光荣门第，成为人们心目中的偶像、英雄。苏东坡在《徐州上皇帝书》中有云：“其（淮北）民皆长大，胆力绝人，喜为剽掠，小不适意，则有飞扬跋扈之心，非止为盗而已。汉高祖，沛人也；项羽，宿迁人也；刘裕，彭城人也；朱全忠，砀山人也，皆在今徐州数百里间耳。其人以此自负，凶桀之气，积以成俗。”这种观念代代承传，形成颇具淮北特色的地方文化。

现代著名文学家林语堂先生在他的名著《中国人》中也有精辟论述，认为中国人与中国人是不同的，尽管同处于车同轨、行同伦、书同文的中华民族大文化圈里。人的不同，在笔者看来，就是文化的不同，因为人既是文化的载体，又是文化的化身。人的不同反映出地区文化的差异。林语堂还特别指出：

> 在所有以武力夺取了政权而建立自己的朝代的盗匪中，没有一个是江南人。吃大米的南方人不能登上龙位，只有吃面条的北方人才可以，这是一贯的传统。……如果我们以陇海铁路的某一点为中心画一个方圆若干里的圆圈，并不是没有可能，圈内就是那些帝王们的出生地。汉朝的创业帝王来自徐州的沛县，晋室始祖来自河南，宋室来自河北南部的涿县，明太祖朱洪武则来自安徽凤阳。[1]

在这里，林语堂也揭示出淮北区域文化的特质。

作为一种文化传统，经过一代又一代武人的勋业而不断强化，并渗入淮北人的骨髓，直到近代后期（1919 年以后）仍根深蒂固，刘邦"大丈夫不当如是耶"和项羽"可取而代之"的气概，"尤不减于当年"。可见这种文化传统影响之深之远了。

文化传统以人为载体，人的思想、行为往往打上地域文化传统的烙印。对淮北人来说，最能体现地域文化传统的观念、行为就是"尚武"和崇拜英雄，有名好奇的调查者就发现，淮北人"向具武侠之风，故一般农民颇尚武，农闲时期，集合一处，刀枪剑戟，随意玩弄，盖对于国术甚嗜好也。因有古刘、项之风，故崇拜英雄，而当兵亦每为农民出外谋生之唯一途径，居常以能

---

1 林语堂：《中国人》，浙江人民出版社 1988 年版，第 5 页。

任军职为光门楣耀祖宗，是于好尚武艺，而文事不与焉”[1]。这是对近代淮北社会生活的写真。笔者就是淮北人，每隔一两年总要回乡省亲，每次回去，都发现“武馆”又增多了，各县都有，有的县可以用“武馆林立”来形容，各类武馆招生的广告贴满大街小巷。尚武之风还是那么盛！

在地域文化传统的锻铸下，淮北因而成为盛产武人的地区，“英雄意识”因而也弥漫于整个淮北地区。

读者一定嫌笔者太啰唆。这也无奈。历史研究很难，要与“死人”沟通、交流、对话，更属不易。没有对历史“情境”的正确设置，任何“假说”都无法得到证实，“死人”的内心世界也无从窥知。

上述特定历史情境的设定，正是为了证实：苗沛霖选择“军阀”作为理想角色同样深受地域文化传统之赐。

> 世间有一种比海洋更大的景象，那便是天空；还有一种比天空更大的景象，那便是内心活动。[2]

苗沛霖的内心世界是广袤的、多维的，但透过种种迹象，我们还是可以探知其内心潜藏的奥秘，找出其渴望扮演的理想角色和走上自我发展道路的内驱力。

---

1 蓝渭滨：《江苏徐海之农业与农民生活》，《农民阵线》第 1 卷第 10 期，第 18 页。
2［法］雨果：《悲惨世界》第一部，人民文学出版社 2003 年版，第 226 页。

在苗沛霖的深层意识里，曹操，这个生根在淮北大地上的“乱世奸雄”，是他崇拜的偶像、英雄，在他心目中，咸丰算老几？曹操才最伟大，“（苗）蓄叛已久，平素尝与队下闲叙，极慕曹操之为人，而自诩其用兵如诸葛，呼队下某某为五虎将，动以淮南称王为词”[1]。由“极慕”不难想见他对曹操崇拜的程度。这是淮北“崇拜英雄”的文化传统在他心中的投影，而动不动以“称王为词”，却是他英雄意识的膨胀。崇拜英雄和英雄意识在他心中共生，而英雄意识的膨胀恰恰是崇拜英雄的必然走势。《重修蒙城县志书》中有一段关于苗沛霖与蒙城练总李南华交往的记载，十分有趣：

> （苗）向年办练时，屡与南华晤，握手论天下事……常笑语南华曰：“现今英雄独使君与曹耳。”南华佯不解，遂与之绝。[2]

这里苗沛霖以曹操自喻、自比。曹操简直占据了他的整个心理空间。曹操“不为虚美，行己谨俭”[3]，他也“性俭约，自奉鲜重肉，得财辄分部曲……人以是奇之，识者已知其有异志”[4]；曹操“唯才是举”，他也在凤台设了一个“招贤馆”，如此等等，不

1 张锡嘏：《上巡抚李乞师援寿禀》，见曾道唯修《寿州志》卷十一《兵事》，光绪十六年刊本。

2 汪篪等修纂：《重修蒙城县志书》卷九《人物志・李南华》，民国四年刊本。

3 陈寿：《三国志・魏书・荀彧传》，裴松之注，中华书局 1959 年版，第 313 页。

4 张瑞墀：《两淮戡乱记・苗逆叛迹本末》，见中国史学会主编《捻军》第 1 册，上海人民出版社 1957 年版，第 289 页。

一而足。曹操成了他模仿的原型。不过，他不准备对曹操进行简单的模仿，重要的是继承曹操的据地称雄思想。他的理想人生，就是要做曹操那样的英雄。军阀，因此成为他渴望充当的理想角色。在他的心灵深处，就是要让曹操“复活”，再现淮上割据的局面。这是他的行为原则，今后的一切活动包括表面上的反复无常，无不为此目的服务。《剑桥中国晚清史》说他是“毫无原则的武夫”[1]，但见“图”而未穷及“匕首”者也。

淮北另一特产“英雄”，当过乞丐后来削平群雄当上明朝开国皇帝的朱元璋，对苗沛霖的崛起也产生了一些影响。朱元璋曾经奉行的“高筑墙、广积粮、缓称王”的政策，为苗沛霖所继承，经过一番加工改造，他提出了一个名之曰“高筑墙、广聚粮、先灭贼、后称王”[2]的十二字方针，作为其实现割据的途径、步骤。

从以上的简单叙述中，大致可以证实地域文化传统造“英雄”的“假说”不谬，正是成为曹操的欲望火焰，成为激发苗沛霖走上割据道路的强大内驱力。不过，应该声明的是，地域文化传统只是许多锻造“英雄”的因素之一，不是唯一，而这方面却很少引起人们的注意。苗沛霖是个“复合体”（其他历史人物也是一样），理应“复合”地加以审视。除地域文化传统因素外，“时势”千万不能丢开，因为，乱世是军阀的摇篮。

---

1 ［美］费正清编：《剑桥中国晚清史》上卷，中国社会科学出版社 1985 年版，第 501 页。

2 曾道唯修：《寿州志》卷十一《兵事》，光绪十六年刊本。

二、养痈遗患

苗沛霖算是成功地蹚出了一条自我发展的路，成为清王朝的强劲对手。这种结果，当然得益于苗沛霖处心积虑的自我发展，可是，咸丰却有意无意为他开绿灯成就了他，是咸丰的养痈，贻下苗沛霖尾大不掉之患，自找倒霉。笔者不是故弄玄虚、危言耸听。要解开这个谜团，就要看看咸丰及其大吏们对苗沛霖的羁縻政策了。而这一决策的出台，对咸丰来说，也是一种无奈，为了对付“发（太平军）捻（捻军）”的联合反叛，他似乎别无选择。

太平军和捻军原是两支独立的武装，互不统属。洪秀全不把捻军放在眼里，张乐行倒也“不屑附于长发”。“以响马拜响马，谁甘屈膝？”这种狭隘的意识，导致两军的分而不合。可是，咸丰六年（1856），说来也巧，对各方而言都是一个转折：苗沛霖起步图谋自我发展，咸丰又一次陷入“洋祸”的泥潭——第二次鸦片战争爆发，而太平天国、捻军也都面临新的抉择，不得不相互靠近。

先从太平天国方面说，这年发生了亲者痛仇者快的内讧。

自定鼎金陵以后，洪秀全深居简出，深陷宗教的泥潭不能自拔，几乎全身心耗在拜上帝教教义的阐释上，不理朝政，军政大事均由东王杨秀清主持。杨秀清是开国功臣，“天父”的代言人，大权独揽，名义上“尊洪秀全为首”，实际上不把洪秀全当作一回事。如咸丰三年太平天国开科取士，诗题竟然是“四海之内有东王”。在帝制时代，向有“普天之下，莫非王土；率土之滨，莫非王臣”之语，道出帝王至高无上的权威，而太平天国开科取士，以“四海之内有东王”做试题，明眼人一看便知，东王显然凌驾于天王之上，“一朝之大，是首一人”，洪秀全“实杨之傀儡也”[1]。更有甚者，杨秀清动不动借天父下凡怒责洪秀全。洪秀全生活腐化，大兴土木，把天王府建造得金碧辉煌，侈丽无匹，杨秀清要“杖谏”；天王虐待宫女，杨秀清要杖他四十大板；杨秀清一说天父附体下凡，洪秀全马上就得下跪恭迎，受责受惩。洪秀全是太平天国的开创者，也是性情刚烈之人，虽慑于“天父”之威，对杨秀清的飞扬跋扈一忍再忍，但洪杨矛盾日益加深，而“阴柔奸险”的韦昌辉又从中拨弄，谄媚取宠，骗取洪秀全信任，要攘夺杨秀清之权。杨韦互相猜忌，矛盾重重，在天京已成为公开的秘密。翼王石达开、燕王秦日纲对杨秀清专横无理心怀不平，也遭到杨的打击，“积怨于心”。矛盾愈演愈烈，终于引发了自相残杀的内讧。

咸丰六年六月（1856 年 7 月），东王逼迫天王封他“万岁”，公然要取而代之。天王迫于淫威，不得不当面应允，而暗调韦昌辉、石达开、秦日纲回京靖难。八月三日（9 月 1 日）深夜，韦

1 知非子：《金陵杂记》，转引自罗尔纲《太平天国史事考》，三联书店 1955 年版，第 247 页。

昌辉率精兵3000人从江西秘密回京，以迅雷不及掩耳之势，对东王府发动突然袭击，杀杨秀清及其家属，接着，“不分清白，乱杀文武大小男女”达3万余众，使天京这个被精心构筑的“小天堂”立刻化为名副其实的人间地狱。九月，翼王石达开从湖北赶回天京，责备韦昌辉“多杀以逞，食肉为快”，不料韦昌辉又欲诛石达开，石达开连夜出逃，亲属全部罹难。韦的滥杀，引起天京军民的强烈不满，在一片“诛韦”声中，十月（11月）中旬，洪秀全下诏，“共诛”韦昌辉及参与大屠杀的秦日纲等200人，结束了长达两个多月的内讧恐怖时期。

杨韦事变是太平天国历史上最惨痛的一页，不仅削弱了太平天国自身的力量，而且使迅速发展的军事态势急转直下，天京再次被围。在湖北战场上，武汉守将韦志俊因其兄韦昌辉被诛，丧失斗志，十一月二十二日（12月19日）弃城而去，湖北各州县随之不守。在江西战场上，湘军水师逐渐占了上风，重新控制了那里的长江水面。更为重要的是，内讧之后，“人心改变，政事不一，各有一心”[1]，太平天国开始走下坡路，这是洪秀全失败的原因。

事变后，翼王石达开回京“提理朝政”。面对残破的局面，他想到了张乐行，如果能把捻军拉过来，不仅可以巩固安徽根据地，而且可以扭转内讧带来的军事上的颓势。十月间，他特地派

1《李秀成自述》，见中国史学会主编《太平天国》第2册，神州国光社1952年版，第795页。

人前往雉河集送信，约张乐行南下。咸丰七年（1857）春，又命陈玉成、李秀成北上，准备与捻军会师。

再说捻军。咸丰六年正月，捻军各部在雉河集举行了第二次会盟，共尊张乐行为“大汉盟主”，树起他在捻军中的权威地位，黄、白、红、蓝、黑五旗“统将皆听盟主调遣”。捻军从此结束了各自为战的局面，实现了大联合。雉河集会议后，捻军分兵四出，攻河南，逼山东，进退裕如，纵横跌宕，打得攻捻统帅、河南巡抚英桂无力招架。咸丰大为不满，七月（8月）再次派攻捻能手、袁世凯的叔祖父袁甲三挂帅“督办皖豫间剿匪军事”。袁甲三赴任后，督率豫、皖、苏三省攻捻之师会剿，与张乐行捻军在皖北展开拉锯战，大小数十战，终于大获全胜。

雉河集根据地失守，张乐行无所依归，只好率主力南下，与太平军会合。咸丰七年二月六日（1857年3月1日）占领豫、皖之交的商业重镇三河尖，九日两军在霍邱地区会师，“于是分者始合，狼狈苍黄，急则相倚，势使然也”[1]。双方“急则相倚”，在困境中实现了联合（不是合并），这在太平天国和捻军史上，都具有重要的意义，太平军从此有了最有力的支持者，而捻军也摆脱了孤立无援、孤军奋战的境地，两军互相呼应，安徽战场上出现了咸丰最不愿意看到的“发捻交乘”的局面。为了加大攻捻力度，咸丰把胜保派往前线，“以副都统衔帮办剿匪事宜”。张乐

1 黄恩彤：《捻匪刍议》，见中国史学会主编《捻军》第1册，上海人民出版社1957年版，第409页。

行迎来了最凶恶的对手之一，而苗沛霖则“福星高照”。

胜保，字克斋，苏完瓜尔佳氏，满洲镶白旗人，道光二十年（1840）举人，考授顺天府教授，历光禄寺卿、内阁学士，咸丰三年在河南、直隶、山东等地与太平军作战，曾因军败遭贬。这名“满腔忌克，其志欲统天下之人”[1]，有一套无人企及的招降纳叛的本领，读者一会儿便可领略到。

霍邱会师，揭开了张乐行捻军与太平军联合作战的序幕。经协商，双方决定以三河尖为中心，以颍上为主要用兵方向，以图向北发展，同时进攻河南固始、安徽寿州，作为策应。这最初的联合，没有取得耀眼的战绩。四月十日（5 月 3 日），颍上县城久攻不下，太平军回军六安，捻军退三河尖，迎击前来进攻的胜保。五月二十五日（6 月 16 日），三河尖不守，张乐行率部 2 万众，顺淮河东下，到达淮南水上要隘正阳关，被胜保指挥清军各部重重围困。胜保剿抚兼施，收买了老捻张金桂潜赴霍邱作内应，七月十日（8 月 29 日）轻取城池，一举切断了张乐行最后的补给线。

正阳关被困已久，张乐行捻军面临严重的困难，“食将尽，刲驴马杂野菜食之”[2]，雪上加霜，疫疾流行起来，倒毙不少，“日舆尸抛淮流”[3]。失败的因素不断滋生，清军可谓胜利在望。没料

1 王士元：《詅痴偶笔》，见中国史学会主编《捻军》第 1 册，上海人民出版社 1957 年版，第 375 页。

2 尹耕云等撰：《豫军纪略》卷七《皖匪六》，同治十一年刊本。

3 黄佩兰、王佩箴等纂：《涡阳县志》卷十五《兵事》，民国十四年刊本。

想，就在这个当口，胜保背后突然冒出一股势力，给他造成后顾之忧，这股势力，不是别人，正是苗雨三。

半年来，清军与太、捻联军逐日鏖战于淮上，谁也没有留意也无暇旁顾其他。苗沛霖瞅准这个有利时机，使劲发展，等引人注意时，他已形成气候。

正阳关交战方酣，苗沛霖这股势力的出现使清方突然感到如芒在背。时在前敌的贾臻（几年后当了几天安徽巡抚）在复郑瑛棨信中忧心忡忡地说："此间军事大有全股殄灭之望……但能防其（张乐行）冒死走险，不令窜逸，则聚歼可以操券。惟沙河之北，凤台县境展沟、阚疃一带，又有文生员苗沛霖者，以义兵为名，聚众已至二万余（已在展沟村之内外筑土围三十余处）。到处劫粮，心怀不测……若此时兵力难分，设沙北稍有变动，则大军有腹背受敌之虑。"[1] 苗雨三的突然冒出，令攻捻大员们心慌，万一腹背受敌，大局不堪设想。

指挥攻捻的胜保面对突如其来的问题，镇定自若，他有玩得烂熟的法宝。要想不使"全股殄灭（张乐行捻军）之望"成为泡影，只有稳住那颗躁动的野心。于是，他决定对苗沛霖采取"暂示羁縻"的政策，并上奏朝廷，咸丰第一次闻知苗沛霖其人。

八月间，胜保派凤台县知县李霖带着他的手谕前往苗家老寨"开导"苗雨三，希望苗能就范。

1 郑瑛棨：《瑛兰坡藏名人尺牍》，见中国史学会主编《捻军》第 5 册，上海人民出版社 1957 年版，第 70 页。

胜保有意羁縻，苗沛霖却摆起架子来，答复说："本拟赴营谒见大帅，但因团众过多，无人统束，一时难以远离，容后再行请示。"[1]不就范也不断然拒绝就范，他的滑头咸丰看出来了，不过是"以难于约束为辞，饰其旁观之计"[2]。苗沛霖的等等看，自有道理，清军正在正阳关前线与捻军打得不可开交，不会对自己怎么样；胜保没给一点好处（一官半职），凭一纸手谕就想让他就范，未免太小瞧他了。至于说"团众过多"，四个字的分量是称不出来的，那是在向胜保耀之以威，以引起清朝方面的足够重视。当然，他也向胜保传递了一条重要信息："容后再行请示。"这意味着他暂时不会对清军构成威胁。胜保不蠢，得此信息，便毫无顾忌全力以赴对付张乐行了。

正阳关之战仍在持续着。张乐行因弹尽粮绝，几乎无力招架，"几就擒"[3]。关键时刻，李秀成伸出援助之手，派李昭寿（不久为胜保招抚）率太平军奋力杀开一条血路，到了正阳关下，八月二十五日（10月12日），里应外合，张乐行终于突出重围，到六安与李秀成会合。

正阳关之战持续三个多月，以张乐行失败而告终。对清军来说，"克复正阳关，为淮南第一奇捷"[4]，咸丰大喜，赏给胜保头品顶戴。

---

1 奕䜣、朱学勤等纂：《钦定剿平捻匪方略》卷三十二胜保折，同治十一年刊本。

2 奕䜣、朱学勤等纂：《钦定剿平捻匪方略》卷三十二上谕，同治十一年刊本。

3 张瑞墀：《两淮戡乱记・张洛行叛迹本末》，见中国史学会主编《捻军》第1册，上海人民出版社1957年版，第285页。

4 江箎等修纂：《重修蒙城县志书》卷九《人物志・黄鸣铎》，民国四年刊本。

战役一结束，悬而未决的苗沛霖问题又提上了日程。苗沛霖虽然给了胜保一颗定心丸，使胜帅得以专顾张乐行，但他自己绝不会放掉任何利于自我发展的机会而仅仅坐山观虎斗——咸丰看走了眼。所以，当战役结束时，胜保吃惊地发现苗雨三“颇有尾大不掉之势”[1]了。事已至此，胜保也无可奈何，“发捻交乘”的局面没有了结，他无论如何不能对苗沛霖用兵，否则又是腹背受敌。而且苗沛霖不是太平军、捻军，是“团练”，理应为咸丰效力，若果真如此，用以对付“发捻”的实力就会骤然增强。现在的苗沛霖绝不是无足轻重的人物，而是可以左右时局的关键棋子，对他，没有别的办法可想，只有“羁縻”。

正阳关战役结束后，胜保再次遣把总耿希舜、邵徵祥，廪生王尚辰以花翎五品官往抚，“温语”相劝，希望他随胜帅进攻捻军。苗沛霖拍着胸脯，掷地有声地说：“吾青衫久裂作帜，冠缨用饰长戟，何官为？然杀贼（捻军）固吾好！”[2]何等冠冕堂皇！爽快如此，令人感到意外。他突然来了个一百八十度的大转弯，是因为咸丰给了他一个花翎五品的芝麻官吗？不是，苗沛霖野心勃勃，绝不会这么没出息。苗沛霖知兵，又有“小诸葛”之名，更有曹操的奸猾，凡事鳃鳃过虑，计较得失。他在想：捻军被清军杀得大败，退到六安去了，在皖的李秀成部太平军为解镇江之

1 奕䜣、朱学勤等纂：《钦定剿平捻匪方略》卷三十四胜保、袁甲三折，同治十一年刊本。

2 张瑞墀：《两淮戡乱记·苗逆叛迹本末》，见中国史学会主编《捻军》第1册，上海人民出版社1957年版，第289页。

围而奉令东进，安徽战场上的炮声暂时作哑。而清廷对他采取的只是“暂示羁縻”的临时政策，即“俟张逆（乐行）全股肃清，如该生叛形已著，移师剿办，趁其甫经煽乱，或尚易于了结，不致再成燎原之祸”[1]。这时清军完全可以抽出手来揍他，因此，再持“旁观之计”，对自己没什么好处。再者说，他曾向寿州知州金光筯请求团练乡勇，未得允许，但到咸丰六年（1856），他却未经批准擅自办“练”（实际上是“治兵”），这在当局看来，自然是不合法的，说他“聚群不逞为乱”，若是受了羁縻，就等于对既成事实的肯定，他便可以名正言顺地去扩充自己的势力了。何况，还有一个花翎五品的小官，当然，他看上的不是这个，而是胜保，胜保是清廷大员，朝廷上下红得发紫的人物，完全可以为他所用。当年曹操能够成就一番事业，很大程度上利用了汉献帝这块招牌。建安元年（196），他把汉献帝掠至许昌，挟天子而令诸侯，号召弥众。他虽然不能像曹操挟制汉献帝那样挟制咸丰帝，但如果能拉上胜保这根热线，他就可以“借其权势，以逞逆心”[2]，来达到专治一方的政治目的了。苗沛霖的小算盘拨拉得的确不同凡响。

为了拉上胜保，苗沛霖也下了一番软工夫，“以声妓蛊之，胜保恨相见晚”[3]，于是胜保纳“沛霖为门下士”[4]，两人结成师生关

1 郑瑛棨：《瑛兰坡藏名人尺牍》，见中国史学会主编《捻军》第5册，上海人民出版社1957年版，第70页。

2 石成之等纂：《涡阳县志》卷四《兵事》，同治三年刊本。

3 黄佩兰、王佩箴等纂：《涡阳县志》卷十五《兵事》，民国十四年刊本。

4 曾道唯修：《寿州志》卷十一《兵事》，光绪十六年刊本。

系。苗雨三与胜帅由此勾结在一起。

咸丰八年（1858），“洋祸”又炽，“发捻”又乘机发动军事进攻，特别是张乐行捻军，四月二十一日（6月2日）占领“全淮上游重地”的怀远县城，五月四日（6月14日）进克“水陆咽喉，南北冲要”的皖东重镇临淮关，第二天，连拔“皖东门户”的凤阳府、县两城，清军节节败退，皖东地区成为张乐行的天下，与太平天国辖区连成一片。咸丰震怒，将安徽巡抚福济撤职查办，大学士翁心存之子翁同书（其弟翁同龢是光绪皇帝的恩师）调补安徽巡抚。七月二十三日（8月31日）重新调整攻捻部署：胜保为钦差大臣，督办安徽军务，翁同书帮办军务，袁甲三督办豫苏皖剿匪事宜。

攻捻战事日非，钦差胜保更加需要苗沛霖，“胜保尤信用沛霖，沛霖亦深与结纳”[1]。在胜保等攻捻大吏们的保奏和影响下，朝廷对苗沛霖采取了“一意羁縻”的政策。[2]从“暂示”到“一意”，说明苗沛霖的举足轻重和咸丰的无奈。苗沛霖每立微功，必晋显秩。从咸丰八年（1858）到咸丰十年（1860），咸丰因苗沛霖剿捻有功先后12次为他加官晋秩[3]，由知县而知州、知府、四川川北道加布政使衔，督办淮北团练，官居二品。苗党刘兰馨、张建猷、苗天庆、年玉田等也被迭加超擢，显赫一时。

1 赵尔巽等：《清史稿》卷四百一十八《袁甲三传》，中华书局1977年版，第1214页。

2 王定安：《求阙斋弟子记》卷十五《驭练》，光绪二年刊本。

3 故宫博物院文献馆编：《文献丛编》第22辑《苗沛霖事件》，民国排印本。

咸丰羁縻苗沛霖，除了加官之外，没有别的办法，为了对付“发捻”的联合，也只有厚赏。他的隆恩施在别人身上，无疑使人感到无上荣耀，受宠若惊，即使有点野心，早已被“浩荡皇恩”淹没了。此策略是一柄双刃剑，一出手可能产生两种效果。咸丰的一意施恩笼络，在苗沛霖身上得到的反应出乎所有人意料：苗沛霖还是那个苗沛霖，从来不穿官服、戴官帽，没有一点儿官样，那种扮相，史书说跟乡村野夫差不多，就是会见地方官吏，仍然是“燕服谈谑，倨傲无礼”，这种不合礼的举止，绝不是鸡毛蒜皮的“小节”、不检点，视“圣物”为垃圾，简直就是大逆不道。他的“弗冠服”，只能用“示弗臣”来解释了。[1]

苗沛霖头上有许多官衔，同样出人意料的是，他从来就不准手下人称呼什么官，否则要受到斥责，要么称他为“先生”“老先生”，要么称之为“苗大先生”，他才感到惬意。读者切不要以为苗沛霖出身秀才，扮演过传道、授业、解惑的角色，称“先生”没有什么值得大惊小怪的，其实“先生”之称的背后隐藏着令人费解的意蕴，当时有个叫刘声木的人非要弄清苗沛霖葫芦里到底卖的是什么药，特地做了一番考证，发现了个中奥秘，说苗沛霖称先生不是没有来历的，“春秋时，楚白公作乱，其党羽石乞不称为白公，称为长者。是此等名称，由来已久，苗沛霖亦依样葫芦而已”[2]。原来，“使其属称苗先生”，同样具有“示弗

1 王定安：《湘军记》卷七《绥辑淮甸篇》，岳麓书社 1983 年版，第 89 页。
2 刘声木：《苌楚斋随笔·续笔》卷三，中华书局 1998 年版，第 13 页。

臣也”的深意。[1]

苗沛霖有不臣之心，但咸丰给他那么多方便条件，当然不会任其过期作废，“假官爵号召徒党”，“借国家声威号召一方令行禁止”，是他常用的手段，比如咸丰给他督办淮北团练的大权，他便以淮北练总的特殊身份号召弥众，暗暗扩充个人势力，把寿州、凤台、宿州、灵璧、蒙城、怀远等州县划为“东练”，分五旗，委派心腹徐立壮、邹兆元、张建猷、管致中、刘兰馨主持；把阜阳、颍州、霍邱及河南光州、固始、新蔡、息县等州县划为“西练”，分十四营，委派心腹牛允恭、吴正谊、朱鑫、王金奎、董志诚、邓林松、林济川、祝兰馨、潘垲、杨天林、郭扬辉、李道南、赵春和、倘贯金主持。在东、西练所辖范围内，苗沛霖规定了“练三丁取一，贫者出兵，富供资粮扉屦”[2]的征兵筹饷制度，并将所得之众亲自严加训练，有目的、有计划地加以编排，形成一套组织严密的军事体系：苗沛霖为最高领袖，称“（大）先生”；其下为“五旗总”，地位仅次于苗；“五旗总”下置“五旗”和“营”，旗有旗主，营有营主。五旗总、旗主、营主均由苗沛霖委任，纳入“苗家军”系统。五旗和营是最基本的作战单位。苗家军在苗沛霖的苦心经营下（当然还有胜保、皇上做后盾），蔚成大观，到咸丰十年发展到数十万众，遍布皖、豫两省数十州县。

---

1 王定安：《求阙斋弟子记》卷十五《驭练》，光绪二年刊本。

2 张瑞墀：《两淮戡乱记・苗逆叛迹本末》，见中国史学会主编《捻军》第 1 册，上海人民出版社 1957 年版，第 289 页。

军事力量的扩张，是为开拓地盘服务的。苗沛霖以“苗家军”为后盾，以凤台为中心，四处拓展，通过对圩寨的争夺和有效控制，实现割据目的。

圩，也称围、堡、寨，统称“圩寨”。它是从村落发展而来的，村环以围（墙），围环以濠，吊桥通内外，犹如碉堡，是圩寨的一般形势。它是社会动荡的产物。苗沛霖崛起时，淮北已圩寨林立。如果把淮北作为一个系统，那么它是由众多的子系统——圩寨组成的。圩寨常处于封闭、半封闭状态，它以血缘关系、裙带关系受制于圩主、寨长家长式的统治之下，构成一个个“小而全”的社会，这正是苗沛霖割据的社会基础。

捻军起义后，村落几乎不复存在。捻军也好，它的对手也好，都非常注重对圩寨的争夺和经营，“加砖增堞，坚如城郭”，当时就有“官圩”“民圩”“贼圩”之分，作战方式也因此变为拉锯式的“圩寨战”。苗沛霖对圩寨，那是力所必争的。争夺的方式也是赤裸裸的，一是武力攻伐，从捻军手中争夺，咸丰对他一意羁縻，不就是借重他的武力攻捻吗？苗沛霖攻捻确也不遗余力——原是他“先灭贼，后称王”的题中应有之举，但夺取的圩寨不是咸丰希望的那样夷为平地，而是“得一处守一处，绝不归官办理”；二是凭借咸丰给予的特殊权力夺取地主士绅经营的“民圩”，“借官势收圩”，有不从者多方挟制，或烧房屋，或扰耕种，或掘坟墓，或掠妇女、牲畜，再不从，那就要屠圩了。所得圩寨，委派“（小）先生”一类的小官取代圩主、寨长，进行管理，使之完全脱离清政府地方统治的控制，变成具有特殊意义的“苗圩”。

通过对圩寨的争夺与改造，苗沛霖割据局面逐渐确立，到咸丰十年（1860）即成为“南通光、汝，西薄归、陈，东逾州来，北尽黄河之浒，连圩数千，众数十万，讼狱大小皆口决，县令守符玺而已”[1]的强大武力集团。在所控制的范围内，苗沛霖可以令行禁止，可以生杀予夺，可以私刻督办安徽团练关防，地方官受其钳制，连与他结为师生关系的钦差大臣胜保、安徽巡抚翁同书也受其胁迫，只得听之任之。他曾在蒙城等地设立“公寓”取代县衙的统治，宿州知州董声元不听支使，他便将其掠至凤台“老寨”关押，另在宿州设立“苗营公司”（苗所设统治机构，都是这类怪名称），委派心腹侯克瞬取而代之。清政府在淮北的统治名存实亡。

“一意羁縻”政策结出如此恶果，这是咸丰始料不及的，养痈遗患，怪谁呢？胜保、袁甲三、翁同书吗？他们都是养痈之人，皇上也有责任。咸丰也许会认为，政策本身并没有错，错就错在用错了地方，而且一旦用错，就只能将错就错，连改错的机会都没有。苗沛霖狼子野心，实堪痛恨，罪不容诛，但“较之粤（太平军）、捻之显然叛逆尚属稍知顾忌”，太平军、捻军是“心腹之大患”，苗沛霖只是肢体之患，为了对付“发捻”的联

1 张瑞墀：《两淮戡乱记·苗逆叛迹本末》，见中国史学会主编《捻军》第1册，上海人民出版社1957年版，第289页。

合，苗沛霖这股势力只能加以利用，要利用只能继续羁縻，姑息迁就，一句话，就是“痈”也得养。一旦“发捻交乘”的局面结束，肢体之患必欲清除，这叫“先剿群捻，次（剿）沛霖”[1]，有理有利有节。肢体之患可以危及腹心。但咸丰想不了那么多。

咸丰“借苗练以制捻”，苗沛霖“借官势以号召”，什么君臣大义，早抛到了九霄云外，双方为了各自的目的，互相利用而已。

苗雨三尾大不掉，再也不能满足“俨然割据”的局面，那颗躁动的野心再也按捺不住。宿州知州董声元在凤台受审时，苗的亲信就明明白白告诉董说：“我家老先生，他日之皇帝也。”[2]他要与咸丰分庭抗礼了。

三、天顺王：咸丰的新对手

万事俱备，只欠佳机，一旦机缘合适，苗沛霖就会毫不犹豫地将割据的局面公开化。咸丰十年，他渴盼的时机终于来临了。

咸丰十年秋，“洋祸”大炽，英法联军攻入北京，火烧圆明园，咸丰皇帝以“秋狝木兰”为名出逃热河。

外部的冲突导致内部的整合。按照社会学这一原理，“洋祸”

1 奕䜣、朱学勤等纂：《钦定剿平捻匪方略》卷四百二十四翁同书折，同治十一年刊本。

2 曾道唯修：《寿州志》卷十一《兵事》，光绪十六年刊本。

的加剧，理应使内部不同利益集团暂时捐弃前嫌，携起手来，一致对外，但在咸丰时代，这一原理被证明是失效的，中国分裂为两半，“皇上”与“皇上帝”不共戴天。“反清复明”“兴汉灭满”的狭隘的民族意识冲淡了中华民族的凝聚力，谁都希望对方遭受不测，像苗沛霖这样的野心家更是幸灾乐祸。

天子蒙尘，苗沛霖兴奋不已，拍着巴掌说：“时至矣！”[1]以为这是他割据称雄的绝妙时机。恰在此时，在八里桥之战中被伤坠马的恩师胜保驰书安徽，要他精选壮勇，配齐枪炮、旗帜、器械，日夜兼程，赴京“勤王”。胜保对这名高足的“野性”比谁都清楚，因而苦口婆心开导，晓之以理，动之以情，谓“我国家养士二百余年，深仁厚泽，固结人心，凡有血气之伦，孰不同仇敌忾？矧该道为本大臣所素知之人，拔诸千万人之中，置诸千万人之上，担圭曳组，显姓扬名，试问非荷皇上天恩，何以致此？水源木本之谓何！尔道其肯忘报乎？夫不调他练，而必调该道之练，不召他将，而必召该道等之将，皇上之待该道，隆乎否乎？本大臣之信该道，诚乎否乎？该道等定当鼓舞奋兴，争先灭贼（这里指英法联军）也”[2]。恩师的一片苦心，如淮河之水，付诸东流。苗沛霖拒绝“感化”，虽然口头上说“遍读诸史，见义兵莫大于勤王”之类的漂亮话——漂亮话谁都会说，但坚持“不奉调”。在他看来，如今的天下大势，就好比一盘没下完的残棋，

1 张瑞墀：《两淮戡乱记·苗逆叛迹本末》，见中国史学会主编《捻军》第1册，上海人民出版社1957年版，第291页。

2 故宫博物院文献馆编：《文献丛编》第22辑《苗沛霖事件》，民国排印本。

一步得利“可支数步”，建立独立王国的好时机哪能轻易放过呢？当朝皇帝遭殃，苗沛霖借着这个机会，卸下团练的伪装，公开与清廷分庭抗礼了。

一方面“泣禀”钦差大臣袁甲三、安徽巡抚翁同书、徐州总兵傅振邦，说什么自古君忧臣劳，君辱臣死，而今京师震陷，皇上蒙尘，沛霖受国厚恩，却不能一旅勤王，罪该万死！为今之计，请抚台大人移营合肥进攻太平军，袁帅、傅帅反军京师讨伐英法联军，宿卫天子，沛霖自以练众守寿州、临淮进攻张乐行捻军，“练众日增已逾十万”，两淮盐卡的税收归沛霖了。[1]苗沛霖的如诉如泣，与鳄鱼的眼泪别无二致，他是要袁甲三的临淮军、傅振邦的徐州军和翁同书的寿州军自动退出淮河两岸，交他把持、控制，至于十余万众，“不能一旅勤王”，其心路人皆知了。

另一方面，公开上演了一幕推戴闹剧，这比袁世凯上演此类闹剧早了半个多世纪。

十月一日（11 月 13 日），他招集五旗主十四营主，在蒙城设祭坛。咸丰还没有死，他就为皇上提前缟素发丧了，是诅咒，还是故意搅乱人心？想必兼而有之。苗沛霖发表哀祭演说，真真假假，眼泪滴了几滴，哭丧着脸，说：“天下已无主，我等当各求自全！”苗先生口出此言，似乎是让大家散伙，各谋出路去吧！可是，话又说回来了，散了伙，他凭什么去分庭抗礼？老先

1 张瑞墀：《两淮戡乱记·苗逆叛迹本末》，见中国史学会主编《捻军》第 1 册，上海人民出版社 1957 年版，第 291 页。

生“知兵”，这欲擒故纵的伎俩往往可以收到奇效，达到要达到的目的。手下人当然明白老先生的用意，不仅没有散意，反而呼起“河北天顺王”[1]来（肯定在苗沛霖的授意下做了“彩排”），有唱有和，一呼百应，老先生三辞，部下推戴不止。苗雨三残忍嗜杀，即使有人明知先生犯上作乱，这时也不得不从众，好汉不吃眼前亏，总不能白白让他斩落项上人头祭奠咸丰吧！结果可想而知，苗沛霖顺顺当当地把理想变成了现实。一个以淮北为中心，地跨安徽、河南两省的军阀王国建立起来了，他因此成为中国近代史上第一个军阀。[2]

军阀以扩张、保守地盘为志。苗沛霖要维持淮上割据的局面，不能满足于略地，还必须攻城，夺取在战略上具有举足轻重地位的较大城市，作为拓展地盘的大本营和争夺天下的指挥中心。这样，与凤台同城而治的淮滨要地寿州，便首当其冲了。

寿州，古称寿春，城枕淮河、淝水，地险隘要，自古为兵家必争之地。城北，是有名的淝水之战的古战场八公山，西北有硖石山夹淮为险，加上富商大贾辐辏，既得地势，又可尽商贾之利。同时，省城安庆掌握在太平军手里，庐州（合肥）要地也为太平天国英王陈玉成所据，寿州实际上成了安徽省的政治统治中心（安徽巡抚翁同书即驻寿州），其战略意义可想而知。苗沛霖

1 赵烈文：《能静居日记》咸丰十一年八月十二日，载太平天国历史博物馆编《太平天国史料丛编简辑》第 3 册，中华书局 1962 年版，第 199 页。

2 池子华：《苗沛霖：中国近代史上第一个军阀》，《学术月刊》1996 年 10 月号。

矛头指向寿州，战略意图很明确，那就是“攻围寿州，觊觎淮、淝上游，以图肆毒中原”[1]，扩大天顺王国的地盘。他把攻城的日子选在咸丰十一年大年初一（1861 年 2 月 10 日），是出于用兵的考虑（这个日子人们正沉醉在新桃换旧符的欢乐之中，容易放松警惕性），还是故意让咸丰过不好年？苗沛霖最清楚。

要打就打，用不着拐弯抹角找借口，图个师出有名，不过，有借口总比没借口好。苗沛霖围攻寿州的借口是“寿州擅杀案”。

两个月前（咸丰十年十一月初一日），苗沛霖为弄清寿州城内的虚实，特派部将李学曾等 7 人前往刺探，事泄，7 人尽被仇人徐立壮、孙家泰诛杀，这就是“寿州擅杀案”。案发后，苗沛霖恨之入骨，扬言要破此“铁打的寿州”，杀死徐立壮、孙家泰，为李学曾等人报仇。[2]

苗与徐、孙何以成仇？这里应作些交代。

徐立壮也是凤台北乡人，一开始就跟随苗沛霖“办练”，屡建功勋，成为苗的黄旗旗主。可是徐立壮却不愿在苗沛霖脚下匍匐，立意自树一帜，这是苗难以容忍的，双方因此结怨。徐多次收买刺客行刺苗沛霖，没有成功。苗称“河北天顺王”时，他与徐登善、徐思忠率众占据离“老寨”不远的宋家圩抗拒苗沛霖，苗大怒，立即出兵屠圩，徐立壮如漏网之鱼，狼狈逃奔寿州，投靠孙家泰。苗沛霖到处张贴榜文，有“务杀得百里不姓徐而后

1 奕䜣、朱学勤等纂：《钦定剿平捻匪方略》卷一百二翁同书折，同治十一年刊本。
2 汪篪等修纂：《重修蒙城县志书》卷九《人物志·黄鸣铎》，民国四年刊本。

已”[1]之句。徐立壮逃进寿州，又激起“擅杀案”的波澜，苗攻寿州，追杀徐立壮，也是顺理成章的。

苗沛霖进攻寿州的另一个借口是与孙家泰的“私忿”。孙家泰，字引恬，道光二十九年（1849）花银子捐了一个员外郎。捻军起义后，他随工部侍郎吕贤基督办安徽团练。苗沛霖崛起后，因宿怨故，他一意主剿，还“募健儿刺苗逆悍将”，引起苗的痛恨。苗、孙因何交恶？史书记载说，孙家泰曾聚集团练头目于寿州，他跨马佩剑，英姿飒爽，卫队前呼后拥，出入威仪甚盛。苗沛霖既受胜保招抚，也想凑凑热闹，跨上青骡，穿上大布衣，戴顶小帽，带了百把随从，也都“类村野不习容止”，举止粗俗，大煞风景。苗沛霖呆坐在那里，环顾左右，没有人愿意理睬，孙家泰鄙夷的目光，更使他如坐针毡，他的自尊心被严重伤害了。咸丰九年（1859），孙家泰从弟孙家鼐（后成为光绪皇帝的师傅）中了状元，孙家大摆筵席，新朋旧友沾亲带故无不前往庆贺，热闹非凡。苗沛霖备礼往贺，被孙家泰拒之门外，气得苗老先生七窍生烟，“长啸疾驰去”，发誓说：“他年我若得志，非杀孙家泰全家不可！”[2]“寿州擅杀案”发，又是孙家泰主谋，苗沛霖岂能咽下这口气？

如此说来，苗沛霖进攻寿州，是为了报私仇了？没错，但不

1 汪篪等修纂：《重修蒙城县志书》卷六《兵事》，民国四年刊本。

2 金天翮：《皖志列传稿》卷七《孙家泰传》，民国二十五年刊本；赵烈文：《能静居日记》同治二年四月初一，载太平天国历史博物馆编《太平天国史料丛编简辑》第 3 册，中华书局 1962 年版，第 270 页。

要忘了他的真正意图，“擅杀案”正好顺手拈来作为发难的借口，私仇顶多兼报而已。

大年初一，苗沛霖在“老寨”誓师，设下李学曾等 7 人的灵位，祭奠一罢，兵分水陆，直逼寿州城下。钦差袁甲三、安徽巡抚翁同书飞章告变。咸丰览奏，曷胜震怒，责令袁甲三“与翁同书密商定计，拨兵夹击，迅速歼除，不可徒事羁縻，以致养痈贻患”。“寿州、正阳如有失事，惟袁甲三是问。”[1] 痈已成患，非动“手术”不可了。咸丰好不容易摆脱了“洋祸”的煎熬，原以为可以全力以赴对付“发、捻”，湖南、湖北、江西先后“肃清”，已出现新的转机，不想苗沛霖突起问鼎，形势骤然变得严峻起来。如果单是一个苗沛霖，他倒不怎么担心，万一苗与“发、捻”联合起来，问题就严重了。虽然太平军，特别是张乐行捻军，是苗沛霖的宿敌，但谁能保证他们不能达成谅解、呼吸相通呢？

咸丰担心的事还是发生了。

苗沛霖公开与清王朝分庭抗礼时，就已决定联合太平军和捻军。与寿州围城同时，他特派王金奎到定远面晤张乐行，双方取得谅解；又派遣朱鑫、陆长华赴天京、庐州“通款粤贼（太平军）”，要求与太平军协同作战，共抗清军，并且还表示，苗家军愿蓄发、受印信，奉太平天国正朔。洪秀全大喜，不仅给苗沛霖一个“奏王”的封号，还从庐州陈玉成军中派去辛大刚、余安

1 奕䜣、朱学勤等纂：《钦定剿平捻匪方略》卷九十五上谕，同治十一年刊本。

定、许导奎、赵大治等，领兵 700 余人赴凤台苗家老寨与苗沛霖晤商争夺天下事宜。

和宿敌握手言和，这一步棋，苗雨三不能不走。他自己心里很清楚，以前他公开打起“灭贼”旗号，以清廷“剿匪”大员面目出现，与太平军和捻军作战，而今，他擎起“反清”的大旗，自然出现两面受敌的态势，其中的利害关系，素有“小诸葛”“小周瑜”之名，“号知兵”的他焉能不知？要避免腹背受敌，采取打一拉一的策略是完全必要的。所谓策略，说白了，就是一种相互利用，没有诚意可言的取巧。

太平军和捻军不计前嫌，爽快地握住伸出来的联合之手，仅仅因为苗沛霖举起了抗清的旗帜，变成自己的“同路人”？没那么简单。这里面还有深层的原因。

从捻军方面说，自咸丰八年（1858）李昭寿——一个结帮串捻（军）起家，被剿得走投无路输诚受抚，接着复叛投靠李秀成太平军的河南固始县无赖——再一次受抚、投入胜保怀抱后，捻军受到冲击，内部发生分化，出现了一股“投敌逆流”，张乐行捻军力量严重削弱。咸丰九年底（1860 年 1 月），怀远、临淮、凤阳府县连连失守，张乐行退保定远孤城，被袁甲三部清军包围。为支援太平军，张乐行把主力投放到太平天国战场，定远承受着巨大的压力，而苗沛霖掀起抗清高潮，使张乐行不再成为清军进攻的主要对象，同时，与苗达成谅解，张乐行可以稳坐定远，还可以借苗抗清声势，发展、壮大自己，再展雄风。因此，无论从哪方面说，张乐行都不会拒绝与宿敌“言和”。

从太平天国方面说，湘军不断加强对天京门户安庆的围攻，使在皖的陈玉成部太平军及张乐行部捻军不得不倾全力救援。咸丰十年十月二十八日（1860 年 12 月 10 日），太、捻联军大战湘军于桐城挂车河，受挫，伤亡万余人。安徽战场的局势每况愈下，因而苗沛霖这股地方势力，不能不引起太平天国方面的特别注意，甚至把“连苗”作为自己的战略目标。而苗沛霖主动来“归”，当然求之不得，难怪洪秀全大喜了，立即封王，至于这样做会在盟友张乐行内心深处投下怎样的阴影，他没有顾及，我们不妨顺着这一话题多说两句。张乐行与太平军联合作战多年，为太平天国建功立业，至今仍是“征北主将”，而张乐行的宿敌苗沛霖一经“归附”，没有为太平天国立下任何战功，即被封王，还赐给“银印、美女、锦绣数十车”[1]，这种明显的抑张扬苗的做法，太不公正，的确令张乐行难堪，以致张乐行发出“他们待人不好”的怨声，决定打回老家了。

太、捻、苗“言和”、联合，原是形势所逼。但太、捻没有认识苗沛霖的真面目，以致上当受骗，后来演成了陈玉成遭擒、张乐行罹难的历史大悲剧。这是后话。

三方联络一气，咸丰焦灼不安，责令袁甲三、翁同书使用离间之计，使三方“互相猜忌，不能合而为一”，如此苗沛霖进

1　张瑞墀：《两淮戡乱记・苗逆叛迹本末》，见中国史学会主编《捻军》第 1 册，上海人民出版社 1957 年版，第 291 页。

退无据，剿办起来比较容易。但翁同书采纳了孙家泰“抚徐敌苗”的建议，给苗的仇人徐立壮一个总兵的虚衔，让他督勇3000人守城，与苗沛霖仇杀。这又给苗制造了一个借口，老先生散播“流言惑众”，说寿州发生了“奇案”，孙家泰、徐立壮拘囚巡抚，强夺抚印云云。这样一来，进攻寿州变成了搭救巡抚的正义举动，真够滑稽的。寿州城下的苗家军日增，同时分兵四出，连克霍邱、怀远、颍上——这些县城并没有发生拘囚巡抚的“奇案”。

安徽溃烂如此，咸丰十分恼火，不得不考虑换帅，正月七日（2月16日），把办理不善的翁同书褫职调京，改授湘军大将李续宜出任安徽巡抚，意在假湘军之虎威慑服苗沛霖。但李续宜为太平军牵制无法到达寿州，咸丰无奈，只好让株守颍州的安徽布政使贾臻署理巡抚。翁同书被困在城中，无法脱身了。

二月（3月），苗沛霖连营数十座，准备长期围困寿州。同时致函同为胜保招抚的现任江南提督李世忠（即李昭寿，“世忠”其名，“良臣”其字，均为咸丰所赐），约他“共图寿州”。李世忠为表明心迹，把苗的书信呈给袁甲三。这又使咸丰想入非非：若将计就计，让李世忠摆上“鸿门宴”，密函招苗赴宴，乘此机会，割下苗雨三的脑袋，岂不比用兵来得便捷？二月二十八日（4月7日），他给李世忠一道密旨，嘱其“密速办理，不可泄漏”[1]。苗雨三诡诈多端，在前线的剿匪大吏们唯恐此计不成，于是想出一个万全之策——“以毒制毒”。袁甲三向皇帝奏闻此策

1 奕䜣、朱学勤等纂：《钦定剿平捻匪方略》卷九十五上谕，同治十一年刊本。

之妙，说，苗沛霖、孙家泰、徐立壮三人都不是省油的灯：苗桀骜不驯，罪不容诛；孙刚愎任性，暴戾恣睢，擅杀无罪，已非地方官所能钳制，假如他拥兵数万，真不知他会干出何等悖逆的事来；徐立壮没有驭众之才，事事反较苗沛霖变本加厉，无论官商肆行截抢，弄得商贩阻隔，盐米断绝，尤为可恨。三人之中不除一人，不能指望苗沛霖息兵罢战，因此，密令按察使张学醇相机除徐，或约苗沛霖合力攻之，另密告翁同书设法除掉孙家泰，消却苗的心头之恨，寿州可望解围。袁、翁、皇上都被苗雨三释放的“报仇”烟雾所迷失。皇帝对袁甲三的做法表示首肯，不过，还应该更毒一些，他在上谕中说：“以毒制毒，令苗练即攻孙、徐，以赎前愆，兼泄私忿，此三人中互相格斗，能歼除一二，官军坐收其利，较之敷衍羁縻似有把握。”[1]

其实，这种“以毒制毒”之法，翁同书试过了，所谓“抚徐敌苗”不就是“以毒制毒”吗？效果看来并不理想。

寿州之围如故，战争规模也在不断地扩大，苗家军又攻入河南光州、固始、新蔡、息县等州县，皖、豫边界处处烽火，狼烟四起，剿匪大吏们被搅得晕头转向。苗沛霖又强烈要求翁同书将被杀 7 人尸骸归葬，抚恤 7 人家属等，翁同书不知所措，把球踢给皇上。而徐立壮、孙家泰自知为苗沛霖所不容，彼此结为腹心，又因无力与苗相抗，多方联络捻军。“患在萧墙”，局面愈来愈复杂，愈难以收拾了。

---

1 奕䜣、朱学勤等纂：《钦定剿平捻匪方略》卷九十八上谕，同治十一年刊本。

翁同书在寿州围城之初是极力主张讨伐苗沛霖的，可是，几个月过去了，寿州守军粮饷接济无着，“战士枵腹荷戈”，不得不取之于市民，以致民怨沸腾。切身利益所关，逼着他走向另一个极端。四月二十三日（6 月 1 日），他将极力拉拢的徐立壮处死，把孙家泰投进监狱（孙入狱后，知是翁同书出卖，愤而仰药自尽，绝命词有云：“大丈夫不争岁月，士君子自有功名。”[1] 这是对翁同书背叛行为的诅咒），讨好苗沛霖，企图以两“毒”的性命来换取苗的撤兵，苗当初围寿州，不就是打着追杀孙、徐旗号吗？目的达到了，苗雨三该满意了吧！当日，他派去游击邹学镛、参将谭玉龙与苗沛霖谈判，请其撤围。翁同书想错了，苗并不是为两颗人头而来，翁欲用人头作交换，真是一厢情愿。

地有虎狼诸将怯，山无草木八公愁。[2]

这是翁同书发自内心的无可奈何的悲声。

寿州之围依然如故。咸丰总想对苗沛霖“婉转牢笼”，争取苗的回心转意，瓦解三方联合造成的不利局面，结果越陷越深。九月二十六日（10 月 29 日），一个风雨晦暝之夜，苗沛霖攻破寿州，取得围城之战的最后胜利，而这时咸丰已不在人世了。

1 王定安：《求阙斋弟子记》卷十五《驭练》，光绪二年刊本。

2 张瑞墀：《两淮戡乱记·苗逆叛迹本末》，见中国史学会主编《捻军》第 1 册，上海人民出版社 1957 年版，第 291 页。

第三章 幻灭与觉醒

公使驻京，“天朝”迷梦惊破碎灭；总理衙门艰难“出世”，东方雄狮睁开惺忪的睡眼……

"发捻"交乘，"苗患"方炽，三方联合，大江南北被"蹂躏殆遍"，咸丰引以为忧。内忧固然可恶，但让他无法忍受的剧痛又是外患。咸丰十一年二月（1861 年 3 月），英、法公使进驻京师，建立使馆。这是开天辟地以来破天荒的"奇变"，对皇帝来说，这是他无法面对却又不得不接受的现实。刀子插入了心脏，咸丰的心在滴血。

一、公使驻京："天朝"迷梦的幻灭

公使驻京，建立使馆，用今天的眼光来看，实在算不了什么，即使是在咸丰时代，国际社会谁也不会为互派使节而感到意外。早在 1648 年，通过《威斯特伐利亚和约》，西方各国已普遍互相遣使驻外，1815 年维也纳会议后，外交人员的地位和规则通过国际协议正式确立。近代国际社会交往日益频繁，为加强相互之间的政治、经贸、文化交流与合作，遣使驻外是必须而又再寻常不过的事。可是这种既平常又正常的事，在咸丰看来却是极不平常极不正常之事。自从“洋祸”炽燃以来，他执拗地抱定公使“不准驻京”的信念，但终于没有守住这最后的“华夷大防”，“天朝”的迷梦幻灭了，他感到自己作为列祖列宗的不肖子孙而被钉在了大清帝国历史的耻辱柱上。

公使驻京的确是亘古未有的具有转折意义的重大历史事件。这一事件对咸丰皇帝创痛如此之深，令人费解，使我们不能不打破砂锅问个究竟。

在传统中国人的观念形态里，没有国家平等的概念，而“唯我独尊”的观念却早已根深蒂固。这种“唯我”主义，一直支配着历代统治者的思想与行为。华夏的文化最优越，一切民族必须俯首向化，按孟子的话说就是“用（华）夏变（同化）夷”；中国的地理位置最优越，处在世界的中心，周边都是“蛮夷”之国，必须向“天朝上国”的中国朝贡称臣。“蛮”，据《诗经》的记载，是一种飞禽，“夷”的意思是“视之不见”，这些蛮、夷、戎、狄所谓“四凶”“四夷”都是中国不屑一顾的未开化的民族，不可混淆，“夷夏大防”“华夷之辨”油然而生，勾画得清清楚楚。“普天之下，莫非王土；率土之滨，莫非王臣”，历代天子受命于“天”，统治着普天之下每一寸土地，天下子民都是天子的臣民。这种沉淀在民族文化心理深层结构中的“唯我”主义就是中国的对外关系准则。

我们不需要追溯太远，明朝万历年间，意大利传教士利玛窦来华，惊奇地看到了这样一幅世界地图：明帝国的 15 个省画在地图的中央，周围是海洋，散布着稀稀拉拉的小岛，岛屿上标着曾经听说过的国名，这些小岛“都算在一齐，所有的总面积还不及中国一个最小的行省的面积大。及至他们将伟大的中国和世界各处渺小的国（家）相比，便觉得万分自豪，随想全世界上，除去中国之外，都是野蛮的，没有受过教育的国家”[1]。当利玛窦抖开标有经纬度的世界地图时，轮到中国官员惊奇了，中国怎么会是地球的一小部分而且偏处东方一隅？谁也不敢也不愿相信这是事实，纷纷指摘利玛窦“欺人”，嬉笑怒骂，弄得利玛窦下不了台，摇头叹息不止：“他们（中国人）认为天是圆的，但地是平而方的，他们深信他们的国家就在它（地球）的中央。他们不喜欢我们把中国推到东方一角上的地理概念。”[2]利玛窦很刁，他明白，如果坚持真理，他就甭想在中国立足，为了传教事业，只好让真理低头，去迎合无知，他承认自己在行骗，把地图做了修改，硬把中国置放到中心位置。这仅仅是一件小事，至于“朝贡”各国，只能俯首称臣。天朝“唯我”至大至尊的心理得到了满足。

我们的话题似乎说远了，但要“解读”咸丰，不能不厘清天朝及其崩溃的来龙去脉。

清朝的龙兴之地是满洲。满族入关之前也属“夷”之列，虽

---

1 ［法］裴化行：《天主教十六世纪在华传教志》，萧濬华译，商务印书馆1937年版，第278页。

2 ［意］利玛窦、［法］金尼阁：《利玛窦中国札记》上册，何高济、王遵仲、李申译，中华书局1983年版，第180页。

然以武力入主中原，但文化上的自卑使其统治方式全盘汉化，包括唯我独尊的对外关系准则，并把“唯我”主义发展到了极致。明朝不是要求贡使觐见天子时行一跪三叩首的礼节吗？到了清朝，那就要三跪九叩首，整套动作复杂了三倍。[1]外国想在与天朝的交往中要求民族平等，连门儿都没有，大清帝国是“唯一的帝国，世界各国都须向它俯首臣服”[2]，至于互派使节，更是天方夜谭。

乾隆五十八年（1793），英国派出马戛尔尼（George Macartney）使团来华，第一次向天朝皇帝提出互派常驻使节要求，得到的答复却是：“此则与天朝体制不合，断不可行。”[3]马戛尔尼没有完成使命，英国政府仍不甘心，嘉庆二十一年（1816）再派阿美士德（W.P.Amherst）使华，英国外交大臣给使团的训令中特别强调：“就阁下使团所要完成的任务而言，没有任何一件事比在北京设置一名办理英国人民事务的长驻使臣更为重要了。”[4]只是这位阿美士德不懂“规矩”，还没来得及提出驻使要求，就因其不肯行跪拜礼而被驱逐。

既然天朝至大至尊，尽可以关起门来自我陶醉，至于世界发生怎样翻天覆地的变化，谁也无心去闻去问，直到跨进近代的门槛，“中国仍不知西洋”[5]。

1 李存煜：《失去的地平线》，国际文化出版公司 1988 年版，第 12 页。
2［美］马士：《中华帝国对外关系史》第 1 卷，三联书店 1957 年版，第 55 页。
3《清实录》第 27 册《高宗实录》卷一四三五，中华书局 1986 年版，第 184 页。
4 转引自高士华《早期中国驻外使馆的建立》，载《河北大学学报》1991 年第 3 期。
5 魏源：《海国图志》卷八十一《夷情备采一》，岳麓书社 1998 年版，第 1959 页。

天朝的迷梦如醉如痴，沿海出现了“海盗”，更有理由闭关锁国，仅留广州一口对外通商贸易，这还是天朝的恩典，乾隆说得明白：“天朝物产丰盈，无所不有，原不借外夷货物，以通有无。”而天朝出产的茶叶、大黄等“为西洋各国及尔（英）国必须之物，是以加恩体恤”[1]。当然，夷夏大防绝不可逾越，《防夷五事》《民夷交易章程》《防范夷人章程》等法令的先后出台，就在于使“民夷不相交结”，否则“夷人”不犯上作乱才怪！

世界在变，声光化电，日新月异，洋人也变得不安分起来，虽然“公使驻京”隔了好长一段时间没有提起——提也白搭，但他们再也不甘居于“律劳卑”的地位。律劳卑是道光十四年（1834）来华的英国商务总监督 William John Lord Napier 的音译，中国人给他起了这个名字，具有“劳苦卑鄙”的含义。这位“精疲力尽而卑鄙”的“律劳卑”也不懂规矩，天朝规定外夷不得与天朝官员私通信函，他偏偏越轨犯禁，一经到来，就给两广总督致函。这还了得，总督不由分说，痛加呵责：

> 天朝之大法大令，赫赫炎炎，其威力胜于雷霆；光天之下，谁敢不服！……监督之责，理应深明处世自尊之道；况身为夷目，尤须认识自身之职，如不谨慎从事，将何以管束夷商耶？[2]

1 中国第一历史档案馆编：《英使马戛尔尼访华档案史料汇编》，国际文化出版公司1996年版，第174页。

2［美］马士：《中华帝国对外关系史》第1卷，三联书店1957年版，第145页。

这段文字，读起来令人振奋，却令人啼笑皆非。律劳卑不服，又来了个“席次之争”（会晤时不愿居于下席），差一点激起轩然大波。还有个英商胡夏米——同样是不能使人发生快感的名字。这一切的一切，预示着天朝“唯我主义”的传统意识将面临强硬的挑战。

侵略中国的鸦片战争爆发了，天朝一败涂地。英国的大炮终于“破坏了中国皇帝的威权，迫使天朝帝国与地上的世界接触。与外界完全隔绝曾是保存旧中国的首要条件，而当这种隔绝状态通过英国而为暴力所打破的时候，接踵而来的必然是解体的过程，正如小心保存在密闭棺木里的木乃伊一接触新鲜空气便必然要解体一样”[1]。英国得到了“实惠”，同时用大炮的轰鸣声宣告了“律劳卑”时代的一去不复返。在《中英南京条约》上，“大清”与“大英”并居“两大”，英国用极端手段实现了国家平等。支撑天朝唯我独尊的现实基础崩溃了。

法、美接踵而至，除侵略利益外，同样索取平等。美国国务卿韦伯斯特（Daniel Webster，旧译韦白斯脱）在给全权公使顾盛（Caleb Cushing）的训令中说，“你应在一切场合中都要主张并坚持本国的平等和独立的原则。中国人往往把从别国来到帝国的人，说成是向皇帝的进贡者……如果中国有这一类的想法，你必须立刻声明你不是来进贡的……你的政府并不向任何人进贡，也

1 马克思：《中国革命和欧洲革命》，《马克思恩格斯选集》第 1 卷，人民出版社 2012 年版，第 780—781 页。

不期待任何人向它进贡；即使作为礼物的话，你的政府既不送礼也不受礼”[1]。顾盛唯命是从。在《中美望厦条约》签订之前，钦差大臣耆英向顾盛发出的第一件公文中，把美国抬高一格写，算是适当的尊敬，够抬举的了，但在同一公文中把中国及皇帝的名称抬高了两格，顾盛竟不识抬举，公文掷还，说“因为深信阁下将看出，遵守两国平等的形式，显然是合乎礼节的举动，这对两国和平与协调的维持是必不可少的，且为两国共同利益着想，各方均应以对待强大独立国家的尊敬态度对待他方”[2]。结果，美、法取得同样的“大”。世界各国都须向天朝“俯首臣服”的历史终结了。

现实中的“夷夏”大防倾圮了，而“天朝上国”的海市蜃景依然在虚无缥缈中。咸丰的父皇道光仍然可以把割地赔款、开埠通商说成是对洋人的“恩典”，仍然可以堂而皇之用“夷”加以蔑视，但内心的痛楚、失落却是难以言表的，甚至留下遗诏，死后不入祖庙，不设“圣神功德”[3]，他对不起祖宗！这在咸丰的心灵深处投下怎样浓重的阴影，产生多么大的刺激，是可想而知的。继位的咸丰能改变这一切吗？

公使驻京这一敏感问题又提了出来。咸丰四年（1854），英国提出修约的十八项要求中，第一项就是“英国钦派大臣，驻扎

1 ［美］马士：《中华帝国对外关系史》第 1 卷，三联书店 1957 年版，第 363—364 页。
2《澳门月报》1845 年 9 月号，转引自马士《中华帝国对外关系史》第 1 卷，三联书店 1957 年版，第 367—368 页。
3 宝成关：《奕䜣慈禧政争记》，吉林文史出版社 1990 年版，第 49 页。

京师”[1]，咸丰皇帝断然拒绝。咸丰六年（1856），英、法、美联合提出“三国派遣使节驻留北京，中国派遣代表分驻华盛顿、伦敦和巴黎”[2]的建议，再次碰壁。咸丰横下一条心：不准驻京！他要维护天朝的尊严，竭力修补崩溃的“夷夏大防”，总而言之，不能再给祖宗丢脸。

时代不同了，老大中国早已失去了昔日的辉煌，“唯我主义”赖以滋长的肥沃土壤变成贫瘠的荒漠。咸丰“不准驻京”的厉声，显得有些底气不足。

事与愿违。清廷越是“不准驻京”，西方列强偏偏要驻京，好像不如此不足以显示得来不易的“大”字，不如此不足以让天朝的君主威风扫地。他们“一定要使清朝皇帝及其大臣相信”，驻京要求既然提了出来，“就定要把它索取到手”，再不会像从前那样作罢，如果不顺从，就要“凭借武力威胁来索取”[3]。第二次鸦片战争中，英法联军用炮舰政策把“公使驻京”赫然塞进了《天津条约》，这还不算，连“夷”这带有羞辱的文化符号也打上了一个“×”。《中英天津条约》第51条就规定，以后各式公文均“不得提书夷字”。这对咸丰来说，如雷击顶，公文中不写“夷”，虽然有些别扭，但毕竟无大妨碍，而且谁也封不住口，而“公使驻京”无论如何不能接受，否则，国将不国，天朝还有

1 萧一山：《清代通史》卷下，中华书局1986年版，第463页。
2 高第：《一八五七——一八五八年远征中国记》，转引自马士《中华帝国对外关系史》第1卷，三联书店1957年版，第469页。
3 丁名楠等：《帝国主义侵华史》第1卷，人民出版社1961年版，第148页。

什么颜面？条约签订后，咸丰赶紧派签约的桂良、花沙纳南下上海，“第一要事”就是取消公使驻京，即便牺牲更多的民族利益也在所不惜——这才是真正的祸国殃民，死要面子活受罪。结果还是徒劳无益，“公使驻京”在《北京条约》中得到确认。京师被占，温柔帝乡圆明园，洋人一炬，可怜焦土，由不得“行在”热河的咸丰不批准条约。

“公使驻京”的消息不胫而走，沉睡在天朝梦乡中的达官贵人，个个“人情疑惧”，遭受着情感的“摧残”。尹耕云向咸丰上了“筹夷”之疏，胪列公使驻京的“八大害”，说“衣冠礼乐之族（华夏），夷于禽兽（洋人）”。还说京师设立“夷馆”（公使馆），琉球之类的小国“必皆有轻视天朝之意”，因此“伏乞宸衷独断，决不准行”。[1]

行也得行，不行也得行，没有选择的余地。咸丰在热河批准了《北京条约》。

流水落花春去也。天朝观念走向破灭，不管承不承认都是一样。虽然连“野叟”也为之惋惜，愤懑不平，用“过去时”表达着眼前的“奇变”：“（北京所贴告示）将大英国大君主、大法国大皇帝与大清国大皇帝，并列为三，殊觉华夷不分，薰莸同器，背理越分，莫甚于此，天高听卑，必不祚此骄卤也。”[2]但也只能

1 尹耕云：《心白日斋集》，见中国史学会主编《第二次鸦片战争》第2册，上海人民出版社1978年版，第77—78页。

2 赘漫野叟：《庚申夷氛纪略》，见中国史学会主编《第二次鸦片战争》第2册，上海人民出版社1978年版，第20页。

在背后发发牢骚。

“公使驻京”写在纸上，还没有变成现实，但这只是时间问题。咸丰十一年二月十五日（1861年3月25日），随着法国公使布尔布隆，十六日（26日）英国公使卜鲁斯到达北京，建立公使馆，天朝的神话破灭了。

告别“天朝”，咸丰比谁都难受。作为一朝天子，他不仅没能为先帝道光洗雪耻辱，反而把“天朝”葬送，他比先帝的罪孽还深重。

“天朝”的迷梦幻灭了（当然还会有残留、回光，“顽固派”——与中国近代史相始终的一批封建老朽——就是代表），咸丰该觉醒了，历史该翻开新的一页了，但绵绵此恨纠缠着苦命天子，他无暇自省。

咸丰的的确确过时了，他与国际惯例格格不入。公使驻京，对他来说，用芒刺在背、骨鲠在喉来形容都显得那样轻微，它像一把尖刀深深刺痛着咸丰的心。他本有车驾回銮的打算，有时急不可耐，但自从公使驻京以后，他把回銮之日推得遥遥无期。人们都说，这是肃顺从中作梗，有这方面的原因，但皇上硬要回銮，肃顺岂能阻挡得住？问题的关键还是公使驻京带来的巨创，他“不愿与外使同居一城”[1]，不愿在滴血的心上撒盐。他也在逃避。

1 刘毓楠：《清咸丰十年洋兵入京之日记》，见中国史学会主编《第二次鸦片战争》第2册，上海人民出版社1978年版，第145页。

公使驻京被西方人视为“条约中最精彩的一点”，他们从此可以对清政府的政治生活施加影响，直接干涉中国的内政。

毫无疑问，公使驻京使中国付出太多的代价，但不应认为它在中国近代史上开创了“恶例”。世界走向中国，公使驻京乃大势所趋。

继英、法之后，俄国、美国、德国、比利时、意大利、西班牙、日本、葡萄牙、丹麦、奥地利、荷兰等国先后在北京建立公使馆，东交民巷成了著名的使馆区。世界走向中国，但中国走向世界，与国际惯例接轨，却不是一件轻而易举的事，“天朝”的成见障蔽了人们的视野，使他们放不下早已散了架的臭架子，直到14年后（光绪元年，即1875年），才迈出这艰难而又可喜的一步——派郭嵩焘为驻英公使。随后又在美、西、德、日、法、俄等国建立了公使馆。中国成为世界大家庭中的一员。

互派驻外使节，是国际交往中国家平等的体现，但在咸丰和他的继任者统治的年代里，更多的是蒙受屈辱，这种“主仆大颠倒”，倒不能归咎于公使制度本身，中国也跨出国门，遣使驻外。没有强大的国力作后盾，任何意义上的平等都靠不住。

“天朝”意识崩溃了，从情感上说，的确令人痛心疾首，但从理智上说，又是值得庆幸的——中国开始从“神话”的殿堂走出来，“与地上的世界接触”，只是这种“走出来”，不是出自历史的自觉，而是被炮火“撵”出来的，这实在是一幕悲剧。

“天朝”意识崩溃了，但“天朝”的遗老还有一大批，这就预示着咸丰十一年及以后的历史发展跌宕曲折，“天朝”意识与近代意识、革新与守旧的冲突不可避免地贯穿于中国历史的进程中。

“行在”热河的咸丰在为葬送“天朝”而悲怆。历史之舟将把大清帝国载往何处？他没有细想，他病倒了，而且一病不起，他已经无法超越自我。而他的弟弟奕䜣却在“天朝上国”的迷梦幻灭后睁开了眼睛，昏睡已久的中国开始觉醒了。

二、皇弟奕䜣的觉醒

几乎在英、法公使进驻北京的同时，二月一日（3 月 11 日），总理各国事务衙门（简称总理衙门、总署、译署）正式成立，开用关防，并照会英法公使。总理衙门的成立，是中国近代史上的一个里程碑——沉睡的东方巨龙开始觉醒，中国近代化的历史车轮由此启动。总理衙门的创设者不是别人，正是皇弟恭亲王奕䜣。奕䜣是中国近代史上的一位关键人物，更是本年中外瞩目的焦点人物。他的沉浮，皇弟与皇帝的恩恩怨怨，足以影响中国近代历史。这里先将“总理衙门”按下，请读者与笔者一道走近恭亲王奕䜣。

道光十二年十一月二十一日（1833 年 1 月 11 日）午夜，奕䜣降临人世。道光皇帝天命之年（50 岁）喜添贵子，感到格外兴奋。

道光皇帝16个后妃共生9男10女，格格无所谓，她们尽可以享清福，军国大事用不着她们问津。至于皇子就不一样了，他们一出生便打上皇权的印记。

道光皇帝的9个皇子中，皇长子奕纬、次子奕纲、三子奕继都在奕䜣出生前先后去世。人们常说，“老怕殇子”，道光皇帝旻宁曾为此伤心落泪。奕䜣的诞生，对他来说，是莫大的慰藉，尽管一年前有了皇四子奕䜣（道光十一年六月初九日即1831年7月17日生）、皇五子奕誴（六月十五日即7月23日生）。皇六子取字“䜣”（同“欣”），就表达了道光欣喜的心境。

按照清制，皇子6岁入学，奕詝、奕䜣都不例外。皇子读书的地方叫“上书房”，在“上书房行走”的师傅由皇上从翰林院挑选，这里是储才之地，英才荟萃，给皇子选师傅，不用说，是优中择优。奕詝的师傅杜受田，奕䜣的师傅翁心存、贾祯、卓秉恬，都是饱学之士。皇子们虽然没有科考的压力，但一点也不轻松，师傅督责，还有总师傅（由皇上心腹重臣担任，加强对上书房的管理，穆彰阿、潘世恩都荣任过上书房的总师傅）稽查，皇上也时不时光顾检查学业。皇子将来要担负起管理国家的大任，当然不能把学业当儿戏。学习内容很多，汉文、满文、蒙古文都要学，书法、吟诗、作赋也都得会，所谓“诗文书画，无一不擅其妙”，上下千古，成败治乱，更要“了然于胸中”。当然满族尚武的传统也不能丢，骑马、射箭、舞枪弄刀纳入教学体系，这些由满语称作“谙达”（满洲师傅的通称）的高手负责教练。对皇子教育如此重视，难怪有人发出这样的赞叹："本朝家法之严，即皇子读书一事，已迥绝千古！"[1]

与皇兄奕詝相比，奕䜣显然更聪明，史书上说他"生而颖敏冠诸昆"，悟性好，记忆力强，师傅"日授千言，少读即成诵"[2]。旻宁看在眼里，喜在心头。

奕詝、奕䜣兄弟俩自幼同在上书房读书，一块玩耍，一起习武，不仅结下深厚的手足之情，而且表现出良好的合作精神，二人曾共同演制出枪法二十八势、刀法十八势。父皇倍感欣慰，特赐刀法为"宝锷宣威"，枪法为"棣华协力"，既是对哥俩同心协力结晶的肯定、褒扬，同时表达出美好的愿望。奕䜣头脑灵活，枪、刀之法大多出自他的灵感，道光心中有数，别赐"白虹刀"[3]。这特别容易给人一种印象：父皇更钟爱奕䜣。学者们大多这样认为。[4]

道光皇帝遇到了难题：究竟由哪位皇子接他的班？这的确是一个攸关国运的大问题。按照汉族王朝嫡长子的继承制度，奕詝在六位皇子中，已跃居长子的地位，是理所当然的皇位继承人，但大清王朝的继承制度与以往各朝不同，别具一格。清朝入关后，康熙皇帝也曾仿效前代，公开建储，预立皇太子（皇位继承

1 小横香室主人：《清朝野史大观》卷一《清宫遗闻》，上海书店 1981 年版，第 40 页。
2 沃丘仲子：《近代名人小传》，中国书店 1988 年版，第 52 页。
3 蔡冠洛编著：《清代七百名人传》下册《奕䜣传》，中国书店 1984 年版，第 1090 页。
4 参见董守义：《恭亲王奕䜣大传》，辽宁人民出版社 1989 年版。

人）。康熙十四年（1675）宣布皇次子胤礽（长子夭折，他是实际上的长子）为皇太子，这年胤礽才一岁半。胤礽聪明伶俐，好学上进，善骑射，但骄纵恣行，不仁不孝，康熙四十七年（1708）被取消“皇太子”资格，第二年复立，康熙五十一年（1712）再次废黜，永远禁锢在咸安宫。胤礽屡立屡废，除了他本人不争气外，诸皇子都对皇位虎视眈眈，千方百计加以陷害，也是一个原因。康熙意识到公开建储，过早册立皇太子，弊病太多，“未可轻定”，因而慎之又慎，至死再没有建储，直到生命的最后一刻，“一言而定万世之业”，宣布“人品贵重”的皇四子胤禛继承大位。

雍正皇帝胤禛即位后，鉴于康熙立废太子及诸皇子夺嫡斗争的历史教训，创建了秘密建储制度。根据这一制度，皇帝生前不公开宣布立哪一名皇子为皇太子，而是由皇帝秘密亲书预立皇太子名字的“御书”，密封匣内，藏于乾清宫“正大光明”匾后，等皇帝临死前（或死后），由御前大臣、军机大臣等共同开启，按御书所定，嗣皇帝（皇太子）即位。[1]电视剧《宰相刘罗锅》中就有扶梯攀上“正大光明”匾后取匣的一幕。

秘密建储制度比公开建储制度要优越得多，选择的面宽了，相对来说挑出明君的可能性就大，至少也可以选出比较称心如意的皇子作为继承人，不像公开建储制度，只要是嫡子长子，即使是低能儿，照样当皇帝。秘密建储还有一个好处，就是可一定程

1 王树卿、李鹏年：《清宫史事·皇权承继》，紫禁城出版社1986年版，第16页。

度避免父子兄弟之间为争夺皇位而互相残杀，中国历史上诸如玄武门之变（李世民为夺皇位发动的宫廷政变）等血淋淋骨肉相残的惨剧还少吗？

雍正创立的秘密建储制度，就这样作为良法美意，纳入“我朝家法”，要求子子孙孙遵守莫变。雍正不用说了，乾隆遵守了，嘉庆遵守了，道光也不准备加以改变。所以，奕詝虽为实际上的皇长子，却不见得是皇位的当然继承人，奕䜣也有机会。

道光皇帝旻宁默默地观察着、思考着，使用排除法小心挑选着：七子奕譞、八子奕詥、九子奕譓，都还是小家伙，没有能力当国，可以排除在外。五子奕誴“状貌粗拙”[1]，旻宁打心眼里厌恶他，道光二十六年（1846）初，干脆把他过继给惇亲王绵恺为嗣，永远排除在外。现在只有四子奕詝、六子奕䜣了。二人各有短长：奕詝温文尔雅，性格有些内向，显得老成稳重，奕䜣性格开朗，干练有主见；奕詝长相一般，腿还有点跛（骑马摔成骨折，留下一点遗憾），奕䜣果毅英发，一表人才；奕詝为全贵妃钮祜禄氏所生，全贵妃是他最宠爱的妃子，母以子贵，立为皇后；奕䜣生母静妃博尔济吉特氏年轻美貌，对她的宠爱与日俱增，但在后妃中的地位只能排在全皇后之后，列第二位……两位皇子在他心目中都占有相当的分量，奕䜣略占上风，谁也不好轻易排除。但嗣皇帝只能有一个，道光犹豫不决，直到道光二十六年六月十六日（1846年8月7日）——这年，旻宁65岁，已进

1 沃丘仲子：《近代名人小传》，中国书店1988年版，第54页。

入暮年——才“密定皇储”。由于我们早已“先入为主”，无须故弄玄虚。不过，话又说回来了，奕䜣、奕詝不一定知道密定之事，更不可能知道立谁为皇太子，而且，只要道光在位，即使密定了，如觉得不合适，还可以修改。因此，两位皇子互为竞争对手，旻宁年事越高，竞争越趋激烈。

虽说秘密建储可以比较有效地避免同室操戈，但储位之争却不可避免，只不过争夺的方式较为隐秘而已。

奕䜣、奕詝都想当皇帝，都使出浑身解数极力在父皇面前表现自己，最后，奕䜣败下阵来。奕䜣似乎在各方面都比奕詝优秀，稗官野史、今人著述众口一词：奕䜣当立！可是，这出人意料的结局，究竟为何？事关皇朝机密，正史很少记载。宫廷里的事外人很难看得破，所以野史虽有记载，却是“注水猪肉”，水分太多，捕风捉影，添油加醋，不着边际。这的确是一桩说不清道不明的历史悬案。既然提出来了，欲回避恐有所不能。姑妄言之。

我们从另一桩悬案说起。

道光皇帝最宠爱奕詝生母全贵妃，这在前面也提到过。全贵妃“明慧绝时”，加上为道光生了个儿子，帝眷日隆。道光十三年（1833），孝慎皇后仙逝，全贵妃晋升皇贵妃，“摄六宫事”[1]，总管内廷里的妃嫔事务。第二年，立为皇后，正位中宫。奕詝跃居长子，母亲得宠被立为皇后，这“得天”“独后”的优势，哪

1 赵尔巽等：《清史稿》卷二百一十四《后妃传》，中华书局 1977 年版，第 8922 页。

位皇子能够企及？奕詝眼看成为不争的皇位继承人，却不料，红颜薄命，全皇后于道光二十年（1840）鸦片战争爆发这一年“暴崩”。因何“暴崩”？正史不载，肯定有鬼；野史说“事多隐秘”，弄不清真相。这又是一桩历史疑案。

全皇后“暴崩”，与储位之争有没有内在联系？我们还不敢下结论。要拨开迷雾，关键是要弄清全皇后“暴崩”的原因。有一首《清宫词》提供了“破案”线索：

如意多因少小怜，蚁杯鸩毒兆当筵。

温成贵宠伤盘水，天语亲褒有孝全。

紧跟词后，有一段注文，对这首词作了阐释，说“孝全皇后由皇贵妃摄六宫事，旋正中宫，数年暴崩，事多隐秘。其时孝和皇后尚在，家法森严，宣宗（道光皇帝死后的庙号）亦不敢违命也，故特谥之曰‘（孝）全’”[1]。这里用“事多隐秘”含混其词，是不愿吐露真情，还是说不清楚？谁也搞不清。不过，还是有蛛丝马迹可寻，“蚁杯鸩毒兆当筵”一语岂不道破了天机？全皇后因“鸩毒案”而崩。“鸩毒案”的案情怎样？没有卷宗，又是一本糊涂账。如果我们大胆地把“鸩毒案”与储位之争联系起来，似乎可以肯定，这是一个大阴谋，全皇后就是大阴谋的制造者。

全皇后虽然贵为皇后，自己的儿子究竟能否如愿承继大统，

1 小横香室主人：《清朝野史大观》卷二《清宫遗闻》，上海书店 1981 年版，第 67 页。

她没有把握。奕䜣的降临，给她带来不祥之兆，她感到不安。儿子、皇五子、皇六子一天天长大，道光皇帝日渐衰老，全皇后更加心神不宁。望子成龙，这是她最大、最后的愿望，她要把这一愿望变成现实。道光皇帝并不讨厌奕詝，她感到宽心，可是旻宁更喜欢奕䜣，这使她无法忍受。奕䜣无疑是她儿子“成龙”道路上的最大障碍，为了儿子……一个可怕的念头在她脑海中闪现。她决定采取极端手段，清除障碍，为儿子铺平通向金銮殿的道路。极端自私的人，为谋取私利往往不择手段，不顾一切。全皇后开始实施她的毒计了。

我们的推理得到了证实。有史料说：“宣宗爱恭王（奕䜣），欲立之。孝全后欲鸩杀诸子。”有一天，皇后设宴招待诸皇子。皇七子、皇八子、皇九子出生晚，没赶上。她在鱼中暗投剧毒，对奕詝千叮万嘱，万万不可吃鱼。奕詝明白母亲的用意，但要他眼睁睁地看着朝夕相处的小伙伴离他而去，他怎么也下不了这个狠心，“文宗（奕詝）殊友爱，阴告诸弟勿食此鱼，诸弟得不死”。全皇后的毒计没有得逞，她准备再找机会下手，可是已来不及了。东窗事发，孝和太后大怒，立即搬出家法要道光将毒妇“赐死”，道光不敢抗命不遵，只好照办。全皇后“投缳”而死。[1]家丑不可外扬。皇后“暴崩”的内幕严禁外泄，但没有不透风的墙，“鸩毒案”——储位之争的“案中案”，真相大白。

1 罗惇曧：《宾退随笔》，《庸言》第 2 卷第 5 号，转引自宝成关《奕䜣慈禧政争记》，吉林文史出版社 1990 年版，第 9 页。

道光皇帝旻宁亲赐心爱之人自缢，那种揪心之痛，是一般人难以想象的。痛定思痛，他决意从此不再另立皇后，他要把大位传给奕訢，以告慰孝全皇后（“孝全”为死后的谥号）在天之灵。斯人去矣，但永镌帝心！

至此，我们已把储位之争出人意料的结局差不多弄个水落石出了，照史书的话说：“宣宗既痛孝全之逝，遂不立他妃嫔之子而立文宗，以其为孝全所出，且于诸子中年龄较长。”[1] 这才是历史的真相。

道光皇帝出于对全皇后之爱决定把皇位传给奕訢，这对奕䜣是不公正的，道光心中比谁都清楚，他钟爱奕䜣，也很想把神器付于他，曾几何时，他几度犹豫、徘徊，但一想到深爱的全皇后，就好像吃了颗定心丸。不管怎么说，他也不能让奕䜣受委屈，如果不是全皇后，皇位本该属于他的。

道光三十年正月（1850 年 2 月），旻宁“不豫”，病情加重，将不久于人世。十四日（2 月 25 日），召集军机大臣、御前大臣、内务府大臣共 10 人于圆明园慎德堂。道光冠服端坐，命取出缄匣，宣示“御书”：“皇四子奕訢立为皇太子！”“皇六子奕䜣封为亲王！”一匣两谕，这在清代历史上是绝无仅有的。在道光看来，特旨御封皇六子为亲王，才能求得心理上的平衡，对奕䜣有所补偿。就在这一天，道光皇帝“龙驭上宾”，永远地离开了他的爱子，也就在这一天，奕訢登上龙位。奕䜣在储位之争中无

1　小横香室主人：《清朝野史大观》卷二《清宫遗闻》，上海书店 1981 年版，第 67 页。

可奈何地失败了。

道光立奕詝而不立奕䜣，是大清帝国的悲剧，这几乎是学界同仁的共识。有位台湾学者如是说：就奕詝与奕䜣二人的性格与才具而言，奕䜣在哪一方面都要比奕詝强得多。这可以在奕䜣与奕詝后来的表现上明白看出。奕䜣在清末有“贤王”之称，不但有才，而且思想明敏，勤于国事。不比奕詝，做了皇帝之后不久，就因内忧外患交相煎迫而变得消极颓废，沉湎酒色，不能振拔，最后终于因酒色戕身，只活了31岁就短命而死，把一片残破的江山丢给了他6岁的儿子载淳，徒然为野心勃勃的慈禧制造了窃柄弄权的机会。因此，道光误立奕詝，实在是导致晚清走向积弱、溃败的重大原因。如果他所立的是奕䜣，此后的情势当然不致如此。其他不论，至少清代历史上不会出现慈禧太后垂帘听政的局面，不至于让一个浅薄无识的妇人一手握定中国的命运达40余年，这是可以断言的。[1]这的确是事实。帝王才情的优劣足以对历史进程产生不同的影响。不过，话又说回来，道光本来就目光短浅，怎能预见未来会是什么样子？

奕䜣的皇帝梦破灭了，心中自然不是滋味，这是命运的安排，他无法抗拒。

奕詝继位后，遵照先父的遗诏，封奕䜣为“恭亲王”（其他诸王子封为郡王，比亲王低一级）。奕詝在“亲王”之前特冠以“恭”字，颇具匠心，那意思是说，不要恃才傲物，我现在是皇

1 庄练：《中国近代史上的关键人物》，中华书局1988年版，第231页。

帝，要对朕毕恭毕敬，唯命是从，否则就是不恭，就会给你好看，认命吧！

兄弟之间各怀芥蒂，恩怨难消。

从奕詝登上皇位的那一刻，兄弟之间就多了一层最根本的关系——君臣关系，奕䜣不敢不“恭”，处处谨小慎微，极力掩饰失意之态，生怕露出一丝一毫“不恭”之嫌。这也是奕詝所期待的。

奕詝期望奕䜣对他恭敬，他对奕䜣当然也另眼看待，咸丰二年（1852）分府时，他特地把大贪官和珅的府第分给奕䜣，这可是京中“邸园精华”，酷似大观园，红学界有人说，这座府宅就是《红楼梦》创作的原型。分府后，奕詝驾幸，更使恭王府生辉。奕詝在不断寻找机会努力改善与奕䜣的关系，但并没有让他干政的意思。

南疆不日兵戎弭，喜看红旗报捷先。

奕䜣虽然没有机会参政，但心忧社稷，对时局多有关注，他渴盼早日荡平“发寇”，在皇兄治下出现一个太平盛世。然而，南疆的烽火不仅没有熄灭，反而四处蔓延，一直延烧到天子脚下——北伐太平军进逼，京师出现了前文所述大乱的情景，咸丰惶惶不可终日。大敌当前，他不得不考虑起用皇弟，以期风雨同舟，共渡难关。这场惊涛骇浪，终于把奕䜣推上了政治舞台。

咸丰三年九月十日（1853年10月12日），咸丰添派恭亲王奕䜣办理京师巡防事宜，加强京师防务，对抗北伐军。没过一个月，十月七日（11月7日），他又公然违背祖制，特命奕䜣出任军机大臣。

军机处（全称“办理军机事务处”）设于雍正八年（1730），是清廷的中枢机关，全国政务总汇，“军国大计，罔不总揽”。军机处直接对皇帝负责，处于“君权附庸”的地位，是凌驾于内阁、各部院之上的最重要的机构，史书称“隐然执政之府矣”[1]。军机大臣，分设满、汉员，没有定额，由皇上亲自从大学士、各部尚书、侍郎中选拔，称“军机大臣上行走”“军机处行走”，俗称“大军机”；僚属称“军机章京”，俗称“小军机”。领班的军机大臣就是首相，一般称为“揆首”“领袖”“首辅”，由资深重臣担任。按祖制，清朝“自设立军机处以来，向无诸王在军机处行走”[2]，目的就是为了避免亲贵专权。咸丰此时把祖制抛开，公然“命恭亲王奕䜣在军机大臣上行走”，当然是太平军北伐的局势造成的，祖制救不了他，关键之时还要靠皇弟支撑危局。“外部的冲突导致内部的整合”，我们前面提到的社会学这一著名原理在这里得到了验证。

奕䜣入军机处不到两个月，咸丰四年（1854）初，“首揆”的地位得到确认，这一年，他仅21岁。与其说他少年得志，还

1 赵尔巽等：《清史稿》卷一百七十六《军机大臣年表》，中华书局1977年版，第6229页。

2 梁章钜、朱智：《枢垣记略》卷之二，中华书局1984年版。

不如说“得势”更能令人信服。我想读者可以很快从奕䜣身上感悟到“时势造英雄”这一道理。不过，敢于打破祖制，也可以说（虽然很勉强）咸丰有意重用奕䜣。

皇兄格外施恩，奕䜣感激莫名。昨天已成为历史，过去的恩恩怨怨一笔勾销，他表示，从今以后，一定竭尽股肱之力，誓灭“群丑”（北伐军），以报答皇上的厚爱。

兄弟之间的关系“雨过天晴”了。

奕䜣勤勤恳恳、尽心尽职地为皇兄分忧，咸丰也不断给皇弟恩典，先后授予宗人府右宗正、宗令、都统、阅兵大臣等职务。咸丰五年（1855）春、夏之交，北伐军被扫灭，奕䜣赞画有功，又一次受到嘉奖。

天有不测风云，人有旦夕祸福。兄弟之间这种良好的关系没有维持太久。就在北伐太平军被消灭、京师解严后不久，奕䜣被皇兄逐出军机处，罢去一切职务。京师转危为安，奕䜣的使命算是完成了，咸丰不愿看到皇弟势力膨胀起来，这对他没好处，祖制不准亲王入主军机不就具有此深意？卧榻之旁，岂容他人鼾睡！把皇弟罢黜，虽然有些兔死狗烹的味道，但究竟自己可以安心了。要罢免皇弟，必须有冠冕堂皇的理由，不然，人心不服。而奕䜣不识时务，在母亲封号问题上对他大不“恭”敬起来，正好撞到枪口上了。

孝全皇后投缳自缢后，奕詝就由奕䜣生母静皇贵妃抚养，十年如一日，不说含辛茹苦，却也不太容易，所以兄弟俩的关系非同一般，“如亲昆弟”。奕詝继位后，也算是知恩，晋封静皇贵妃为“皇考康慈皇贵太妃”，请她迁居寿康宫——先父当年奉养孝和皇太后的地方。细心的读者会发现，以太妃享受太后的礼遇，名不副实，难怪奕䜣不满意，坚持要求尊为太后。由皇贵妃晋封皇太后的先例着实不少，算不了什么原则性的问题，可是奕詝就是金口不开，“默不应”[1]。这对奕䜣不能不说是情感上的严重挫伤。这是一块难以祛除的“心病”。

咸丰拒不晋封皇贵太妃为太后，还不是因为储位之争的积怨？皇帝都当上了，还锱铢必较，未免有点小肚鸡肠。

咸丰五年夏，太妃病倒了，两兄弟每日前往探视。一天，咸丰前来请安，太妃迷迷糊糊以为是奕䜣，说：“阿妈（满语呼父为阿妈，呼母为额尼或额娘）本意立汝，今若此，命也。汝宜自爱。”言毕，忽悟为咸丰皇帝奕詝，尴尬至极。咸丰虽然当即叩头起誓，“必当保全奕䜣”[2]，但心中的不快不言而喻。这一切，奕䜣蒙在鼓里，“有猜，而（恭亲）王不知也”[3]。

奕䜣的心病随着母亲病情的加重复发了。又有一天，奕䜣从太妃寝宫出来，迎面碰见皇兄，咸丰忙问额娘病情如何，奕䜣跪在地上哭泣着说：“已笃！意待封号以瞑。”意思是说，额娘

1 王闿运：《祺祥故事》，见中国史学会主编《第二次鸦片战争》第 2 册，上海人民出版社 1978 年版，第 324 页。

2 徐珂：《清稗类钞·宫闱类·文宗保全奕䜣》，中华书局 1984 年版，第 367 页。

3 王闿运：《祺祥故事》，见中国史学会主编《第二次鸦片战争》第 2 册，上海人民出版社 1978 年版，第 324 页。

病危，就等皇上晋封“太后”名号，才能瞑目。咸丰脱口而出：“哦！哦！”[1]这“哦哦”，也许是首肯，也许是说“知道了”，模棱两可。奕詝的意思应该是后者，但奕䜣不管，就当是首肯，风风火火回到军机处，传旨准备册封礼仪。事情弄到这一步，皇上骑虎难下，允吧，于心不甘；不允，亲口“哦”了，金口玉言。奕詝无奈，只好就范，七月一日（8 月 13 日）颁旨尊康慈皇贵太妃为康慈皇太后。奕䜣的目的达到了，但奕詝心中窝着随时都会喷发的怒火。七月初九日（8 月 21 日）康慈皇太后病逝，二十日（9 月 1 日）殡葬。第二天，奕詝便开始找奕䜣算总账了，以办理母后丧仪不善为名，将奕䜣逐出军机处，褫夺一切职务，罚他回上书房读书，闭门思过。接着将康慈皇太后丧仪肆意“减杀”，降格办理，一泄胸中积忿。奕詝过分打击奕䜣的所作所为，终于导致双方关系的破裂。

从军机领袖到闲散亲王，这骤浮骤沉、霄壤之别的变化，对奕䜣的打击不可谓不沉重。抬得越高，摔得越痛。这位“乐道堂”（道光所赐）主人，每日吟风弄月（作诗赋），看上去怡然自得，但内心深处有着说不出的痛苦。

> 愁云浮田野，暗淡众山昏。
> 飒飒秋风起，潇潇暮雨繁。[2]

---

1 王闿运：《祺祥故事》，见中国史学会主编《第二次鸦片战争》第 2 册，上海人民出版社 1978 年版，第 324 页。

2 转引自董守义：《恭亲王奕䜣大传》，辽宁人民出版社 1989 年版，第 53 页。

这首《起程感赋》，是奕䜣在康慈皇太后逝世周年纪念日往陵寝祭奠途中所作，读来让人感到有一种秋风秋雨愁煞人的凄凉。苦闷的愁云不会随秋风飘散，表面上的逍遥终究掩饰不住失意的沮丧。

奕䜣游离于政治中心之外，寄情于书画辞赋，对政治不免心灰意冷。然而，皇兄治下的中国内忧外患，其乱纷纷，咸丰对皇弟心怀怨恨，但总不能老计较个人恩怨而不顾社稷安危吧？一年零九个月的军机生涯，证明奕䜣确有才干，适当的时候还应该用一用，咸丰七年（1857）夏，咸丰给了他一个镶红旗蒙古都统的职务，一年后补授阅兵大臣，咸丰九年（1859）补授管宴大臣。这些职务不是什么了不起的要缺，就当是对皇弟的一点安慰吧！

又是一场惊涛骇浪翻滚卷来，把奕䜣推到潮头浪尖——咸丰十年（1860）秋，英法联军进逼京师，皇兄狼狈逃奔热河，把他留下来收拾残局。这倒成了奕䜣再度崛起的契机。

三、“洋务内阁”的诞生

公使驻京，“天朝上国”的神话幻灭了。与此同时，总理衙门开印办公，这标志着沉睡已久的东方雄狮开始睁开蒙眬惺忪的睡眼。

总理衙门的诞生，并不那么顺利。作为总署首倡者和“助产士”的奕䜣，既要战胜自我（天朝意识），又要冲破层层阻挠争得皇兄的批准。战胜他人不易，战胜自我更难。奕䜣以钦差便宜行事全权大臣留京督办和局的经历使他看清了“自我”，意识到“自我”更张的急不可待。

奕䜣从前没办理过外交（前此也没有真正的外交可言），他的脑海里，与皇兄一样，塞满了天朝上国的腐旧观念。在他看来，对远道而来挑衅的陌生人，绝不能手软，对“反覆无常，屡滋异议”的“夷性”，更不能迁就，除非“该夷俯首听命，则羁縻勿绝”[1]。还是昔日“天朝”的老调。咸丰八年（1858），他甚至建议朝廷谕令赴津谈判的桂良对英国翻译——参与起草《中英天津条约》的李泰国（Horatio Nelson Lay）进行制裁，谓如李泰国“无礼肆闹时，立即拿下，或当场正法，或解京治罪”[2]。愚昧无知，与顽固守旧的大臣，有什么两样？不过，奕䜣的过人之处在于敢于面对现实。“面对现实”四个字，说出来不费吹灰之力，但在那个时代，就连让虚骄惯了的人们不再虚骄都不是一件容易的事，面对现实其难可知。留京折冲数月，奕䜣不断进行痛苦的自省。他曾慷慨激昂地主战，结果看到的是一败涂地；他拿人质巴夏礼等作为阻止英法联军进兵的盾牌，结果洋人进兵不误，连他生活的乐园圆明园也被化为灰烬，包括皇兄赐名的起居之所“朗润园”，接着占领北京城，声称不放还人质，要火烧清宫。人质释还了，在炮口之下，在礼部大堂亲签《北京条约》，签约时

1《恭亲王奕䜣奏通筹大局不能稍涉迁就折》，见中国史学会主编《第二次鸦片战争》第 3 册，上海人民出版社 1978 年版，第 367 页。

2 贾祯等编：《筹办夷务始末（咸丰朝）》卷二十六，中华书局 1979 年版，第 952 页。

胜利者傲慢的姿态曾使他“异常激动不安”[1]，这奇耻大辱犹如万箭穿心……他也已经清醒地意识到，大清帝国遇到了“千古未遇之强敌”，积贫积弱，已无力与抗。“粘英法二国和约告示，大清大皇帝，大英大君主，大法大皇帝，均平列，所谓千古未见未闻之事，名分至此扫地。”[2]华夷之辨、唯我独尊云云，统统在近代的坚船利炮面前化为乌有，如果执迷不悟，仍抱着“天朝”的僵死观念不放，结果会更惨，打肿脸充胖子，只能是自欺欺人。天朝的幻梦破灭了，这是严酷的现实。如今应承认、面对这一现实，改弦更张，与其被动挨打，为何不能顺时应势设立外交机构主动进行外交活动？洋人不是长着三头六臂的妖魔鬼怪，也讲“信用”，条约一签订，立即退兵；公使驻京，也算不上什么非分要求，“其意必欲中国以邻邦相待，不愿以属国自居，内则志在通商，外则力争体面”[3]，他们也有国格、人格，应彼此尊重，“待以优礼”。“战”不足恃，“守”不可靠，“剿亦害，抚亦害”，为什么不能通过外交途径解决国际纠纷？面对现实，奕䜣在自省中努力实现自我的更新、转型，他的观念开始转变了。

留京督办和局，他与洋人频繁接触，对外部世界有了更多的了解，眼界开阔多了。洋人也发现，恭亲王与众不同，思想

1《武力胁迫订立北京条约》，见中国史学会主编《第二次鸦片战争》第6册，上海人民出版社1979年版，第306页。

2《庚申都城戒严事记》，见中国史学会主编《第二次鸦片战争》第2册，上海人民出版社1978年版，第42页。

3 贾祯等编：《筹办夷务始末（咸丰朝）》卷六十九，中华书局1979年版，第2582页。

开通，有务实精神，是值得“信任的政治家”[1]。当恭亲王微露奏设专门外事机构的想法时，外国公使“闻之甚为欣悦”，“欣喜非常”，说“如能设立专办外国事务地方，则数十年求之不得”。[2]这的确是大实话，过去与天朝打交道，没有外交机关，进行交涉难比登天，咸丰七年（1857）美国首任驻华特命全权公使列卫廉（William B. Reed）接受政府的训令，第一条就是“外国使节驻扎在北京，由皇帝召见，他并和一个正式任命的外务部发生关系”[3]。公使驻京既成事实，设立外交机关当然也是西方列强所渴望的。

奕䜣并不孤立，他的想法得到了文华殿大学士桂良、户部左侍郎文祥的理解和支持。桂良，满洲正红旗人，瓜尔佳氏，是奕䜣的岳父，与洋人打交道已有几年，《天津条约》就是经他手签订的，对此中的苦衷体味良深。文祥，也是满洲正红旗人，瓜尔佳氏，留京重臣，协助恭亲王与英、法议和，自称“衣不解带，目不交睫者七十余日”[4]，是恭亲王最得力的助手，为人城府深，见识广，“是一个稀奇人物”[5]，与恭亲王英雄所见略同。有岳父大人和文祥撑腰，奕䜣对超越“自我”更有信心。

1 严中平：《一八六一年北京政变前后中英反革命的勾结》，《历史教学》1952 年第 4 期，第 18 页。

2 贾祯等编：《筹办夷务始末（咸丰朝）》卷七十一，中华书局 1979 年版，第 2683 页。

3 ［美］马士：《中华帝国对外关系史》第 1 卷，三联书店 1957 年版，第 546 页。

4 文祥：《文文忠公事略·自订年谱》卷二，光绪八年刻本。

5 严中平：《一八六一年北京政变前后中英反革命的勾结》，《历史教学》1952 年第 4 期，第 16 页。

奕䜣萌生别设政府部门之想，还有一个隐藏的原因，就是为自己留一条退路。

奕䜣留京的使命是督办和局。《北京条约》签订，和局既成，意味着他的使命完成了，他随时可能被解除钦差便宜行事全权大臣的任命，成为闲散亲王，他不甘心。强烈的忧患意识和对大清王朝命运的关注，使他再也不能闲散下去，他要参政，在政治舞台上充分施展自己，开创一个新的局面。

《北京条约》签订后，他与桂良、文祥联衔上奏，说，为"救目前之急"签订的条约贻害无穷，实属办理不善，请旨分别论处。咸丰心中明白，换任何人，结果都是一样，"总期抚局速成"是他的迫切愿望，当然不至于惩罚皇弟。接着，奕䜣以退为进，疏请简派恒祺、崇厚赴天津就近与洋人交涉，意思是说，使命已经完成，可以交差了。奕䜣没有恋栈之意，反而让皇帝放心，何况善后事宜繁多，暂时还不能让奕䜣退下来，于是批示："万不准轻惑浮言，避居怨府。以后夷务应办之事尚多，恭亲王等岂能因兵退回銮，即可卸责？"[1] 要奕䜣继续办理涉外事宜。

皇上暂时没有收回权力的打算，奕䜣就有时间绘制蓝图。事属创举，不可能一蹴而就，还有后顾之忧，也要应付。后顾之忧来自皇上和皇上身边的人。皇上虽然庆幸和局办成，但有一点却让他耿耿于怀，对奕䜣大为不满，那就是没有把"亲递国书"消

1 《钦差大臣奕䜣等奏英使等带兵回津请派员前往随时羁縻折》，见中国史学会主编《第二次鸦片战争》第 5 册，上海人民出版社 1978 年版，第 248 页。

弭在条约中，这可是英法曾经提出来的颇令咸丰恼怒的问题。外使向一国之君递国书不是什么大不了的事，只是一种礼节或者说是国际惯例，表示国与国和好的“凭证”。但咸丰誓死不见洋人。咸丰十年九月二十五日（1860 年 11 月 7 日）朱批对奕䜣近乎大发雷霆地说：“二夷虽已换约，难保其明春必不反复。若不能将亲递国书一层消弭，祸将未艾。即或暂时允许作为罢论，回銮后复自津至京，要挟无已，朕惟尔等是问。此次夷务步步不得手，致令夷酋面见朕弟，已属不成事体。若复任其肆行无忌，我大清尚有人耶！”[1] 照他的口气，真想报复洋人；“亲递国书”一层不消弭，他绝不回銮；要不是需要奕䜣消弭“亲递国书”，非罢免他不可；洋人面见皇弟，已经不成事体，要想一睹“天颜”，妄想！他依旧是“天朝”皇帝，虽然“天朝”散了架。

对“夷酋面见朕弟”一事，奕䜣复奏说，作为天潢贵胄，如果能设法回避，奕䜣不是不知道“自崇体制”，但洋人以钦差为重，不信他人，如果托故不见，一定会让他们疑虑重重，万一别生枝节，要求赴“行在”热河“叩诉”，事情反而更糟。[2] 如此说来，奕䜣正是为了维护“体制”，不使洋人面见皇上，不得已抛头露面屈尊接见“夷酋”，皇上还有什么好说的呢？

至于消弭“亲递国书”的问题，奕䜣不再争辩，他决定迁

1《钦差大臣奕䜣等奏英兵定期撤回津郡并接见英使等各情形折》，见中国史学会主编《第二次鸦片战争》第 5 册，上海人民出版社 1978 年版，第 238—239 页。

2《钦差大臣奕䜣等复奏办理和议情形折》，见中国史学会主编《第二次鸦片战争》第 5 册，上海人民出版社 1978 年版，第 269—270 页。

就、满足皇兄“天朝”的自尊心理，为此，屡次与英法交涉，终于得到“断不勉强”的保证，既解除了皇兄对他督办和局“不得手”的不满，也打消了皇上回銮的顾虑，但因公使驻京，回銮作罢。

奕䜣的后顾之忧还有来自皇上身边的肃顺集团（关于肃顺的发迹及其权力中心的形成，将在后文详叙）。肃顺最为皇上所宠信，而对奕䜣横竖看不惯，百般挑剔，常在咸丰面前进谗言，说奕䜣有揽权之心。

这时的奕䜣的确令政敌侧目。

自咸丰“秋狝”，京师群龙无首，人心大乱。洋人横冲直撞，烧杀抢掠，人人有朝夕不保之虑。幸而恭亲王出生入死，与洋人“不惮接对”，力挽狂澜，终于使京师转危为安。在人们的心目中，恭亲王简直成了“再造乾坤”的巨人，声誉鹊起，威望顿著，如史书所说，“擅社稷之功，声望压端华、肃顺之上”[1]。京师中的达官贵人、王公大臣，纷纷向恭亲王身边聚集，无形中形成以恭亲王为首的权力中心，怎能不使政敌肃顺集团忌妒？

奕䜣已向皇上表明无恋栈之意，与此同时，发起了吁请回銮的声潮，这既是政治统治的需要，也是向政敌表示他恭亲王并无揽权之心，“土木之变”云云，都是危言耸听。

条约签订后，奕䜣立即领衔上疏吁请皇上及早离开苦寒之地

1《清咸丰十年洋兵入京之日记》，见中国史学会主编《第二次鸦片战争》第2册，上海人民出版社1978年版，第146页。

的热河，回銮京师，以安定人心。疏中说，“京师为各省拱极之区，皇上为天下臣民之所仰望，热河在关外，峻岭崇山，在深秋已近苦寒，况时届冬令，风雪交侵，皇上以亿兆仰赖之身，岂宜久驻关塞？而臣等筹思大局，尤冀及早迎銮，若乘舆早日还京，不但京内人心一定，即天下人心为之一定”[1]。奕䜣的吁请，表达了京师百官的心声，一呼百应，除桂良、文祥外，步军统领瑞常，麟魁，庆英，兵部尚书沈兆霖，候补侍郎胜保等，纷纷具折吁请，其声其势，与谏阻皇上“巡幸木兰”相比，逊色不了多少。这些文武百官，如婴儿久离慈母一般，急切盼望皇上回到他们身边。但皇上一推再推，就是恭亲王把“亲递国书”问题消弭后，仍把回銮日期推到明年，这不能不使京师官员大失所望，他们把责任一股脑儿都推到肃顺集团身上，认为屡次吁请，均为肃顺、载垣、端华“三奸”阻挠[2]，于是乎把矛头直指肃顺集团。胜保十月二十九日（12月11日）上疏，就“痛劾郑王兄弟（肃顺、端华），谓銮舆未还，皆其荧惑”，为此痛心疾首地说：“我皇仁明英武，奈何曲徇数人自便之私，而不慰亿万未苏之望乎？”[3]

这股此起彼伏的吁请回銮的声浪，使奕䜣最终形成以他为核心的“京师派”，而以肃顺为首的“热河派”，因阻挠回銮——

1 贾祯等编：《筹办夷务始末（咸丰朝）》卷六十八，中华书局1979年版，第2570页。
2 薛福成：《庸盦笔记》卷一，江苏人民出版社1983年版，第18页。
3 吴相湘：《晚清宫廷实纪》，正中书局1953年版，第48页。

“以夷人未退出天津故也”[1]——而大失人心，更为孤立。

军机处已被“热河派”牢牢控制，奕䜣要为自己预留退路，要与政敌抗衡，非有自己的班底不可，建立一个至少与军机处比肩的政府部门必不可少。笔者如是观，绝非以小人之心度君子之腹。恭亲王的确不是那种只看重权力的人，但他自己也清楚，无权无势干不成大事。

恭亲王的蓝图仍在绘制中。他在政治舞台上并没有站稳脚跟，如果不想使自己的构想成为“泡沫”，必须考虑到两大因素，一是如何获得皇上批准？二是怎样才能堵住政敌之口？皇上和肃顺集团仍然是后顾之忧。

经过一番精心筹划，咸丰十年十二月初一日（1861 年 1 月 11 日），恭亲王会同桂良、文祥正式向咸丰皇帝提出设立总理各国事务衙门之请：

> 查各国事件，向由外省督抚奏报，汇总于军机处。近年各路军报络绎，外国事务，头绪纷繁，驻京之后，若不悉心经理，专一其事，必致办理延缓，未能悉协机宜。请设总理各国事务衙门，以王大臣领之。[2]

奕䜣特别强调，从前洋人往往借口中国遇有交涉事件，推诿

1 张集馨：《道咸宦海见闻录》，中华书局 1981 年版，第 456 页。

2《钦差大臣奕䜣等奏通筹洋务全局酌拟章程六条折》，见中国史学会主编《第二次鸦片战争》第 5 册，上海人民出版社 1978 年版，第 341—342 页。

不办，任情狂悖，“洋祸”因此而起，今拟设立衙门，洋人闻之“欣喜非常，自应迅速建立，以驯其情”。换句话说，如果不迅速设立总理各国事务的衙门，就不能“驯其情”，洋人还会来找麻烦。咸丰最怕“洋祸”，谈“洋”色变，心惊肉跳，但又不能漠然视之，果能“驯其情”，设衙门何妨？奕䜣打洋人牌，比用其他方式更具有说服力。恭亲王同时特别强调，总理衙门只是一个临时性的外交机构，一旦“军务肃清，外国事务较简，即行裁撤，仍归军机处办理，以符旧制”[1]。这“以符旧制”，耐人寻味。他深知，天朝传统最重成例，标新立异的事“此路不通”，而把总理衙门说成是临时机构，办完事就裁，仍回归旧制，就比较容易逾越那道心理障碍。其实，谁都知道，在那个时代，外国事务只能越来越繁杂，总理衙门裁不了。“临时”还有一层意思，表明自己并无揽权恋栈之心，“热河派”不必太敏感。恭亲王的确很狡猾。

奏折拜发，恭亲王焦急地等待着消息，皇上能允准吗？

奕䜣的一片苦心没有白费，初十日（1 月 20 日），上谕准在京师“设立总理各国通商事务衙门，着即派恭亲王奕䜣、大学士桂良、户部左侍郎文祥管理”[2]。这的确是令人兴奋的消息。然而，读者不难发现，奕䜣奏请的是“总理各国事务衙门”，皇上批准的则是“总理各国通商事务衙门”，多出两个字——通商。名字

1 贾祯等编：《筹办夷务始末（咸丰朝）》卷七十一，中华书局 1979 年版，第 2676 页。
2 贾祯等编：《筹办夷务始末（咸丰朝）》卷七十二，中华书局 1979 年版，第 2692 页。

虽然差别很小，但性质完全不同。“通商”的标签大大降低了总理衙门的地位，使它的“权域”局限在通商范围内，背离了恭亲王的初衷。恭亲王转喜为忧。他心里明白，“热河派”对权力至为敏感，虽然他请设总理衙门的“统筹全局”的奏折做了“技术”处理，但还是被“热河派”看穿了，总理衙门批是批了，却给他套上一条绳索，于公于私都不利。他不甘心就此罢休，于是上疏陈情，说，通商事宜，上海、天津等地均有大员专办，臣等在京不便遥控，况洋人“虽惟利是图，而外貌总以官体自居，不肯自认为通商，防我轻视。今既知设有总理衙门，则各国与中国交涉事件，该夷皆恃臣等为之总理，借以通达其情。若见照会文移内有‘通商’二字，必疑臣等专办通商，不与理事，饶舌必多，又滋疑虑”。奕䜣继续打洋人牌，曲折表达了自己不愿“专办通商”的强烈要求，坚请“节去‘通商’二字，嗣后各处行文，亦不用此二字，免致该夷有所借口”[1]。咸丰无奈，“依议”，批准了奕䜣的请求。

咸丰十一年二月初一日（1861年3月11日），恭亲王终于领到期待已久的“钦命总理各国事务”的关防，并在京师东堂子胡同原铁钱局设立总署衙门，正式启用关防。恭亲王笑了，他成功了。

总理衙门内部机构设置，“一切仿照军机处办理”，人员编制分大臣和章京（具体办事人员）两级。分股办事是其突出的特

1 贾祯等编：《筹办夷务始末（咸丰朝）》卷七十二，中华书局1979年版，第2710页。

点。各股职掌分别为：

英国股：负责英、奥斯马加（奥地利）两国的交涉事务，并掌办各国通商及关税等事。

法国股：负责与法、荷、日斯巴尼亚（即西班牙）、巴西四国的交涉事务，并掌保护民教及华工等事。

俄国股：负责俄、日两国的交涉事务，并掌陆路通商、边防、疆界、外交礼仪，本衙门官员的任免、考试、经费等事。

美国股：负责美、德、秘、意、瑞典、挪威、比、丹、葡等国的交涉事务。

海防股：负责南、北洋海防之事，包括长江水师、北洋海军，沿海炮台、船厂，购置轮船、枪炮、弹药，制造机器、电线、铁路及各省矿务等事。

司务厅：负责收发文件、呈递折件、保管监督使用印信等事务。

清档房：负责编辑缮写、校对清档。

电报处：负责翻译电报。

银库：负责储存总理衙门出纳之现金。[1]

总理衙门的艰难出世，标志着天朝体制下“闭关锁国”政策的放弃，标志着中国“无所谓外交”时代的终结，标志着中国走向近代国际社会。中国开始觉醒了。

总理衙门从诞生到光绪二十七年（1901）改组为外务部

1 李鹏年等：《清代中央国家机关概述》，紫禁城出版社 1989 年版，第 249 页。

（1921年南京临时政府外交部由此脱胎，其名称沿用到今天），存在了整整40年。40年，风风雨雨，总署与近代中国屈辱的命运关联，签订一个又一个不平等条约，办了一个又一个屈辱性的外交。[1]但不能抹杀总理衙门在对外开放中的作用。更重要的是，它领导掀起了一场拯救中国命运的自强运动——洋务运动，建工厂、开矿山、出洋留学、办学堂、引进先进技术……大凡与洋务和中国近代化有关的事业，都与总理衙门血脉相通。总理衙门不仅仅是一个单纯的外交机构，而是总汇“新政”（近代化事业）的包罗万象的洋务衙门，“凡策我国之富强者，要皆于该衙门为总汇之地”。它因此成为清政府在军机处之外的又一中枢机关，当初外国人视为清“帝国政府的内阁”，后世学者则称“洋务内阁”。[2]

学界普遍认为，中国的近代化分为三个层面：物质层面、制度层面、文化层面，三者循序渐进。总理衙门领导的洋务运动是中国近代化的开端。今天的历史学家研究总理衙门，也都承认它是中国近代史上第一个正式的外交机构，揭开了晚清政治体制变革的帷幕，为晚清政治制度的近代化开创了先例。[3]

不过，笔者还是想在他们的富有创见的成果基础上，进一步提出：中国的近代化始于制度层面，总理衙门的成立就是标志。“制度层面”是多个内容构成的整体，政治制度、政治体制、政

1 这不应该是总署本身的责任，而是中国综合国力太虚弱所致，所谓弱国无外交。

2 钱实甫：《清代的外交机关》，三联书店1959年版，第173页。

3 吴福环：《总理衙门职能的扩展及其与军机处、内阁的关系》，《史学月刊》1991年第4期。

权机构等都是主要“板块”。近代化外交机构的设立，说明中国的近代化首先在政治层面打开了一个缺口，“帷幕”“先例”实际上表达了同样的见解，如此说来，笔者倒有“标新立异”之嫌了。没有标新立异，也许就没有历史研究的发展。中国的近代化启动了，伴随着总理衙门的诞生。制度层面、物质层面、文化层面交叉互动（而不是循序渐进），推动着中国步履维艰地跋涉前进。近代中国没有沉沦，它在曲折地向前发展。

总理衙门是中国近代化的“火车头”，恭亲王奕䜣有筚路蓝缕之功。

总理衙门设立了，但这仅仅是一个开端。恭亲王欣喜的同时深感任重而道远。回首《北京条约》签字仪式那一幕，恭亲王历历在目：他根据常礼，走上前去迎接刚下轿的、身穿华丽礼服的额尔金勋爵，然而这名英国大使竟佯装没有看见皇帝御弟的这一动作，直奔签约大厅，甚至连头也没回一下。接着对他一言不发，就自顾自地坐到为他准备的位子上。一名英国摄影师负责把签约场面摄入镜头。在摄影的时候，“额尔金勋爵一点也不考虑到中国亲王的在场，竟下令全体肃立不动。他的话突然一出口，把那些不懂其意的中国人都吓得半死，在英国摄影师的机头转动下他们连动都不敢动一动。……这样做当然严重地伤害了恭亲王的自尊心”[1]。这是他引为深耻的一幕。这岂止是他个人的耻辱！

1《武力胁迫订立北京条约》，见中国史学会主编《第二次鸦片战争》第6册，上海人民出版社1979年版，第306页。

“天行健，君子以自强不息”，这源出《易经》的古训在他心中产生强烈的共振。大清帝国要想在国际舞台上立足，没有别的路可走，只有奋发图强。他在奏请设立总理各国事务衙门不久，上了《奏请八旗禁军训练枪炮片》，补充说，“探源之策，在于自强，自强之术，必先练兵。现在国威未振，亟宜力图振兴”[1]。这里，他首倡“自强”[2]。如今总理衙门总算如愿以偿设立了，他胸中涌动着“自强”的巨大激情。他将以总理衙门为依托，开始着手绘制新的蓝图，尽管他仍有后顾之忧。

“行在”热河的咸丰皇帝奕詝仍在用虚骄自我安慰着深受痛创的心。总理衙门虽然出于“抚夷”需要批准设立了，但咸丰心不甘情不愿，他和“天朝”遗老们，无不把它看作是耻辱的标签，“日恨其不早裁撤，以为一日衙门尚存，即一日国光不复”[3]。恨也罢，容忍也罢，天朝独尊的“国光”永远不会再复，不管情愿不情愿，中国已不可能再自我孤立于世界民族之林了。

历史，在钦服恭亲王超越“自我”的胆识时，似乎也不应该忘记咸丰，他虽然是过了时的皇帝，但没有他的朱谕，总理衙门恐怕真要胎死腹中了。在专制时代，帝王自愿不自愿的行为，都会对历史发生影响，这是中国政治史上的一个重要特色。

---

1 贾祯等编：《筹办夷务始末（咸丰朝）》卷七十二，中华书局 1979 年版，第 2700 页。
2 董守义：《恭亲王奕䜣大传》，辽宁人民出版社 1989 年版，第 123 页。
3 单士元：《总理衙门大臣年表》，1934 年自行刊印本。

第四章 纷扰之夏

“避暑山庄真避暑”，但夏日里腾起的一股又一股“盛如火烈烈”的抗清热浪，使“行在”热河的咸丰皇帝难得一丝清凉世界之爽，反而感到烦躁不安。这是一个纷扰之夏。

春尽夏临，热河迎来了她最迷人的季节。苍松翠柏，郁郁葱茏，繁枝茂叶在清风中婆娑起伏，摇曳多姿，小鸟唧唧，飞舞长空，令人遐想，鹿鸣声声，悠扬娱耳……“四面有山皆入画”，如画的避暑山庄恰似凡夫俗子心中向往的世外桃源。咸丰皇帝奕詝撑起虚弱的龙体，贪婪地观赏着眼前的美景。风光无限好，只是近黄昏，也许咸丰并不知道自己的日子不多了，但有几次，他口吐“红痰”（鲜血），一定清楚这不是好的迹象。他遭受的磨难太多太多，多么渴望把自己消融在这远离尘嚣的仙境中。也许他会想，要是不当皇帝就好了，做个闲散亲王，反倒落得清静自在。他早已厌倦了政务。

“避暑山庄真避暑，百姓却在热河也。”咸丰想躲在山庄里讨清静，但身陷水深火热之中的老百姓无法照旧生活下去，群起造反，他能充耳不闻吗？太、捻、苗联合反叛是他的一块心病，戡乱遥遥无期，浙江的金钱会、两广的天地会、河南的白莲教又闹腾开了，陕甘的“回（民）乱”在酝酿之中，江西、贵州的老百姓在官绅的倡率下驱逐、杀戮与鸦片烟一样不受欢迎的洋教士——恭亲王奕䜣曾对英国驻华公使阿礼国（Rutherford Alcock）说过："把你们的鸦片烟和你们的传教士带走，你们就会受欢迎了。"[1]更严重的是，淮北的捻军远征河南、山东、直隶，所到"煽风点火"，弄得豫、直人心思乱，而山东则群雄并起，局势骤然升温，成为造反的又一中心，搅得"行在"避暑胜地的咸丰实在无法与大自然融为一体。这是一个纷扰的夏季。为了戡乱，他把最后的王牌——僧格林沁亲王统率的蒙古骑兵，和招降纳叛的能手——胜保，全部抛出，押到了山东战场上。除此以外，他对皇弟奕䜣"借师助剿"（勾结洋人共同镇压国内的叛乱）的建议会发生兴趣吗？

一、淮北捻军"远征"

山东的纷乱，是由淮北捻军的远征激发的。

自咸丰七年（1857）张乐行率主力捻军南下后，留守淮北的捻军如张乐行之兄张敏行以及刘玉渊、刘学渊、赵浩然、李月、李大喜、任乾、侯士伟等在清军报复性杀戮的恐怖氛围中苦苦挣扎。他们以圩寨——他们安身立命的堡垒——为依托，与敌抗衡，牵制了大量清军，有效配合张乐行捻军与太平军的联合战争，像刘玉渊麾下的姚家圩、邓家圩、王家圩就是当时颇负盛名

1［美］马士：《中华帝国对外关系史》第2卷，三联书店1957年版，第241页。

的圩寨，频频在剿捻大吏们的奏折中出现，谓之“逾于坚城”[1]，累月经旬不能破其一圩。由于圩寨进可攻，退可守，而且圩与圩势成犄角，互相救援，可以有效地保护自己，因而淮北捻军不但没有被铲除，反而发展壮大起来，到咸丰八年（1858），连皇帝也熟知“淮以北遍地贼圩，聚党甚多”[2]。淮北捻军虽然不受张乐行的直接指挥，但奉张为“大汉盟主”、最高领袖，从未中断过联系，何况淮北是捻军的故乡？按照咸丰派去的剿捻统帅袁甲三带有几分俏皮的话说：“现在留（淮北）而未去者，非南贼（张乐行淮南捻军）之父兄，即南贼之子弟，数百里头头是道。”淮南淮北捻军抗清战争始终是声息相通的。

咸丰八年春夏之交，刘天福、孙葵心等部捻军因与张乐行失和脱离淮南捻军北归，淮北捻军有了新的发展，他们不时分兵四出，在皖、豫、苏、鲁四省结合部活动。四月十六日（5月28日），刘玉渊捻军攻入山东单县境内。八月（9月），孙葵心、刘天福、刘玉渊等部捻军再入山东，一度攻占单县、丰县、城武、曹县等县城。这是淮北捻军大规模入鲁作战的先声。咸丰九年（1859）后，淮北地区频年灾荒，加上战火不息，整个淮北地区差不多“尽成焦土”[3]，淮北捻军为经济目的而进行的远征山东的作战规模更大，咸丰引以为忧。

咸丰九年四月（1859年5月），刘天福、刘天祥、刘玉渊等

1 奕䜣、朱学勤等纂：《钦定剿平捻匪方略》卷二十六袁甲三折，同治十一年刊本。
2 奕䜣、朱学勤等纂：《钦定剿平捻匪方略》卷四十四上谕，同治十一年刊本。
3 奕䜣、朱学勤等纂：《钦定剿平捻匪方略》卷五十三袁甲三折，同治十一年刊本。

部捻军二万余众攻入山东，历时三个月。

咸丰十年（1860）秋，咸丰陷入困境，乘舆“蒙尘”，淮北捻军近十万众在张敏行、姜台陵、刘天福、赵浩然等率领下，乘虚深入山东，“兵声火色，数百里皆震”[1]。淮北捻军兵分三路，攻入山东腹地，一路进入运河东岸，由汶上北走东平戴庙，经梁山南下占领巨野，后由定陶、曹县返回皖北；一路深入沂蒙山区，经泗水转入新泰，破蒙阴，直达东海岸，由沂水、莒州、日照南下，折入苏北赣榆、鲁南郯城一带；一路经兖州北上占领宁阳，进围泰安，由大汶口南下曲阜等地。淮北捻军此次远征山东，历时近三个月，活动范围之广，前所未有，波及曹州府属菏泽、郓城、巨野、城武、定陶、曹、单、范八县，沂州府属兰山、郯城二县，兖州府属滕、峄、滋阳、曲阜、泗水、汶上、宁阳七县，泰安府属东阿、东平、肥城、莱芜、新泰五县，济宁州属金乡、嘉祥、鱼台三县。一度占领宁阳、郓城县城。

各路捻军转战山东腹地，几次进攻曲阜，冲击孔庙孔林。九月（10月），淮北捻军在当地土匪桂三、桂四带领下，杀进孔庙，捣毁至圣先师孔子牌位，烧毁大量“四书”“五经”，打得孔子七十五世孙孔繁灏向巡抚求救，向咸丰乞师。[2]这时的咸丰只管逃命，自顾不暇，对淮北捻军纵横驰骋山东数十州县，冲击儒教（立国之本）圣地，束手无策，无可奈何。他渴盼和局速成，

1 佚名：《山东军兴纪略》卷二《皖匪二》，同治十一年刊本。
2 徐松荣：《捻军史稿》，黄山书社 1996 年版，第 206 页。

而后对捻军痛加剿洗。

《北京条约》签订，和局办成，咸丰立即命僧格林沁亲王率师出征，上谕对僧亲王“平捻”寄予厚望，说，现在天气寒冷，正是北方劲骑得力之时，如能在年内——离过年还有两个月左右的时间——荡平“捻逆”，“粤逆”就会陷于孤立，着钦差大臣僧格林沁亲王督各路兵勇“剿办北路各匪，先由河间，次及山东、河南，权其缓急，以次进剿”[1]。咸丰把平捻重任交给了僧亲王，为此撤销因八里桥之败对他的惩罚，以示激励。

北风呼啸，寒气袭人。十一月初六日（12月17日），僧亲王统率着他的万名清军——马队3000余、步队2000余、绿营兵5000余——开到山东济宁。当时人们说：“南有曾（国藩），北有僧（亲王），天下太平矣。”[2]流露出山东官绅阶层同样对僧亲王抱有很高的期望。

淮北捻军又一次席卷而来。“巨捻”刘玉渊领兵数万取道苏北攻入山东。僧亲王麾师迎敌。咸丰曾一再叮嘱僧亲王，要他坐镇济宁指挥，不要“轻于一试”。但僧亲王并不把捻军放在眼里，决意发愤剿贼，洗刷八里桥败将之耻，报答皇上隆恩。十一月十五日（12月26日），在巨野东南60里的羊山集与捻军相遇。天公不作美，阴雨泥淖，不识路径，结果被捻军包围、痛打，头品顶戴、副都统格绷额和他的儿子忠伦、侍卫德成被杀，三等侍

1 佚名：《山东军兴纪略》卷三《皖匪三》，同治十一年刊本。

2《寇平俚歌》，见中国史学会济南分会编《山东近代史资料》第1分册，山东人民出版社1957年版，第241页。

卫遐昌下落不明。首次交锋，大败而回，僧亲王恼怒万分，奏请将不敢临阵的山东团练大臣杜乔羽革职。老成持重的大学士瑞麟也不像话，从羊山集拼着老命突出重围，一口气狂奔200里，躲到汶上避敌，如何能领兵打仗？咸丰二话没说，将其革职，另调都统西凌阿、工部右侍郎国瑞帮办僧亲王军务，改调陕西巡抚谭廷襄为山东巡抚，带兵赴援。

刘玉渊捻军大获全胜，赵浩然等部捻军去而复来。僧亲王为阻止淮北捻军进入山东，在西起河南考城，东到山东鱼台南阳湖一线黄河故道旧堤“浚濠筑垒”，派民团分段防守，看来还是徒劳无功。年底，数万捻军跃马扬鞭，踏破长堤入鲁，僧亲王只好硬着头皮去围追堵截。捻军则采用避实击虚、疾如风雨的流动战与僧军周旋，僧亲王想求痛痛快快打一仗而不可得，疲于奔命。咸丰十一年正月十一日（1861年2月20日），僧亲王率着饥疲之卒穷追至菏泽关李家庄，陷入重围，差点没把命搭上。僧军“全队溃散”，二品顶戴察哈尔总管伊什旺布被杀，榛莽几百里，横尸散陈。咸丰皇帝闻讯震怒，将临阵脱逃的副都统桂成、协领色尔固善褫职，主帅僧格林沁，帮办军务西凌阿、国瑞“均着交部议处”。出于对“王牌”的厚爱，咸丰再次谆谆告诫僧亲王，“总不宜轻进，再蹈覆辙”[1]。可是不久，僧军又一次翻车。

关李家庄之战胜利后，捻军一度突入直隶东明、长垣，似有北上京师之势。咸丰大惊，急令直隶总督文煜加强黄河防务。捻

1 奕䜣、朱学勤等纂：《钦定剿平捻匪方略》卷九十一上谕，同治十一年刊本。

军虚晃一枪，由戴庙渡过运河，进入山东半岛。僧格林沁亲王派副都统伊兴额、徐州镇总兵滕家胜领兵追击。二月初七日（3月17日），伊、滕被捻军诱牵至汶上县的杨柳集，包围聚歼，两员大将无一生还。

僧亲王出师不利，连吃败仗，损兵折将不说，还弄得自己名望顿尽，威风扫地。一筹莫展的他，躲在济宁城里唉声叹气。回想南下时，他曾向皇上吹嘘，“臣军万二千人，请合傅振邦、德楞额二军直攻老巢，荡平丑类”，狂妄不可一世。咸丰知道僧亲王的牛脾气，手诏以“无后劲为戒”[1]。但僧亲王一到前敌，就把皇上的警告抛到脑后，几个毛贼，何足挂齿！牛皮吹破了，如今如何向皇上交差？轻狂导致迷失，迷失而不知返，就会把自我葬送。这是僧亲王的悲剧。同治四年四月二十四日（1865年5月18日），这位不可一世的王爷被捻军斩首于山东曹州高楼寨，就是“执迷”造成的悲剧。[2]

僧亲王不把捻军放在眼里，连战皆败，现在捻军反倒不把僧亲王当一回事了，威震四海的僧王爷不过如此，没什么可怕的。自此后，十数支淮北捻军像走马灯一样，你来我往，在僧亲王鼻子底下穿梭，“更番出扰，疲我兵力，前股甫退，而后股复来”[3]，全省数十州县遍地捻踪。山东局势几乎完全处于失控状态，本地

1 王闿运：《湘军志·平捻篇》，见中国史学会主编《捻军》第1册，上海人民出版社1957年版，第3页。

2 池子华：《剿捻统帅的更迭与捻军的兴亡》，载《安徽师范大学学报》1988年第2期。

3《清实录》第44册《文宗实录》卷三四五，中华书局1986年版，第47696页。

土匪乘机窃发，纷起响应，群雄并起。“赤日炎炎似火烧”，山东于是成为这年夏季抗清的高温地区，纷纷扰扰，搅得“行在”热河的咸丰皇帝不得安宁。这是他一生中最后的夏季。

二、糜烂的山东

僧亲王剿匪不力，反而助长了匪势，犹如抱薪救火。山东民众的骚乱在淮北捻军的激荡和僧亲王软弱无力的震慑下汹涌而起，形成滔天巨浪。在遍地开花的民变中，形成以“鲁捻”、幅军、长枪会军、文贤教军、邱莘教军等为主体的武装力量，团练抗官事件也层出不穷，民众抗粮抗税，太谷学派的传人张积中在黄崖山也在传播着“邪教”。儒教故乡、邹鲁大地溃烂如此，对视儒教为立国之本的大清帝国极具讽刺意味，怎能不让咸丰忧心呢？

我们还是看一下山东几支主要武装力量的聚合。

鲁捻

捻军并不是安徽的“特产”，山东也是捻军的发源地之一，“兖、沂、曹所在有之”[1]。他们虽然没有安徽捻军那样声势浩大，但从未停止过抗清活动。咸丰十一年（1861），随着淮北捻军在山东战场上连连奏凯，一度被镇压而转入地下活动的“鲁捻”纷

1 奕䜣、朱学勤等纂：《钦定剿平捻匪方略·序》，同治十一年刊本。

纷走出来，高擎“捻”的旗号，与“皖捻”会合了。二月（3月），黄县捻首刘文彬、李得基、姜齐纬等，各纠数十人，聚集城西举事，到沙河店迎接淮北捻军。三月（4月），李章、蒋尊等聚众千余人，在东平姚家庄起义。在朝城马老庄、舍利寺，范县旧城、凤凰台，巨野西北毗连郓城的盐市口、井家庄、幡竿庙，濮州罗家口、阎氏口，有刘四反叛、李天经、岳振标、井文一、杜玉珍、康兴年等揭竿聚捻，众至五六千人，他们派出党羽前往鱼台谷亭集合，与淮北捻军联络，“导捻（皖捻）内犯”，由范县羊儿庄，直逼濮州城下，“火光亘数十里”。[1]看来，安徽淮北捻军之所以能在山东战场上取得纵横数十州县的巨大胜利，与本地捻军的配合是分不开的。

同月，范县廖家桥廪生王来凤，号称办团，聚众起义，与邱莘教军联合，连败东阿、阳谷民团，陷朝城，克阳谷，下观城，“四五百里间，钲鼓烽烟，声色不绝”[2]。

四月（5月）间，鲁捻与皖捻配合，连陷曹州府属数百村寨。刚到任的山东巡抚谭廷襄惊呼，濮、范、巨、郓、菏、定、城武等处，“随地皆匪”，日聚日众，要朝廷拨兵救援。

五月（6月）间，寿张捻首郭简、赵立纯、王秉固、戴光明、岳秃子、李瑞真、董上来、王清魁、王金釦、郭兴、满光印、吴朝聘等，聚众水南，“遍贴伪示”[3]，宣布起义。知州王锡龄

1 佚名：《山东军兴纪略》卷十一《土匪三》，同治十一年刊本。
2 佚名：《山东军兴纪略》卷十一《土匪三》，同治十一年刊本。
3 刘文煃：《寿张县志》卷十，《灾变》，光绪二十六年刊本。

飞章告变，僧格林沁亲王兵力不足，但也不能坐视不救，只好遣临清协副将文英引兵进剿。

七月（8月），皖捻合濮、范、寿张等地鲁捻由濮州罗家楼、范县羊儿庄、寿张竹口、张秋镇渡过黄河，再次深入山东腹地。

幅军

幅军的前身幅党与捻军的前身捻党的历史一样久远，产生于康熙年间。那时，清朝南方的漕米，均用船经运河北运，每年千余只。运河沿线的郯城、兰山、滕县、峄县聚有成千上万的船夫、纤夫、小贩，幅党就从他们中孕育，因他们常以“匹布分幅帕头”，所以史书称为幅党。幅党属于民间秘密结社，例所必禁，结幅40人以上，就要砍头。可是这些“凶徒不知朝廷德意，愍不畏死”，照样“聚众抢夺”，诛不胜诛。咸丰元年（1851），奕䜣登上龙位头一年，“起幅、结幅益多”[1]，有人说，这一年就是幅党走向幅军的起点。[2]咸丰三年（1853），奕䜣痛失江南半壁河山，漕运也被截断了，南漕只好改为海运，运河沿线的纤夫、船夫大批失业，丢掉饭碗的“游民数十万无可仰食”，不得不“结幅聚众”，劫商旅，吃大户，抗官府，声势不断壮大，到咸丰十年奕䜣落难这一年，形成幅军三大抗官中心：刘双印、刘平幅军出没于峄县云谷山区；孙化清、孙化祥幅军活跃在费县岐山区；宋三

1 佚名：《山东军兴纪略》卷十七《幅匪一》，同治十一年刊本。
2 江地：《捻军史论丛》，人民出版社1981年版，第325页。

冈幅军以蒙阴县蒙山区为根据地。刘平甚至“勾通粤匪”，接受太平天国封号，自称“北汉王”，为“诸匪之领袖”。[1]

幅军“愈扑愈炽”，势成燎原，皇帝颇感不安，令僧亲王南下“剿匪”，先剿“幅匪”。咸丰十一年春，僧亲王派出道员李麟遇率勇 2000 人剿幅，不胜。夏初，又派副都统德楞额“专讨幅匪”，而幅军已“盛如火烈烈……大乱成矣”[2]。

读者对“秀才造反”的故事都很熟悉，前述苗沛霖就是典型，但未必听说过“进士造反”。幅军中恰恰有一位进士，名叫刘淑愈，人称“大文学家”。据说，同治二年（1863）刘被捕行刑前，兰山知县满洲正黄旗人长赓审问，说：“你会作文，我出题试试，以‘老而不死’为题，限一柱（炷）香交卷。”刘先生不假思索，挥笔立就，通篇不露“死”字，格外仇视汉人的长赓倒很佩服[3]，看来，文学功底不浅。《山东近代史资料》第一分册中就录有《老而不死》一文，出手不凡，很有气势。

刘淑愈，字亦韩，费县毛家河人，自幼很聪明，酷好读书，过目成诵，十几岁进秀才，二十多岁中举，道光年间中式第五名进士。在京会试期间，宰相穆彰阿擅权纳贿，植党营私，要收他作门生，他婉言拒绝。成进士后，任顺天府房山县的知县，居官清正，因忤大宪，削职回籍，两袖清风，一贫如洗，靠教书为

1 王宝田：《峄县志》卷十六《大事记》，光绪三十年刊本。

2 李敬修：《费县志》卷八《兵事纪略》，光绪二十二年刊本。

3 陈伯熙：《响应捻军起义被杀的大文学家刘淑愈先生》，见中国史学会济南分会编《山东近代史资料》第 1 分册，山东人民出版社 1957 年版，第 212 页。

生。咸丰十一年，应孙化清、孙化祥兄弟之邀，起义上岐山，为孙氏兄弟运筹帷幄，作营门联云：

西狩获麟，寝其皮，食其肉；中原逐鹿，大者王，小者侯。[1]

流露出他争夺天下的志向（“麟”指大乡宦王家麟、王殿麟兄弟）。

农民被“逼上梁山”，情有可原，而进士作为国家之栋梁“犯上作乱”，丢开“三纲五常”与匪为伍，确是比较少见的，何况刘淑愈还来自儒教故乡？更令人不可思议。咸丰皇帝恐怕也不敢相信，然而却是千真万确的事实。

柏叶于今难再颂，桂花从此不闻香。[2]

“柏叶”指当了英法傀儡的广东巡抚柏贵和被俘的两广总督叶名琛。“桂花”指签订《天津条约》的桂良和花沙纳。这首“歪诗”，是对咸丰治下的大清帝国对外屈辱求和的辛辣讽刺。英法联军打到京师，又一次缔结城下之盟，而皇上却“秋狝木兰”，

1 陈伯熙：《响应捻军起义被杀的大文学家刘淑愈先生》，见中国史学会济南分会编《山东近代史资料》第 1 分册，山东人民出版社 1957 年版，第 213 页。

2 转引自承德市文物局、中国人民大学清史研究所编：《承德避暑山庄》，文物出版社 1980 年版，第 222 页。

当今朝廷在人们的心目中还有什么威信？难怪连进士都要造反了。刘淑愈也许是不幸的，但更不幸的还是当今皇上咸丰，他低能无效的政治统治，使人们对大清王朝感到失望。夏日里热火朝天的抗清烈焰，说是咸丰点燃、引火烧身一点儿也不为过。

幅军“盛如火烈烈”，文贤教军又火上浇油了。

文贤教军

文贤教是白莲教的一个支派。白莲教（又称白莲社），属佛教净土宗流派，是杂糅佛教、明教、弥勒教“混血”而成的民间秘密宗教组织，创立于宋代，元代大流行，明、清达于极盛。教义崇尚光明，认为光明一定能够战胜黑暗。白莲教还宣扬，教徒都是“无生老母”的儿女，不论男女老幼，一律平等，一旦入教，“不持一钱可以周行天下”，有饭大家吃，共享钱财，这符合生活在黑暗统治下的社会下层群众的生理、心理需要，因而广泛流行开来。自元代以来，白莲教成为农民反抗暴政的有力工具，“弥勒降生”“明王出世”是他们惯用的口号。元末，韩山童、刘福通、徐寿辉发动白莲教起义，吹响元末农民起义的号角。明朝天启二年（1622），山东爆发了徐鸿儒领导的白莲教起义。清代川楚陕白莲教大起义历时 9 年之久（嘉庆元年至九年，1796—1804），清廷耗费大量兵力、财力才镇压下去。进入近代，白莲教因遭残酷镇压而转入地下活动，“反清复明”是他们的斗争目标。这是一股可怕的颠覆势力，道光皇帝提心吊胆。奕詝继位后，白莲教又趋活跃，安徽、河南都曾有小规模的“教匪”暴动，到咸丰十一年更出现大规模的白莲教起义——文贤教起义来临了。

邹县是文贤教的发源地，所以文贤教又称“邹教”。县境山岭丛杂，比较著名的就有点灯山、大山、云山、尼山、辛庄山、凤凰山、雨山等，山脉相连，绵延数百里。山中村庄棋布，炊烟袅袅。在万山丛中，有一个大村子，名叫白莲池，又叫白龙池，文贤教的源头活水，就从这里涌出。

文贤教的首领是宋继鹏，另外还有教师郭凤冈，教友李捌、李玖、王存芳、李奉钧、张树德等。宋继鹏粗识文字，“能诵经书符为人治病”。在医疗卫生不发达、科学不昌明的时代，迷信的力量足以征服人类。“乡愚多信之”[1]，文贤之声在奕詝继位的第三年（即 1853 年）开始在丛山中播扬、回荡。

咸丰三年，奕詝号召各地举办团练，对抗洪秀全的太平军。有趣的是，宋继鹏与苗沛霖及下面将要提到的长枪会一样，顺势用合法的外衣进行包装，他以办团练为名，在山中铸造兵器，招兵买马，发展信徒，蓄势待发，连“孔”（邹县民团团长孔宪标）、“孟”（廪生、团练头目孟某）也被拉拢过去。宋继鹏有没有称王称帝，史书不载，无从得知，但建有年号（可反证必有称王称帝事）——“天纵”，设官分职，很像一个独立王国。邹县——孟子的故里——山里山外，两个天下。

1 佚名：《山东军兴纪略》卷十九《邹县教匪一》，同治十一年刊本。

七八年过去了，宋继鹏“造谋不轨有年”，可谁能相信，官府竟毫无所闻？这一方面说明宋继鹏组织工作做得细，另一方面官方的政治嗅觉太成问题，反应之迟钝，令人吃惊，难怪一发不可收拾了。

“山雨欲来风满楼。”咸丰十年（1860）冬，邹县知县林士琦终于发现白莲池的“秘密”，率勇二千余进山围攻，十二月初二日（1861 年 1 月 12 日），初战不利，大败而回。文贤教公开举起了抗清的大旗。近在曲阜（距白莲池约五十里）的孔府衍圣公孔繁灏深恐孔府遭殃，向钦差大臣僧格林沁飞章告变，说文贤教“实为心腹之患，较之南捻为害更深，必得赶紧剿灭”[1]。咸丰帝闻变，急令僧亲王移兵进剿，趁火势初燃，迅速扑灭，果如“发捻交乘”那样成为心腹之患，大局不堪设想。但还没等僧亲王发兵，咸丰十一年春，张敏行、赵浩然、李成率捻军大举进攻山东，僧亲王兵败关家李庄。文贤教军见有机可乘，便四面出击，在西至济宁，东到海滨，南及苏鲁边区，北临济南的区域里盘旋，大张“匪势”。林士琦无法应付局面，一次又一次向僧亲王乞师。三月二十八日（5 月 7 日），僧亲王师抵邹县，兵分三路，向教军发起进攻，激战 20 余日，教军力敌不胜，退入云山，被僧军包围。

田里的麦子成熟了。山中储粮不多，眼看小麦要“爆”在

1《孔府档案中有关太平天国和捻军的资料》，载江地《清史与近代史论稿》，重庆出版社 1988 年版，第 248 页。

地里，教军心急如焚。为“出山刈麦”，四月二十六日（6月4日），宋继鹏决定向僧亲王“投诚”。这时，长枪会军“方炽”，两军一旦纠结在一起，剿办为难，考虑再三，僧亲王同意接受“投诚”，派代理知县张体健入山谈判，张三出三入，达成停战协议：教军形式上接受招抚，僧亲王准出山抢收小麦，颁给山内81村免死旗。长枪会军“益炽”，五月四日（6月11日），僧亲王不得不撤出攻教之师，前往曹州讨伐长枪会。但僧亲王刚一撤走，文贤教军迅速补充给养，修筑工事，发起新的攻势，而僧亲王东征西讨，疲于奔命，已经“不遑兼顾”了。[1]

长枪会军

这是一支在咸丰皇帝奕訢大办团练号召下崛起的“团练”武装——表面上看是如此，《中国近代史词典》等权威辞书也作如是观。[2]其实，只要我们剥开“团练”的外衣，就可以发现，它实实在在是一支乔装的农民武装。长枪会的发起人是菏泽志道都人郭秉钧，史书说他“阴险多智计，结交亡命，四方无赖少年多归之”[3]。早有图谋不轨之心，结交亡命，无非聚集抗清力量。但他在一开始没有堂而皇之地举旗造反，说他怕死，倒不见得，说他“多智计”，却很恰当。当时曹州的团练武装在山东最称强大，连皇帝也有耳闻，当英法联军进攻北京时，令赵康侯团练北上

1 佚名：《山东军兴纪略》卷十九《邹县教匪一》，同治十一年刊本。
2 陈旭麓等编：《中国近代史词典》，上海辞书出版社1982年版，第126页。
3 叶道源等纂：《新修菏泽县志》卷十八《杂记》，光绪十一年刊本。

“勤王”。曹州（捻党发祥地之一）捻军旋起旋灭，始终没有形成大的气候，就是因为对手过于强大，即起即被镇压，“皆团练之功也”[1]。如果郭秉钧像鲁捻那样有个几十、几百人胆敢公然对抗官府，命运还不是一样？要聚集强大的抗清力量，只有采取别的方式，要么披上宗教的外衣（如邱莘教起义），要么钻政策的空子，假名团练。而作为秀才“家本素封”的郭秉钧借团练之名“招纳亡命”，是再合适不过的了。

咸丰九年十月（1859年11月），郭秉钧向曹州府知府童正诗提出在团练之外举办长枪会的建议，得到童的大力支持。童知府支持郭秉钧组织长枪会，当然是出于抵抗外来捻军和镇压当地民众抗清的目的，可是还有一个令人费解的目的，或者说包藏着说不出口、摆不到桌面上的阴险居心，那就是对抗团练，自己偏要跟自己过不去，咄咄怪事！童正诗也有童正诗的苦衷，团练武装（主要是季锡鲁、赵康侯之团）既强且盛，有尾大不掉的势头，已非童正诗所能控制，相反，童守和曹属的父母官还要“听命于团总”，受其挟制，“顺团则安居，逆团则罢任”[2]，天底下哪里还有王法？团练自以为“剿匪”有功，更加骄横跋扈，生杀由己，敛费无度，搅得曹属鸡犬不宁，谁也不敢说个“不”字，以至于出现“地方守令条教号令不及团总片言”[3]的局面，怎能不

1 刘葆光：《长枪会匪纪实》，见中国史学会济南分会编：《山东近代史资料》第1分册，山东人民出版社1957年版，第263页。

2 佚名：《山东军兴纪略》卷二十二《团匪二》，同治十一年刊本。

3 中国史学会主编：《捻军》第4册，上海人民出版社1957年版，第232页。

令童知府惶恐不安？支持郭秉钧组织一支武装，可以“隐为之敌”[1]，以此减杀团练的嚣张之势。至于这样一来会出现什么样的后果，童知府没考虑那么远。

长枪会取得合法地位后，郭秉钧以办“一心团”的名义名正言顺地吸收会员，“多方网罗”，发展势力。因有童知府作后盾，民团有散而入会的。按长枪会的规章，有愿从者，即为会员，既入会，必须与团练脱离关系，不允许脚踩两只船。还规定，一旦入会，虽“盗贼”也不准团练拿办[2]，所以，那些被团练镇压而转入地下活动的曹属地方捻军及其他抗清武装纷纷入会，在短短一年中，众至数万。郭秉钧把会员按五色旗组织起来，同时，夺占罗家河口黄河码头，为船只装卸粮货，每日可得工钱数百缗，用作会费，长枪会声势益壮。

长枪会蔚然林立，民团减色，不再像从前那样猖獗，童正诗志得意满。不料，长枪会也不安分，会、团不时发生冲突，童太守恐激成大变，双方都不敢得罪，引起团总的极端不满。团总赴省及僧格林沁大营投诉，说长枪会包藏祸心，反形已露，府守（童正诗）庇会害团云云。山东巡抚谭廷襄，勒令解散，而僧亲王则上奏朝廷，说“会”即“贼”，“贼”即“会”，应毫不容情进行征剿。还没等僧亲王抽身，淮北捻军发起秋季攻势，大败季锡鲁民团于国家庙，阵斩季锡鲁。季锡鲁为郓城团总，势力强

1 刘葆光：《长枪会匪纪实》，见中国史学会济南分会编《山东近代史资料》第 1 分册，山东人民出版社 1957 年版，第 264 页。

2 池子华：《长枪会与捻军关系简论》，载《安徽大学学报》1989 年第 2 期。

大，曹州府的捻军多数被其镇压，时有“东省团练，曹州为最；曹州团练，郓城之季锡鲁、赵康侯、巨野之魏笃为最；而三员中素称忠勇，众论交推者，又锡鲁为最；民间倚为长城，贼中目为虎”[1]之说。季氏团练的败灭，长枪会拍手称快，他们撕下团练的面纱，纷纷竖立“反旗”，响应捻军，掀起了大规模的抗清运动，如曹县刘景山、王景荣、王礼坦、萧伯如，巨野张四镜，菏泽王凤琢，定陶祝振清，城武李兴瑞等纷起揭竿，会集在郭秉钧和河朔盟主刘占考的周围，与捻军配合作战。咸丰十一年春，淮北捻军再入山东时，长枪会军又有新的发展，由各自为战、“不相统属”逐渐走向统一，郭秉钧、倪和尚、刘占考为主要首领，众至10余万，规模庞大，曹州府几乎成了长枪会的天下。他们与淮北捻军的结合更加紧密，可以说，没有长枪会的有力配合、支持，捻军在山东的辉煌要大打折扣。难怪僧亲王急急与文贤教军达成停战协议，调转矛头，前去“剿会”了。

四月五日（5月14日），倪和尚引众近万，围攻曹州。曹守童正诗与僧亲王部将桂祥等登陴固守。这时，童太守真正尝到了搬起石头砸自己脚的滋味，追悔莫及。这还没完，懊悔的事还在后面呢。九日（18日）刘占考所部万余人再逼城下，曹州府城岌岌可危。僧亲王大为恼火，上奏弹劾童正诗，说他不洽舆情，良莠颠倒，养痈遗患云云，咸丰立即谕令谭廷襄“查明参奏”。可怜童太守，为在团、会均势中坐稳知府宝座，结果还是丢了乌

1 佚名：《山东军兴纪略》卷二十二《团匪二》，同治十一年刊本。

纱帽，能不后悔吗？

僧亲王亲自出马进攻“会匪”了。长枪会军与皖捻合兵，在豫、鲁两省间倏忽往返，搅得“千里间皆乱”[1]，咸丰焦灼莫名。僧亲王冒酷暑之蒸，日复一日，汗流浃背，追飞逐走，却不能奈何。

长枪会军势焰正炽，邱莘教军又点起抗清烈火。

邱莘教军

邱莘教是白莲教的支派，因起于邱县、莘县，故名。

鲁西北地区是白莲教活动频繁的地区之一，嘉庆年间，白莲教支派天理会曾在这里发动抗清起义，虽遭血腥镇压，但地下活动从未停止过。咸丰年间，“邪教”又趋流行，冠县、莘县、堂邑三县“习教者十之六”[2]，邱县、馆陶等县入教人数也很可观。他们鼓起过小规模的抗粮“骚动”，但地方官隐忍讳饰，决不上闻。表面上看，鲁西北地区似乎最平静。

咸丰十一年二月十一日（1861 年 3 月 21 日）夜，更深人静，几百个黑影在夜色中窜动——邱莘教首孙全仁之众，突然攻入邱县城，拉开邱莘教起义的序幕。八天后（二月十九日，即 3 月 29 日），教军左临明、杨泰、杨福岭攻克冠县城，开仓放粮。接着，二十五日（4 月 4 日）张玉怀部占领莘县，二十九日

1 佚名：《山东军兴纪略》卷十一《土匪三》，同治十一年刊本。
2 佚名：《山东军兴纪略》卷十二《邱莘教匪一》，同治十一年刊本。

（4月8日）杨朋岭部攻占馆陶，三月四日（4月13日）左临明部占观城，郜老文等部占阳谷、朝城。不到一个月时间，连下7城，山东全省震动。

邱莘教起义在发展过程中逐渐形成邱县侯家庄、莘县延家营、冠县七里韩庄三大中心、三支主力，总首领分别为张善继、从政、杨泰，其下各分黄、红、白、绿、黑五大旗，其中堂邑小刘贯庄人宋景诗一身兼任三大主力军的黑旗领袖，格外惹人注意。更奇的是，宋景诗根本不是邱莘教徒。教军三大主力不约而同，特聘他为黑旗领袖，无非因为宋景诗曾在家乡领导过抗漕暴动，远近闻名，声望较著，又与教军同时起义，联系密切，把宋景诗纳入教军序列，无疑可以壮大声势。实际上，黑旗军成为三大主力之外的又一支重要力量，独树一帜。

战火继续扩散。堂邑、曲周、清河相继被占领。他们又与长枪会军联合，连拔濮州、范县，把触角伸入直隶大名府一带。张善继自称“黄天圣主”，以“兴汉灭胡”相号召，杨泰提出“扫清立明”的口号[1]，分明要与咸丰争天下。群众纷起响应，不数月，“人数之众不下数十万”[2]。清政府在鲁西北地区的有序统治陷于瓦解。教军还派出特使，南下与太平军、捻军联络，商定“约至八月间，大家齐心北来，约定长毛（指太平军）沿运河岸走东路，捻子（即捻军）过河北由西山行走西路。我们教匪走中

1 国家档案局明清档案馆编：《宋景诗档案史料》，中华书局1959年版，第31页。
2 聂崇岐编：《捻军资料别集》，上海人民出版社1958年版，第231页。

路，一同北犯。先打临清，再打东昌，随后长驱到北京，图成大事”[1]。又是问鼎！

鲁西北在黄河北岸，与河南、直隶壤地相接，地近京畿，无险可扼，对清廷来说，教军比来自太平军、捻军的威胁更直截了当。“行在”热河的咸丰坐卧不安。僧亲王不会分身术，他已被长枪会牵制，如今只有再派兵部侍郎胜保南下了。四月（5月），咸丰任命胜保为钦差大臣，督办直、东军务，率兵由保定移军南下，攻剿邱莘教军。月底（6月初），胜保军与教军的拉锯战开始了。

教、会、幅、捻，群雄并起，干戈如林，齐鲁大地，抗清烈火熊熊，烧得清廷畿辅邻省“大半糜烂”，扰得咸丰心焦，也搅乱了他的“剿匪”部署。咸丰原想，让僧亲王南下直捣捻军“老巢”，经山东顺带平息当地“匪患”，不料，僧亲王一到山东便深陷泥潭，“新巢”一个接一个凸起，“蔓延数千里，牵制大军不得发”[2]。这无疑对太平军、捻军的联合是强有力的支持。胜保抛出了，战火仍不稍息。

这是一个纷扰的夏季。

1 《张善继供词》，见国家档案局明清档案馆编《宋景诗档案史料》，中华书局 1959 年版，第 72—73 页。

2 陈恩寿：《陈显彝行述》，见中国史学会济南分会编《山东近代史资料》第 1 分册，山东人民出版社 1957 年版，第 257 页。

三、“借师助剿”乎？

“发捻”交乘，社稷堪忧，而淮北捻军大规模出兵山东，号召当地民众抗清，朝野震动，北京和热河均感不安，甚至感受到“切肤之痛”。前面说过咸丰回銮一再改期，这里又多出一个至今没有引起人们注意的要因。

咸丰十年十二月十日（1861年1月20日），参与签订《中英北京条约》，不久任英国驻华使馆参赞的威妥玛（Thomas Francis Wade）在给英国驻华公使卜鲁斯的信中，述说他昨日应邀与恭亲王一行在嘉兴寺会晤的情景，发现北京方面对淮北捻军远征的焦灼不安和热河方面的反应。他说：

> 使他们（恭亲王一行）真正感觉切肤之痛的，是接近他们门口的这一批叛徒（叛乱者）。他们说僧格林沁已向西南方向前进，若然，则捻匪必是正在向他们河南（黄河以南的皖北）老家回窜。这个我不相信。我在别处听说捻匪在听到僧王来到前并未聚集成军。僧格林沁此去，纯是为恢复他在安徽战胜捻匪或长毛的声誉而去的。捻匪听到僧王进军的消息，各小股便合拢起来，几乎把这支全无士气的军队给歼灭掉。僧王本人倒还没有逢到灾难。他宣称他的同僚瑞麟胆怯，而那个能干人也就再度被夺去一切职衔

> 了。此地虽并没见普遍恐慌的迹相（象），据说官场中却传布着非常不安的情绪……他们说他们自己和一同在这儿的人，无不急切盼望皇上回京，且不断地在促驾，可是皇上为另一批人所包围，那些已经闹出这许多灾祸的奸臣们劝他留在现地。新的困难是，这次捻匪的进军把他们吓坏了，他（皇上）认为热河要比北京安全些。这是恭亲王自己的话，不论有无根据，这样的招供，痛苦的宣告出这个国家的统治力量已经沉沦到何等无底的深渊里去了……[1]

透过这封长信，我们仿佛看到北京的皇弟奕䜣和在热河的咸丰皇帝恐慌不安、一筹莫展的神情。热河的确比北京安全，在淮北捻军远征的震撼下，吓坏了的咸丰在皇弟奕䜣发起的吁请“回銮”声潮中横下一条心：不肯回銮。

咸丰十一年以来，淮北捻军大规模的远征持续不断（咸丰当然有理由继续留在热河“避暑”），山东等地民众又火上浇油，腾起一股又一股抗清热浪，清军顾此失彼，师老兵疲。这是无法回避的现实。面对夏季“盛如火烈烈”的抗清烽火，躲在避暑胜地的咸丰，难得清凉世界之爽而感到烦躁。他对皇弟奕䜣曾经提出的“借师助剿”建议会发生兴趣吗？

所谓“借师助剿”，赤裸裸地说，就是借刀杀人，利用西方

1《威妥玛致卜鲁斯》，见严中平《一八六一年北京政变前后中英反革命的勾结》，《历史教学》1952 年第 4 期，第 16 页。

列强的武力镇压国内的叛乱。

在大清帝国与英、法、美、俄等西方列强处于敌对状态下，当然谈不上“借师”。《北京条约》的签订，标志着这种敌对状态的结束。不过，清朝方面没有想到借用凶手刚砍过自己的血迹未干的屠刀，倒是西方列强出于自身在华利益的考虑，表达了主动“借刀”之意。英国首相巴麦尊在条约签订后就宣称：“现在事情已经改变了。从前中英如仇敌，今则我们与清政府已有极好的关系。……如果借助我们友好的援助而能使中国内部进入正轨，商业前途将会有巨大的发展，这是可以预期的。……中国的新政策是要与世界各国通商的。如果不援助这个开明的中国政府以成全其努力与改进，则在我们方面说，那真是自杀了。”[1]英国如果不想“自杀”，似乎非向清政府伸出“援助”之手、帮助清政府渡过难关“进入正轨”不可了。

然而，“助剿”调子唱得最高的还要数法国和俄国。

咸丰十年九月十四日（1860年10月27日），也就是《中法北京条约》签字后的第三天，法国传教士孟振生（J.M.Mouly）、董若翰（J.B.Anouilh）二人谒见胜保，口称“现在既归和好，伊国愿拨兵数千，由上海助剿长毛，以见诚意”[2]。明确表示“借刀”。孟、董的“诚意”经钦差大臣胜保具折，九月十八日（10

1 A.E.Hake, *Events in the Taiping Rebellion*, P.85. 见茅家琦《太平天国与列强》，广西人民出版社1992年版，第224页。

2《钦差大臣胜保奏法国传教士禀称法军愿由上海助攻太平军片》，见中国史学会主编《第二次鸦片战争》第5册，上海人民出版社1978年版，第231页。

月 31 日）呈递热河。这时的咸丰正沉浸在葬送“天朝”的巨大悲愤之中，很难设想他会接受刚用大炮的怒吼把他逼到热河的对手这“友好”的表示。但他既没有婉言谢绝，也没有断然拒绝，英法联军不是还在北京吗？正好拿来退敌——条约签订，联军撤出京师原不在话下，他唯恐不速。九月二十二日（11 月 4 日）上谕说，如果有“助剿”诚意，也应等英、法两国退出北京后再议。就在这份上谕拟发的当天，法国公使葛罗拜会恭亲王奕䜣，再次表达了“助剿”的愿望。没过几天，俄国公使伊格那提也夫（N.Ignatyev）也跑来向恭亲王表示俄国“助剿”的热切愿望了。俄国是第二次鸦片战争中获利最多的国家，历史不会忘记。在近代中国，如果说英、法、美诸国列强侵华是为了追求最大的商业贸易利益（正当的和非正当的），那么，沙俄最大的侵略野心就是掠夺中国领土。在咸丰时代，沙俄的侵略目标是黑龙江流域。咸丰继位不久，为镇压太平天国运动，将驻屯在黑龙江一带的防兵抽调投入内战，边境空虚。沙俄见有机可乘，立即执行东西伯利亚总督穆拉维约夫（N.N.Muravyov）提出的“武装航行黑龙江”的侵略计划，从咸丰四年夏到咸丰六年夏两年间，三次出兵“航行”，非法侵入黑龙江下游地区，沿江上下，哨所遍布。

咸丰六年（1856），沙俄积极鼓动英、法发动第二次鸦片战争，以便乘人之危，浑水摸鱼。战争期间，沙俄军事侵略与外交讹诈双管齐下。军事上，造成武装占领的既成事实；外交上，既是英法联军的谍报员、帮凶，又以清政府的“同情者”的面貌出现，抛出诱饵，达到割占领土的目的。咸丰八年三月十六日（1858年4月29日），俄使普提雅廷（E.V.Putyatin）在大沽会晤钦差大臣谭廷襄，在提出领土要求的同时，抛出“助剿”（军事援助，按当时“天朝”的语言，即“助剿”对付英法联军）的诱饵，说“贵国兵法器械，均非外洋敌手，自应更张。俄国情愿助给器械，并派善于兵法之员前往，代为操练，庶可抵御外国无故之扰”[1]。沙俄“助剿”的外交本质，无非想用几条破枪（的确是过了时的武器），换取陷入窘境中的清政府的感恩戴德，满足领土的贪欲。咸丰没有上当。接着，四月十六日（5月28日），沙俄武力胁迫黑龙江将军奕山在瑷珲擅自签订《中俄瑷珲条约》，强割黑龙江以北、外兴安岭以南60多万平方公里的中国领土，并把乌苏里江以东40多万平方公里的中国领土划为中俄“共管”。奕山无权签订条约，咸丰坚持不予承认。沙俄不甘罢休，咸丰九年（1859）派遣伊格那提也夫使华，赋予“执行一项困难而又微妙的使命”[2]——打着“助剿”旗号继续进行外交讹诈。伊格那提也夫一到北京，便以书面形式向清政府抛出一份所谓《续增条约》，要求割让乌苏里江以东大片中国领土，增开北京、张家口等地为对俄贸易城市——沙俄胃口太大，连京师都要对它开放，岂不是笑话？结果不言而喻。

讹诈的良机来了。咸丰十年这个多事之秋，英法联军攻入

1 贾祯等编：《筹办夷务始末（咸丰朝）》卷二十一，中华书局1979年版，第732页。
2 ［俄］A.布克斯盖夫登男爵：《1860年〈北京条约〉》，商务印书馆1975年版，第5页。

京师，留京督办和局的恭亲王，慌乱中把伊格那提也夫当作救命稻草，请其出面说合、调停，求和心切，恭亲王什么条件都敢答应。《中英北京条约》《中法北京条约》签订后，伊格那提也夫以“调停有功”为名，立即向恭亲王索取报酬，并以“兵端不难屡兴”相威逼。和局好不容易办成，岂能再兴“兵端”？恭亲王惊魂未定，甚至当英法联军撤离后，他还相信伊氏可以“召回”他们二占京师的鬼话。十月初二日（11 月 14 日），经咸丰批准，奕䜣与伊格那提也夫签订了《中俄北京条约》。条约规定：《中俄瑷珲条约》有效；乌苏里江以东 40 万平方公里的中国领土归入俄国版图；中俄西部未定边界的走向，应“顺山岭、大河之流及现在中国常驻的卡伦（哨所）等处”为界线（据此派生出四年后的《中俄勘分西北界约记》，又使中国丢失 44 万平方公里的领土）；俄国在库伦（今蒙古国乌兰巴托）、喀什噶尔（今新疆喀什）设立领事官。《中俄北京条约》是中国近代史上危害最巨、最大的不平等条约，而这又与恭亲王奕䜣的名字联系在一起。一年后，奕䜣与一位外国外交官闲谈，当他听说《北京条约》签订后，英法联军“丝毫没有意思在中国留下一兵一卒”时，惊得目瞪口呆，马上联想起伊格那提也夫的讹诈，急忙追问：“是不是说我们被欺骗了？”对方回答：“完完全全的被欺骗了。”[1] 奕䜣懊悔不已，差一点瘫倒。因为他的受骗，中国丧失了大片国土！

---

1 米歇：《阿利国传》，见中国史学会主编《第二次鸦片战争》第 6 册，上海人民出版社 1979 年版，第 545 页。

伊格那提也夫诈骗得逞，心满意足，思以“回报”——包藏更险恶的居心。条约签订后，他立即向恭亲王表示帮助清政府“教铸枪炮”——这是另一种形式的“助剿”——针对“发捻”。他说，中国“发捻”横行，都是因为火器太差劲，有鉴于此，俄国极想派“数人来京，教铸枪炮，一并教演”[1]。十月七日（11 月 19 日），伊格那提也夫圆满完成“困难而又微妙的使命”，准备回国邀功，来向奕䜣辞行，奕䜣、宝鋆、麟魁等在广化寺接待了他，谈论的中心话题还是“助剿”：中国从陆路进剿，俄国“拨兵三四百名，在水路会击”，直接出兵。

法、俄都高唱“助剿”，恭亲王不仅是动心，而且表现出浓厚的兴趣。他已经看清，洋人虽然穷凶极恶，但并没有推翻大清王朝的意思，不过是“肢体之患”“肘腋之患”，而“发捻”却是“心腹之患”，一日不除，一日难安，“攘外必先安内”，这是历史的经验，也是现实的需要。要“安内”，洋人是一股可以利用的力量，既然主动“借刀”，何乐而不为呢？

十月十一日（11 月 23 日），他在给皇上的奏折中声称，“借师助剿”有很多好处，本朝元气可以渐复，洋人胜也不免折损，败更可以消其桀骜之气（在这里，“借师助剿”无异于“以毒攻毒”）。奕䜣唯恐咸丰帝不开窍，又上奏折，引用三国“联吴伐魏”的故事加以启发，阐述“借刀”的必要性，说，天下大势，如三国鼎立，“蜀与吴，仇敌也，而诸葛亮秉政，仍遣使通好，

1 贾祯等编：《筹办夷务始末（咸丰朝）》卷六十九，中华书局 1979 年版，第 2601 页。

约共讨魏。彼其心岂一日而忘吞吴哉?”[1]那意思是说，清朝应像蜀国对待吴国那样对待西方列强，与之结成同盟。诸葛亮可以联吴抗曹（操），本朝同样可以与仇敌联合讨伐“发捻”。至于“彼其心岂一日而忘吞吴哉?”是强调，与列强联合镇压“发捻”，只是权宜之策，国耻岂能忘?“吞吴”当然不可能，眼下毕竟不是三国时期，如何“御夷”与列强抗衡，那是下一步的事。

“借师助剿”由皇弟明确提了出来，所列理由不为不充分，但咸丰疑虑重重，“发捻”大逆不道，罪不容诛，可是洋人也不好对付，“借刀”的背后隐藏着什么，看不透，如“借”不好砍了自己，太不值得。他犹豫彷徨，举棋不定。还是听听地方大吏们的意见再说。

奕䜣“借师助剿”的“救急之方”通过上谕颁到两江、浙江等地前敌督抚大吏手上，如何是处，要求“迅速奏明”。信息反馈回来，意见参差，各持一端。江苏巡抚薛焕表示赞成，只要洋人能出兵“会剿”，多给些“兵费”也划算。浙江巡抚王有龄与薛焕意见一致。攻捻统帅漕运总督袁甲三投反对票：打了多年的烂仗，付出成千上万的生命代价，仍不能戡平大乱，俄国拨几百名士兵就能收到夹击之效，鬼才相信！洋人贪得无厌，胜则索赏，船只损坏或兵丁伤亡，勒索赔偿无算。更可怕的是，洋人与“发逆”信仰相同，难保不暗中串通，一旦招来，不仅是引虎入室，并且为虎添翼，有害无利，还是丢掉幻想吧！钦差大臣督

1 贾祯等编：《筹办夷务始末（咸丰朝）》卷七十一，中华书局 1979 年版，第 2674 页。

办江南军务的两江总督曾国藩也不敢相信几百名洋兵就能把“发捻”怎么样，但他并不反对“借师”，只是主张暂时从缓。

咸丰览奏，没有明确表态，他把这些意见汇总交给奕䜣，命研究后给出一个结论性的意见。

皇上态度暧昧，恭亲王摸不着头脑。而且，反对派的意见不是没有道理。另外，列强之间矛盾重重，特别是英、俄之间，都想控制中国。眼看俄国的影响不断增强，英国走向了另一个极端：反对“助剿”。当恭亲王就俄、法“助剿”问题征询威妥玛的意见时，威妥玛毫不客气地说：剿“发捻”是中国自己的事情，如向他国“借师”，他国理所当然要把攻克的城池据为己有，俄、法如此，英国也是一样，印度成为英国的殖民地，就是铁证。看来，“借师助剿”可以救急，但并不一定是良方。十二月十四日（1861 年 1 月 24 日），奕䜣复奏皇上，同意反对派的主张，对心腹之患“发捻”，还是“就现有兵力设法攻剿，不可贪目前小利而贻无穷之患”[1]。

“借师助剿”虽然搁浅，但恭亲王并没有放弃，随着咸丰十一年纷扰之夏的到来，他和皇兄一样焦灼，局势不断恶化，他似乎感觉到大清王朝这艘“破烂不堪的头等战舰”[2]正在滑向深渊。要挽救沉沦的命运，哪怕饮鸩止渴也在所不惜了。这一点，连外国人也觉察到了。四月一日（5 月 10 日），英国驻广州领事

1 贾祯等编：《筹办夷务始末（咸丰朝）》卷七十二，中华书局 1979 年版，第 2695 页。
2 转引自承德市文物局、中国人民大学清史研究所编：《承德避暑山庄》，文物出版社 1980 年版，第 196 页。

罗伯逊（Robertson）在致英国印度事务部官员阿斯登（Alston）的一封密信中说："局势一天一天恶化，如果叛军再有很大进展，北京朝廷就会四处寻找外国援助的。"[1]不过，英国仍然保持"中立"，这样，局势进一步恶化，可以待价而沽，沉着态度愈久，"他们就愈要付出高价来争取我们的友谊和支持"。[2]

的确，恭亲王在不断地捕捉"借师助剿"的机会。这年夏天，他努力将上年与俄国议定的借俄国教练在恰克图训练中国兵（"恰克图练兵"）的计划付诸实施（直到秋天才落实）[3]，同时，向皇兄一次又一次传递"借刀"的隐语，甚至说出"中外同心，以灭贼为志"那样的明言。[4]这时的奕䜣没有明目张胆地奏请"借师助剿"，是因为皇兄被一批反对"借师助剿"的死硬派——肃顺集团所包围。他们不时在皇上耳边吹风，说恭亲王在京与洋人打得火热，勾结洋人谋篡皇位云云，还暗地里送给奕䜣一个外号——"鬼子六"（恭亲王排行第六，"鬼子"指与洋人沆瀣一气、狼狈为奸或里通外国的人）。兄弟之间嫌隙不断扩大，恭亲王不能不格外小心。

面对纷扰之夏，面对皇弟隐晦的"借刀杀人"之请，咸丰

1 严中平：《一八六一年北京政变前后中英反革命的勾结（续）》，《历史教学》1952年第5期，第16页。

2 ［英］呤唎：《太平天国革命亲历记》，王维周译，上海古籍出版社1985年版，第325页。

3 王景泽：《沙俄对清军事援助与1861年恰克图练兵考论》，载《求是学刊》1993年第6期。

4 胡绳：《从鸦片战争到五四运动》，人民出版社1981年版，第230页。

陷入深深的矛盾之中。他很想“借刀”，恨不得一夜之间把所有的“发捻”斩尽杀绝。但他疑虑重重。“借刀”是要付出代价的，这是历史的经验，远的不说，就清朝的历史而言，当年吴三桂不是借多尔衮的兵剿李自成吗？结果怎样呢？清军入关，主宰中原。本朝的故事，咸丰不会陌生。如今虽然“天朝”崩溃，但“夷夏之防”在这位走不出“围城”的过时的皇帝心中还是那么巍峨，要他屈尊与洋人勾结，“是一件痛苦的事”[1]，何况所借的“刀”砍过自己，巨创久久不能愈合，不到山穷水尽，他绝不会轻易“借刀”。

面对纷扰之夏，咸丰皇帝对“借师助剿”不置一词。

1 茅家琦：《晚清史论》，河南人民出版社 1989 年版，第 224 页。

第五章

龙驭上宾：咸丰驾崩之后

“蛋壳破碎”，咸丰皇帝在“忧心焦思”的焦虑煎熬下，选择了以“醇酒妇人自戕”的方式慢性“自杀”。“龙驭上宾”，接踵而来的是一场惊天大阴谋的酝酿。

入夏以来，咸丰皇帝龙体不安，他想在山庄静心调养，偏偏夏季多事，纷纷扰扰。他极力摆脱这一切，可是作为一朝天子，怎能闭目塞听、逍遥物外呢？他的病情时轻时重，时好时坏，重时“咳嗽不止，红痰（鲜血）屡见”[1]。拖到入秋，局势未见好转，龙体却已不支。咸丰十一年七月十七日（1861 年 8 月 22 日），皇帝“龙驭上宾”，病死在山庄“烟波致爽”殿，终年 31 岁。根据御医诊断，咸丰死于“虚痨”（肺结核）。“人生自古谁无死”，皇上虽然被称为“万岁”，仍不能“万寿无疆”，免于一死。可咸丰年仅 31 岁，刚过而立之年就撒手归西，时人在为他的“短命”惋惜之余，也免不了探究一番“短命”的根源——因为他不是一般人，他的命运与大清王朝的命运息息相关——寻来觅去，归结到了一点：风流！稗官野史对咸丰皇帝沉湎酒色的记载可谓多矣，谁也不能漠视这一事实，可是咸丰何以那样不“自爱”，堕落到连命都不顾惜的地步，却很少有人深究。尘封的日子太久，

1 故宫博物院明清档案部编：《清代档案史料丛编》第 1 辑书前图三，中华书局 1978 年版。

我们还能还原历史的真相吗？笔者不自信，只能说试试看。这里愿与读者一道，尽力拂去历史的尘埃，探寻咸丰“堕落”（这个词用在皇帝身上不一定合适）的轨迹以及他的“堕落”与王朝命运之关联，“龙驭上宾”对政局的影响，特别是与不久之后发生的那场惊心动魄的宫廷政变有何内在关系。

一、破碎的蛋壳

人生像是一座大舞台，谁都想尽力扮演好自己的角色，当然谁都可能遇到许多意想不到的障碍、挫折。面对挫折，有的人迎上前去，不畏坎坷，以坚强的意志披荆斩棘，走出一条血迹斑斑的成功（或不成功）之路——“成功”的绝对意义就是自强不息的自我实现的过程。而有的人则在挫折的打击下消沉下去，醉生梦死，无论什么样的强刺激也无法改变其脆弱的人生，心理学形象地称这类人为“破碎的蛋壳”。咸丰皇帝奕詝的人生轨迹就有点像“破碎的蛋壳”。

咸丰从继位那天起就雄心勃勃，立志做个明君圣主。毕竟20来岁，正是朝气蓬勃、奋发有为的时光。他对先帝道光统治时期不黑不白、不痛不痒的局面虽然不敢也不能妄加非议，但委实看不下去。政治腐败、兵备废弛、国势不振，归根到底，都是政治统治的昏暗和无效性造成的，他决心要刷新政治。

先帝道光时期，十余年间“无一人”陈时政得失，“无一折”

言地方利病，这种“万马齐喑”的局面不加改变，大清帝国这艘“破烂不堪的头等战舰”真的会沉没。咸丰求治心切，一登上皇位，立即下诏求言，要求凡九卿科道有言事之责者，对用人、行政事宜，各抒己见，据实直陈，以备皇上采纳。这是咸丰刷新政治的第一大举措。

皇帝孜孜求治，做臣子的当然不敢怠慢，纷纷应诏陈言。道光三十年二月二十九日（1850年4月11日）大理寺卿倭仁、三月初十日（4月21日）通政使罗惇衍、三月十一日（4月22日）左副都御史文瑞、四月初七日（5月18日）内阁学士车克慎等先后具疏直谏，都受到咸丰皇帝的“嘉纳”、称赞。[1] 这是难能可贵的开端。皇上英明，大清王朝有了一丝朝气。

在应诏陈言的参政议政活动中，后来决定清朝运势，至今聚讼纷纭的关键人物曾国藩崭露头角，引起咸丰的格外注意。曾国藩是本书的中心人物，对其生平不能不略加介绍。

曾国藩，原名子城，字伯涵，号涤生，嘉庆十六年十月十一日（1811年11月26日）出生于湖南湘乡白杨坪一户普通农家。由于曾国藩后来的丰功伟绩，关于他的出世，传出许多异闻，顺笔涉话，不妨多说几句。

曾国藩出生时，他的曾祖父曾竟希还健在，年届古稀，在他降世的前天夜间，忽梦有巨虬（传说中的一种龙）自空中蜿蜒而下，直入曾宅，头悬于梁，尾盘于柱，鳞甲灿烂，老人被惊醒

1 徐立亭：《咸丰 同治帝》，吉林文史出版社1993年版，第42页。

了。第二天早起，老人坐在屋檐下，想着昨夜的奇梦。正静思中，忽听隔室“哇”的一声，老人知道这是孙媳江夫人产子了，接着家人来报，恭喜他添了个曾孙。老人顿有所悟，召来曾国藩生父曾麟书，告知昨晚异梦，说此儿有些来历，要好生养育，将来必光大曾家门楣。曾麟书唯唯诺诺。说来也巧，就在曾国藩出世的当日，曾家屋后长出苍藤，缠绕于树，树死而苍藤日益苍翠繁茂，垂荫一亩，世所罕见。这一巨藤，乡人称之为“蟒蛇藤”，其形状恰似竟希翁梦中所见巨虬。巨藤与曾国藩同生同死，令人感到怪异。更奇的是，曾国藩一身怪癣，终生不愈，经常把他折腾得坐卧不安。怪癣发作时，痛痒难耐，双手抓搔，皮屑飞扬。而其抓搔的姿态，又似虬龙张牙舞爪。饶州知府张澧翰，善于相面，观察曾国藩相貌，“端坐注视，张爪刮须，似癞龙也”[1]。虬入梦，蟒蛇藤，癣如鳞，种种怪异杂凑一起，世人牵合附会，于是有了曾国藩癞龙转世的传说。过去的中国人很喜欢造神，大凡历史巨人，经历非凡，从生到死可以编造出许多神话来。曾国藩癞龙投胎的传说，现在人们觉得可笑，但在当时是顺理成章，毋庸置疑的。传说归传说，并不是信史，因此，我们的笔锋还是转到现实中的曾国藩身上来。

曾国藩6岁入学，在祖父、父亲的督责下，奋发向上，勤于章句，刻苦自励，胜不骄，败不馁，经过20多年的寒窗苦读，道光十八年（1838）中进士，点翰林，终于叩开了科举之门，转

1 薛福成：《庸盦笔记》卷四，江苏人民出版社1983年版，第92页。

入仕途。

科举时代的翰林，前途非常远大，外则总督、巡抚，内则大学士、尚书、侍郎，多由翰林出身。曾国藩进入翰林院，是他人生旅途中的一个里程碑。他一向志向高远，“器宇卓荦，不随流俗”，既入翰林，“遂毅然有效法前贤澄清天下之志”[1]。从此以后，他更名“国藩”，意即为国屏藩，以期实现其远大的政治抱负。

曾国藩入京为官，仕途畅达，青云直上。道光二十年（1840）授翰林院检讨，次年派国史馆协修官，道光二十三年（1843）以翰林院侍讲升用。清代官员的官阶分为九品，每品之中，又有正、从两级，人称“九品十八级”。曾国藩初官翰林院检讨为从七品，翰林院侍讲则为从五品，三年之中连跃四级，官升得不可谓不快。此后，他更是左右逢源，官运亨通。道光二十五年（1845）升詹事府右春坊右庶子、翰林院侍讲学士（从四品），道光二十七年（1847）再蒙皇上破格天恩，授内阁学士兼礼部侍郎衔。内阁学士本为从二品，如兼侍郎衔就是正二品，难怪他在《禀祖父》的家书中兴奋地说：“由从四品骤升二品，超越四级，迁擢不次。”[2]这年他仅37岁，“湖南三十七岁至二品者，本朝尚无一人”[3]。道光二十九年（1849），曾国藩升授礼部侍郎，此后遍兼兵、工、刑、吏各部侍郎，人称“侍郎专家”。

曾国藩从道光二十年入仕为官，到道光二十七年荣升内阁学

1 黎庶昌：《曾国藩年谱》，岳麓书社1986年版，第5页。

2《曾国藩全集（修订版）》第20册《家书之一》，岳麓书社2011年版，第131页。

3《曾国藩全集（修订版）》第20册《家书之一》，岳麓书社2011年版，第133页。

士兼礼部侍郎，七年间连跃六品十二级，这在当时的确是不多见的。这对生于湘中农家，从田野里走出来的曾国藩来说，诚可谓“朝为田舍郎，暮登天子堂”了。

曾国藩如此飞黄腾达，官运亨通，当然不无原因。这原因有内在的，也有外在的。所谓内在的原因，即曾国藩本人博学多才，涵养高深，为士林所嘉许。所谓外在的原因，说俗了就是朝中有人帮忙。“朝中有人好做官”，“有人”就是有后台，不然，能耐再大，没有机缘，也是枉然，这是帝制时代中国政治史上的一大特色。曾国藩官运亨通，在很大程度上得益于“有人”提携，这个人就是一人之下万人之上的朝廷重臣穆彰阿（下文详述）。道光二十三年（1843），翰詹（翰即翰林院，詹即詹事府，均为“储才重地”，性质一样，一般并称“翰詹”）大考，穆彰阿为总考官，考试结束后，穆彰阿便向曾国藩索取应试诗赋，曾国藩随即回住处誊清，亲自送往穆宅。这次拜访成为曾国藩飞黄腾达的新起点。在此之前，他的品秩一直滞留未动，从此之后，几乎年年升迁，岁岁加衔，七年之内由从七品一跃而为二品大员，前后的变化是极为明显的。一些稗史曾对曾国藩官运的这一转机做过生动的描述：一天，曾国藩忽然接到次日召见的谕旨，当晚便去穆彰阿家中暂歇。第二天到了皇宫某处，却发现并非往日等候召见的地方，结果白白等了半天，只好退回穆宅，准备次日再去。晚上，穆彰阿问曾国藩说：“汝见壁间所悬字幅否？”见曾国藩答不上来，怅然曰：“机缘可惜。”因踌躇久之，则召干仆某，谕之曰："汝亟以银四百两往贻某内监，属其将某处壁间字幅炳烛代录，此金为酬也。"明晨入觐，则皇帝所问"皆壁间所悬历朝圣训也。以是奏对称旨，并谕穆曰：'汝言曾某遇事留心，诚然。'"从此以后，曾国藩"骎骎向用矣"。[1]不难想见，穆彰阿在曾国藩的升迁过程中，起了何等重要的作用。

曾国藩既入仕为官，参政就是其生活中的大事。道光二十七年（1847）以前，他主要在翰林院读书，远离政治生活，直到这年升授内阁学士兼礼部侍郎，才开始涉足政治。之前作为一名实学家（"实学"，简单地说就是"经世致用"的学问。所谓"经世致用"就是学问有益于、有用于国计民生），他对国计民生表现出了极大的关注，现在既已登上政坛，理所当然要大展实学家的政治抱负。在掌管全国庶政的"六部"中，曾国藩担任过礼、吏、兵、刑、工五部的侍郎，对政情利弊、官场风习、民间疾苦、武备良窳、山川形势都有透彻的了解，有着政治家的远见。可是，几年过去了，他的政治才干竟无法施展，精神极度苦闷。

道光皇帝逝世，新皇帝励精图治，下诏求言，一心想刷新政治，正愁没有用武之地的曾国藩受到鼓舞，看到了新的希望。道光三十年三月初二日（1850年4月13日），曾国藩鼓起勇气，上了著名的《应诏陈言疏》，对用人问题直抒己见，认为用人、行政自古相提并论。方今人才不乏，关键看皇上的妙用。人才问题，大抵有转移之道，有培养之方，有考察之法，"三者

1 张辉主编：《曾国藩之谜》，经济日报出版社1995年版，第115页。

不可废一”。

所谓转移之道，是什么？据观察，京官办事有两个通病，一是退缩，二是琐屑。外官办事也有两个通病，一是敷衍，二是颟顸。退缩的，互相推诿，不肯任劳任怨；琐屑的，斤斤计较，不顾大局；敷衍的，只顾目前剜肉补疮，不问将来如何；颟顸的，一意粉饰，表面完好，中已溃烂。有这四种通病，积习相沿，但求苟安无过，不求振作有为，将来一旦国家有事，必有乏才之患。要改变这种风气，应提倡学术。汉臣诸葛亮说，“才须学，学须识”，这是至理名言。人知好学，又必须有皇上以身作则，这是改变风气的关键。皇上逐日让人进宫讲学，四海传播，人人响应，十年以后，人才必然大有起色。

所谓培养之方，是什么？内阁、六部、翰林院是人才荟萃的地方，将来在京则任卿相，外放则总督巡抚，大约不出这八个衙门。这八个衙门，人才数千，皇上不能一一周知，培养之权，不得不责成于堂官。所谓培养，有以下几个方面：一是教诲，二是甄别，三是保举，四是超擢（越级提拔）。堂官对于司员，说句嘉奖的话，则受感动而希图有功，说句责惩的话，则会畏惧而思改过，这种教诲是不可迟缓的。杂草不除，则兰花减色，害马不去，则骐骥短气，这种甄别同样不可迟缓。至于保举、超擢，更有成案可循。曾国藩曾经议论说，人才就好像是禾苗，堂官的教诲，就好像播种；甄别就好像除去杂草；保举就好像灌溉；皇上的超擢，就好像降了及时雨，禾苗勃然生长；堂官常常到官署，好像农夫天天到田间，才能熟悉农事。现在各衙门的官吏，多半是内廷行走的人员，或几个月不能到署，与司员互不相识，如何能让皇上知悉？数千人才，近在眼前，不能加意培养，甚为可惜。以国藩之见，每部必须有两三个堂官不入内廷，让他们每日到署，与司员相互砥砺，属官性情、心术，一一知悉。皇上不时询问，某人有才，某人直率，某人有小知，某人可担大任，广泛考察，然后保举之法，甄别之例，按章进行，偶有越级提拔，“楩枬”一长，“草木”精神为之一振。这就是培养的方法。

所谓考察之法，是什么？就是广开言路，鼓励九卿科道、督抚藩臬，指陈时政得失、地方利病、主德隆替、臣子过失，借奏折为考核人才的工具，直言不讳，群言并进，浮伪之人可去，贤能之才可出。[1]

曾国藩的《应诏陈言疏》，对前朝吏治腐败痛下针砭，切中时弊，希望新皇帝力挽“吏治日坏，人心日浇”的颓风，刷新政治，祛除“退缩”“琐屑”“敷衍”“颟顸”的通病，而使吏治步上清明的轨道。他的转移人才之道，培养人才之方，考察人才之法的人才观，体现了“为政在人”的政治哲学，这是有远见的。咸丰览奏，颇有些震动，曾国藩的奏疏太率直了！疏中没有阿谀之词，句句刺到痛处，咸丰不能不承认，所陈时政得失，“剀切明辨，切中事情”，着实难能可贵。

咸丰决心整顿吏治，曾国藩更有信心。太平天国运动爆发，

1《曾国藩全集（修订版）》第1册《奏稿之一》，岳麓书社2011年版，第5页。

民众运动如火如荼，而吏治腐败依然如故，如何应对？曾国藩认为，关键在于一国之君的态度、决心。为了大清帝国的国运，他决定冒死犯颜，把矛头直指当今皇上，咸丰元年四月二十六日（1851 年 5 月 26 日），他呈上一个令官场震惊、皇上咋舌的《敬呈圣德三端预防流弊疏》，直言皇上的美德有三个方面，而这三个方面又各有其流弊，不可不防微杜渐。

皇上的“圣德”之一是“敬慎”。每当祭祀的时候，仰望皇上严肃恭敬，跬步必然谨慎，就是寻常小事，也务必推求精到，这是敬慎的美德，但如果不及早辨别，就会出现“琐碎”的流弊，这是不可不预防的。琐碎之弊就是因小失大。臣子在小事上刻意求精，谨小慎微，唯恐因小节而被谴罚，如此则国家大计必有疏漏而没有时间去深究了。国家大计如广西用兵，人事安排、审度地利、慎重军需，都未尽妥善。更奇怪的是，军兴一年，外面既没有地图进呈，而宫内有康熙舆图、乾隆舆图，竟没有枢臣拿出呈皇上熟视审计。诚使皇上豁达远观，不苛求细节，则为臣子的不敢从小的方面谨慎自持，不敢因寻几个字而绞尽脑汁，必然深思远虑，追求大的解决艰难时局的办法。曾国藩的批评，对于当时皇帝和群僚百官遗大务小、避重就轻、媚上求宠的作风，简直是无情的棒喝，痛切之至。

皇上的“圣德”之二是“好古”。皇上日理万机之余，还钟情于典籍，游艺等方面也效法前贤，这是好古的美德。而分辨不细，就有崇尚文饰的流弊，也不可不预防。文饰之弊，在尚虚文而不务实际。自广开言路以来，岂能没有一二上乘之计？然而它们的归宿，大多以“无庸议”三字了之，徒饰纳谏的虚名。自道光中叶以来，朝臣风气专尚浮华，小楷工益求工，试律巧益求巧，用人但观其举止便捷、语言圆妙，而不问其有无真才实学，流风所被，贻害无穷。皇上春秋鼎盛，应明示天下敦崇实效，不尚虚文，杜绝文饰之风。曾国藩对咸丰用人拘于时弊的指摘，诚可谓不遗余力。

皇上的“圣德”之三是“广大”。皇上娱神淡远，恭己自怡，心境开阔，天地无私，这是广大的美德。然而，如果辨别不精，恐怕厌薄恒俗而滋长骄矜之气，尤其不可以不防。去年求言的诏书，本以用人与行政并举，可是最近两次谕旨，却说“黜陟大权，朕自持之”，好像奉天行事，岂容臣下发表议论？殊不知天视自民视，天听自民听。皇上选拔人才，罢免官吏，应以民众的舆论为转移。眼下军务警报，皇上独任其劳，一人运筹，臣子没有分担忧愁。假使广西不能迅速平定，这是朝野共同忧虑的，如广西迅速平定，皇上也许会以为天下没有难办的事，这就是骄矜的萌芽，微臣最为担心。禹曾告诫舜说：“不要像丹朱那样傲慢。”周公告诫成王说：“不要像殷王那样迷乱。”舜与成王，何至如此？诚恐自矜之念萌生，就会越来越觉得直言可憎，越来越觉得阿谀可亲，流弊就将无法制止。[1] 如此大胆、率直地指摘皇上自以为公正开明而其实已蹈拒谏饰非之误，这在当时，恐怕只

1《曾国藩全集（修订版）》第1册《奏稿之一》，岳麓书社2011年版，第23页。

有曾国藩一人有这种初生牛犊不畏虎的勇气，其伉直的风骨，足以让那班阿谀邀宠的达官贵人无地自容。

帝王政治的最大弊病就是专制，皇帝有黜陟大权，甚至喜怒哀乐之间，决定臣子的生杀予夺。曾国藩所上《敬呈圣德三端预防流弊疏》，对当时的政治风气及皇帝个性提出尖锐批评，冒犯了天威。假如皇上因此动怒，曾国藩的命运将如何，实不可测。这一点，曾国藩最清楚不过了。他在《家书》中说："折子初上之时，余意恐犯不测之威，业将得失祸福置之度外矣。"

果然不出所料，咸丰皇帝读了奏疏，大为震怒，将奏疏抛掷于地：曾国藩吃了熊心豹子胆，竟敢对朕妄加非议，这还了得！如不严加惩治，如何警诫将来！在旁的军机大臣祁寯藻一再疏解，说"敢言必能负重"，将来必有大用。咸丰静下来想想，觉得有理，不仅没有加罪于曾国藩，反而降旨褒奖他敢言，命兼署刑部侍郎。曾国藩冒死犯颜竟未受惩，自然感激皇上优容，"圣量如海"而思"尽忠图报"了。他在《家书》中表示："自是以后，余益当尽忠报国。"[1]这也说明，咸丰的"下诏求言"收到了一定的效果。

咸丰上台后为刷新政治，采取的第二大举措就是罢免穆彰阿。

穆彰阿，字子朴，号鹤舫，别号云浆山人，满洲镶蓝旗人，嘉庆十年（1805）进士，由翰林累官内务府大臣、步军统领、兵

1《曾国藩全集（修订版）》第20册《家书之一》，岳麓书社2011年版，第190页。

部尚书、吏部尚书、文华殿大学士等，最受道光皇帝信任，任军机大臣达20余年之久。鸦片战争中，他包庇走私烟贩，阻挠林则徐禁烟，诬陷林则徐、邓廷桢，主张妥协投降，支持耆英签订丧权辱国的《南京条约》。道光朝，"穆相最为贪黩"，后有人作诗云：

夸名徇权利，昔闻顺与彰。[1]

把穆彰阿及肃顺视为招权纳贿的典型。穆彰阿不仅贪，而且颇善于玩弄权术，固宠恋位，史书说他"以顺承旨意为工，阿附之外，无他语也"，皇上说东，他决不说西，一切看皇上眼色行事，有人作对联，把穆彰阿阿附之态刻画得惟妙惟肖，活现在读者面前：

著、著、著，主子洪福；是、是、是，皇上圣明。[2]

穆彰阿对上以欺罔蒙蔽为务，对下一意结党营私，利用会试、复试、殿试、朝考等衡文大权，"以师生之谊"网罗私党，培植亲信，以至于门生故吏遍布朝野，人称"穆党"。

穆彰阿是道光宠臣，权势熏天，由其把持朝政，吏治安能清

1 黄濬：《花随人圣庵摭忆》，上海古籍书店1983年版，第137页。
2 小横香室主人：《清朝野史大观》卷七《清人逸事》，上海书店1981年版，第11页。

明？道光二十三年（1843），有位不怕死的御史苏廷魁以时政乖迕，均由穆相垄断朝纲所致，抗疏数千言，立请罢黜，并请道光皇帝下罪己诏，开直谏之门。道光“览奏动容，特旨嘉奖”[1]，至于罢黜穆彰阿，没有下文。穆相还是穆相。

“一朝天子一朝臣。”咸丰继位后，要刷新政治，除下诏求贤选拔他所需要的人才外，非扳倒“妨贤病国”的穆彰阿不可。穆彰阿不识时务，自以为是先帝宠臣，在年轻的新主面前摆老资格，倚老卖老，有点不把咸丰放在眼里，甚至胆敢采取不合作的态度。咸丰御宇之初，他“遇事模棱，缄口不言”，数月之后，放肆起来，有人奏保林则徐复出，咸丰准奏，他偏偏说“林则徐柔弱病躯，不堪录用”；咸丰派林则徐为钦差大臣驰赴广西剿办太平军，穆“又言‘未知能去否’”，如此“恃恩益纵，始终不悛”，咸丰早就看不下去了，“若不立申国法，何以肃纲纪而正人心”？经“熟思审处”，充分准备，道光三十年十月二十八日（1850年12月1日），咸丰降诏，列举穆彰阿“贻害国家”的种种罪状，将其罢黜，“永不叙用”[2]。同时，号召京内外大小文武各官，激发天良，公忠体国，痛改穆彰阿执政以来因循取巧之恶习，凡有益于国计民生者，直陈勿隐，无须再顾及师生之谊、援引之恩，总而言之，毋畏难，毋苟安，守正不阿，是朕的厚望。

穆彰阿是三朝元老重臣，权倾朝野，紊乱朝纲，弄得腐败滋

1 小横香室主人：《清朝野史大观》卷七《清人逸事》，上海书店1981年版，第11页。
2 赵尔巽等：《清史稿》卷三百六十三《穆彰阿传》，中华书局1977年版，第11417页。

盛，正气不扬，咸丰断然予以罢斥，怎能不令整个官场震动呢？于是“天下称快”，人们为圣上英明果断而喝彩，颂扬圣德英武，仿佛也从年轻的皇帝身上看到大清王朝在焕发着青春。

咸丰满以为采取上述两大举措就可以刷新政治，风清弊绝，迎来王朝的中兴。他想得太天真了。改革是一项巨大的社会系统工程，非一朝一夕、几道诏令、罢斥几个当权大臣所能奏功。且积重难返，改革注定十分艰难，所有这些，咸丰并不清楚。改革措施没有起到明显的振衰起敝的效果，这与他的理想化的愿望相去十万八千里，他失望了。

大清帝国依然在原有的轨道上惯性滑行，吏治腐败，武备废弛，还是老样子。一丝清新的气息也随着太平天国运动的狂飙席卷半个中国而消散得无影无踪。须知这股巨大的“洪”流，空前绝后，即使康熙再世、乾隆复生也无法遏制，况咸丰天资平平，并无驾驭那艘“破烂不堪的头等战舰”的娴熟技能。咸丰调兵遣将，拨粮拨饷，日理万机，疲于应付也无济于事，向荣、李星沅、乌兰泰、赛尚阿、周天爵、徐广缙等先后挂帅出师，都是那么不中用，不是败就是死。“洪”流以万夫不当之势把“头等战舰”冲撞得摇摇晃晃。金陵被占，东南半壁河山就这样丢失了，咸丰忧心如焚，却又那般束手无策，无可奈何。几年来，他日复一日翘盼“粤匪”大受惩创的捷音，展开文报，又是败讯。他希望、失望、希望……最终还是失望，难道“苍天已死，黄天当立”（东汉末年张角农民起义军提出的口号，借喻为改朝换代）

吗？几年来，他已经9次亲承大祀，每次都是泪眼汪汪祈求上天和祖宗的保佑；他已两次使出任何皇帝都不轻易动用的招数——下“罪己诏”，把一切罪过都揽到自己身上，乞求上天宽宥，民众鉴谅，臣子尽心用命，可是局势没有丝毫好转，反而更坏。[1]这，究竟是为什么？

渐渐地，咸丰变了，变得不再那么自信，变得焦虑不安，变得歇斯底里，变得玩世不恭……所有这些，伴随着内忧外患的加剧变得越发不可思议。他再也不那么有朝气。蛋壳破碎了。

在咸丰的性格特征中，最突出的莫过于多愁善感。在中国历代皇帝中，也许没有哪一位皇帝比咸丰的泪水多，“忧心焦思，伤于祸乱”而不能自抑，“痛哭”也是一种发泄。当今皇上善于用“痛哭”排遣有名莫名的痛苦，早已不是什么新鲜事，史书中类似“郊宿于斋宫，夜分痛哭，侍臣凄恻”[2]、“劫灰犹未冷，銮驭泪珠多”[3]的记载，不胜枚举，读者从前文的叙述中早已领悟到了。在侍臣的印象中，咸丰眼眶好像就没干过。“男儿有泪不轻弹。”无论用过去还是用现代的眼光审视，咸丰都算不上一个标准的男子汉，尽管他的“痛哭”折射出“实堪痛哭”的时代特征。

咸丰变得不再勤政，虽然每天都要阅看奏折，发号施令，但

1 茅海建：《苦命天子——咸丰皇帝奕詝》，上海人民出版社1995年版，第78页。

2 徐树钧：《圆明园词序》，见中国史学会主编《第二次鸦片战争》第2册，上海人民出版社1978年版，第513页。

3 鲁阳生编：《普天忠愤全集·战北京》，见中国史学会主编《第二次鸦片战争》第2册，上海人民出版社1978年版，第529页。

虚应故事而已，他厌倦了，似乎没有一件令人振奋的事能让他摆脱“忧心焦思”，而一次又一次的打击、重创，使他更深地陷入“忧心焦思”中，无情地摧残、折磨着他。“忧心焦思”时相伴（心理学称“焦虑症”），致其身心交瘁，一步步把苦命天子送上未老先衰的死亡边缘，以笔者愚见，这实在是“龙驭上宾”的一大要因。

何以解忧？唯有杜康。酒可以使人麻醉，暂时摆脱“忧心焦思”的煎熬。咸丰与酒结下了不解之缘。有史书记载，咸丰“嗜饮”，特别钟情于酒，每饮必酩酊烂醉，“每醉必盛怒，每怒必有一二内侍或宫女遭殃”，不是被拉出去砍头，就是被恣意凌辱，虽受宠者也难幸免。这哪还是什么九五之尊，简直就是醉鬼无赖。酒醒时分，他不免为自己的醉行悔恨，对幸免者宠爱有加，多给赏赐，可是“未几而醉”，故态复萌。[1]

皇上喝的酒用不着“打假”，肯定是上好的佳酿，可是这酒的滋味醇乎？皇上心中最清楚，他在御制诗中慨叹：

一杯冷酒千年泪，数点残灯万姓膏。[2]

笔者自恨笔拙，无法将“一杯冷酒”“数点残灯”“千年泪”的复杂情感和盘托出，只好请读者自己细细咀嚼，体味破碎的蛋

---

1 许指严：《十叶野闻自叙》，见《史说慈禧》（《慈禧纪实丛书》之二），辽沈书社 1994 年版，第 25 页。

2 徐珂：《清稗类钞·文学类·文宗慨时有诗》，中华书局 1984 年版，第 3945 页。

壳破碎的心吧。

借酒浇愁愁更愁。咸丰无法摆脱“忧心焦思”的困扰。他是一国之君。

对酒当歌，人生几何。顾影自怜，咸丰时常为自己的苦命悲伤，初登大位的雄心壮志，被内忧外患摧折得荡然无存，他变得消极遁世，得过且过。当英法联军进军北京、火烧圆明园时，他携后妃仓皇出逃热河，途中驻足，御书“且乐道人”四个大字，命人张贴。在这样的非常时期，“安有自求逸乐之理”[1]？他的心态已被外患和内忧的合力扭曲变形，说他玩世不恭一点儿也不为过。从外表上看，这的确是不可思议的“玩世”，但“且乐道人”的内中却是一颗快要停止跳动的滴血的心，这才是真实的咸丰皇帝。

美酒可以使人麻醉，美女也可以使人失魂落魄，忘乎所以，暂时摆脱“忧心焦思”的煎熬。咸丰变成了“好色”之徒。在清代历史上，没有哪一位皇帝留下像咸丰那么多的风流韵事（他的儿子同治皇帝也足够风流，但难以望其项背）。妃嫔成群不说，另有杏花春、武陵春、牡丹春、海棠春（人称“四春”，加上“天地一家春”那拉氏，又称“五春”，均宠之专房）等，不一而足，连“曹寡妇”——“有山西籍孀妇曹氏，色颇姝丽，足尤纤小，仅及三寸，其履以菜玉为底，衬以香屑，履头缀明珠。入宫

1 徐珂：《清稗类钞·宫闱类·孝贞后娴礼法》，中华书局 1984 年版，第 376 页。

后，咸丰帝最眷之，中外称为曹寡妇云”[1]——也被金屋所藏，至于“不知谁氏”又不知凡几。更可笑的是，作为至高无上的皇帝，居然与臣子争风吃醋。据野史记载，有个叫朱莲芬的雏伶，貌美冠诸伶，善昆曲，歌喉娇脆无比，还能作小诗，工楷书，为咸丰所嬖，不时传召。而陆御史（据说是常熟陆懋宗）也狎朱莲芬，因不得常见，闷闷不乐，遂上奏皇上，直言极谏，引经据典，洋洋数千言。咸丰览奏，忍俊不禁，大笑“陆都老爷醋矣”，立即手批其奏，云：

> 如狗啃骨，被人夺去，岂不恨哉？钦此。[2]

风流滑稽如此。此事经第三者龚引孙抖出，遂成笑谈。

咸丰的确很风流，人人都认为他风流，事实俱在，笔者否认不了，但如果认定咸丰渴望“风流”，则是没有把他看透。以笔者浅见，沉湎酒与色，是一件事的两面，都是为了逃避“忧心焦思”，既然无法承受内忧外患带来的精神压力，唯一的办法就是“卸载”，把自己灌醉是一种途径，纵情声色也是一种选择，殊途同归，皆为一时的解脱。暂时解脱后，“忧心焦思”又涌上心头，然后是变本加厉地“卸载”……愈陷愈深。如史书所说：“咸丰季年，天下糜烂，几于不可收拾，故文宗（咸丰）以醇酒妇人自

1 小横香室主人：《清朝野史大观》卷一《清宫遗闻》，上海书店1981年版，第68页。
2 小横香室主人：《清朝野史大观》卷一《清宫遗闻》，上海书店1981年版，第68页。

戕。”[1]他在自践“自戕”，把自己送上毁灭之路，这是一种残忍而特别的慢性“自杀”方式。笔者实在不敢相信，堂堂一国之君竟颓废到如此地步！这岂止是他个人的不幸？

精神崩溃了，躯体也在“旦旦戕伐”中摧垮了，尽管他有“饮鹿血”的“疗疾法”，据《清稗类钞·饮食类》记载：“文宗御宇时，体多疾，面常黄，时问医者以疗疾法，医谓鹿血可饮。于是养鹿百数十，日命取血以进，迨咸丰庚申，英法联军入京，焚圆明园，徇协办大学士肃顺等之请，幸热河。肃顺辈导之出游，益溺于声色。辛酉，咯疾大作，令取鹿血以供。仓卒不可得，遂崩。”咸丰十一年七月十七日（1861 年 8 月 22 日），他终于彻底解脱了。这一天，咸丰死于肺病。致病之由，乍看是沉溺于“醇酒妇人”，根本原因还是“忧心焦思”的“焦虑症”。他的死，烙上深深的时代印记，折射出“幻灭”的时代特征。

二、“肃老六”与“鬼子六”

七月十六日（8 月 21 日）夜半，生命垂危的咸丰从昏迷中醒来，自知将不久于人世，急忙传谕宗人府宗令、御前大臣、军机大臣前来“定大计”——安排后事。咸丰只有一个儿子，即年方 6 岁的载淳。用不着“秘密建储”，载淳是不争的皇位继承人。

1 小横香室主人：《清朝野史大观》卷一《清宫遗闻》，上海书店 1981 年版，第 68 页。

但 6 岁的孩子，如何能管理国家？传国大计，非同儿戏，咸丰早有考虑，已胸有成竹。这时的他，手颤不能执笔，只能口授两道“遗诏”：一、立载淳为皇太子；二、命怡亲王载垣、郑亲王端华、协办大学士肃顺、额驸（驸马）景寿、兵部尚书穆荫、吏部左侍郎匡源、礼部右侍郎杜翰、太仆寺卿焦祐瀛等八大臣为赞襄政务王大臣，辅佐新君施政，“赞襄一切政务”[1]。后来肃顺集团执掌着朝政，而位跻亲王的奕䜣，竟没有赞襄的分儿，不仅面子上过不去，而且再也无法忍受肃顺集团的专权跋扈。“肃老六”与“鬼子六”权力之争随着咸丰皇帝“龙驭上宾”正式拉开了序幕，接着上演的将是一场惊心动魄的宫廷政变。

恭亲王奕䜣（“鬼子六”），读者已经比较熟悉了，而“肃老六”肃顺，我们前面只是提到他，“挂起”这么久，该他登台亮相了。也许读者会发问：他从哪里来？为什么会成为咸丰皇帝最亲近最信赖的宠臣？他扮演什么角色？他与恭亲王之间为什么势不两立？这些问题，理应交代清楚。

爱新觉罗·肃顺，字雨亭（又作豫庭），满洲镶蓝旗人，郑亲王乌尔恭阿（清太祖努尔哈赤之侄济尔哈朗七世孙）第六子，人称“肃老六”，郑亲王端华的异母弟，其人“状貌魁梧，眉目耸拔”，而且“记忆力强”，见人一面，终身能道其相貌。

青少年时代的肃顺，是一名“惟酒食鹰犬是务，无所知名”[2]

1《朱谕着派怡亲王载垣等八人赞襄一切政务》，见故宫博物院明清档案部编《清代档案史料丛编》第 1 辑，中华书局 1978 年版，第 83 页。

2 薛福成：《庸盦笔记》卷一，江苏人民出版社 1983 年版，第 17 页。

的闲散宗室子弟。他终日无所事事，斗鸡走狗，浪荡街头，惹是生非，动不动“诈人酒食”，是一个典型的无赖，人人避之如瘟疫，只有他的“同学郎中墨裕”独具慧眼，看出斯人才堪大用，多方为其营求，好不容易给他谋了一个刑部郎官之职。当墨裕告诉肃顺给他在刑部谋了一个缺时，肃顺不信，以为戏弄他，掉头而去。不几日，果真得到任命，肃顺感激莫名，特地设宴答谢墨裕，说，没有你，就没有肃六今日，如不痛改前非，干出点名堂，猪狗不如！“浪子回头金不换。”肃顺没有食言，从此脱胎换骨，重新做人，任事勤勉，兢兢业业。昔时无赖生涯帮了他的大忙，京师五城诸坊利弊，没有他不知道的，办起案子，得心应手，“治狱频破奸”，很快赢得了“勤敏遂冠其曹”[1]的盛誉，开始步步升迁。咸丰皇帝继位那年（道光三十年，1850），官至内阁学士兼礼部侍郎。随后担任过正黄旗蒙古副都统、銮仪使、署正红旗护军统领、御前侍卫、署正红旗满洲副都统、工部左侍郎、正蓝旗满洲副都统、礼部左侍郎、署镶白旗护军统领、左翼前锋统领等职。这是咸丰五年（1855）秋恭亲王奕䜣被逐出军机处以前的情况。肃顺以干练受到重用，为自己的升发铺垫了良好的基础。但他的飞黄腾达、青云直上则在咸丰五年以后。有道是：鬼子六被黜，肃老六走红。

原来，恭亲王被罢免后，咸丰环顾左右，悲叹无人可用。面对内忧外患，咸丰“忧心焦思”，多么渴盼有人（杰出人才）赞

1 沃丘仲子：《近代名人小传》，中国书店 1988 年版，第 74 页。

画军机，拯救帝国于沉沦之中！近支宗室除了奕䜣之外，均无大才；汉人“发捻”大倡排满，使根深蒂固的“满汉之见”又得以强化，汉族官僚“不足恃”，自然不能引为心腹干城。他左顾右盼，还是觉得“宗室支庶较为密切”，毕竟是一家人，痛痒相关。这样，受道光皇帝临终顾命赞襄政务的宗室支庶怡亲王载垣、郑亲王端华受到器重，参与军机要政。可是郑、怡二王并无多少才干，管管宗室内部事务尚觉不难，一旦被推到前台，筹划治国方略时，立即感到力不从心。二王还算有自知之明，“自觉才短”，又不好退避，他们想到了才华横溢的肃顺，于是合词力荐，谓肃顺“才可大用”[1]。咸丰皇帝召见了他。肃顺侃侃而谈，所陈“严禁令，重法纪，锄奸宄”的“九字”施政方略，深得皇上赞赏。皇帝需要这样的铁腕人物，改变一下颓靡的政治局面。自此以后，肃顺“独被信任”，成为咸丰皇帝的心腹重臣，官运不用说，扶摇直上，累官正白旗满洲副都统、都察院左都御史、署正白旗蒙古都统、正红旗汉军都统、兵部尚书、正白旗汉军都统、理藩院尚书、礼部尚书、户部尚书、御前大臣、总管内务府大臣等要职。短短几年间，速化若此，令人瞩目。

奕䜣的失势，是肃顺“暴发”的原点，肃顺的“暴发式升迁”与奕䜣的久被冷落，形成强烈反差，奕䜣能无怨乎？

肃顺的升发速化，有恭亲王失势的历史机缘，不可忽视；也

1 许指严：《清史野闻》，转引自宝成关《奕䜣慈禧政争记》，吉林文史出版社 1990 年版，第 30 页。

有个人的造化，同样不可忽视。他的“九字”施政方略，体现了“治乱世，用重典”的政治哲学，契合“上意”，虽然咸丰不再像从前那样勤政，但对国运的关注，使他始终“忧心焦思”，“振衰起敝”是他渴求的。肃顺的性格特征、办事作风，与咸丰时代的政治改革需要高度契合，被皇上倚重是理所当然的（这里，笔者的认识就与以往把肃顺的得宠归于他善于阿谀逢迎、用声色取悦皇上的观点有所不同）。

肃顺在被重用的几年里，贯彻实施“九字”方略，“屡兴大狱”，把咸丰继位之初的刷新政治的举措推向深处，掀起了一场令人心惊肉跳的散发着血腥味的政治改革运动。

首当其冲的还是耆英。咸丰皇帝初登大位，就给了他一个降五级的处分。咸丰八年（1858），英法联军北上天津，攻占大沽，京师震动。四月二十日（6月1日），咸丰派大学士桂良、吏部尚书花沙纳驰往天津“查办”。皇帝这时在情急中想到了已被冷落8年之久的大学士耆英，他与英、法、美打过多年交道，利用他的“交情”，或能消弭祸端。于是给了他一个侍郎衔，派往天津协助“桂花”办理和局。耆英心领神会，到了谈判桌上，“提到他和英国人的老朋友关系，并声称他们的友情依然没有变动。他力陈这种关系的亲切，追忆许多旧日的熟面孔（可是往往搞错），问候老朋友们，并尽力装出一副与英国人有私交的模样”。可是他的这种套老交情的谈吐，并不能打动人。英国谈判代表李泰国当着桂良、花沙纳的面突然拿出一份折件，这份奏折是耆英在道光三十年（1850）底为自保而写的，由英国人在俘虏总督叶名琛时发现。折中阐明他和外国人维持“貌似友好”关系，实为“驾驭夷人”的方法，“羁縻夷人之真意所在”，“虚与夷人委蛇而远之”，云云。李泰国当场揭底，嬉笑怒骂，肆意凌辱，“狠狠斥责耆英”的虚伪，“弄得这位年事已高的耆英十分狼狈”[1]，无地自容。

耆英没有完成使命，擅离职守，私自逃回京城。咸丰震怒，命交宗人府会同刑部严讯议罪。耆英所为，不用说，死路一条。按清代刑法，死刑有斩、绞两种，绞刑又分为立绞与绞监候（还有一线生路，相当于现在的“死缓”）。恭亲王建议从轻处以绞监候，肃顺坚决反对，主张立即正法。他在奏疏中说：“若不即行正法，仅议绞候，转令苟延岁月，遂其偷生之私。倘幸以病亡，获保首领，国法何伸？官邪何儆？况今尚有办理夷务之臣，若皆相率效尤，畏葸潜奔，成何事体？”[2]奕䜣与肃顺之间意见出现分歧，虽然这时还谈不上大规模的政治冲突，但至少也是政治风浪中的一朵浪花。咸丰最终赐耆英自尽以平衡双方之争，但重要的是，耆英没有逃脱罪有应得的下场。

继耆英之后而倒霉的是另一位高级官员柏葰。柏葰，字静涛，巴鲁特氏，蒙古正蓝旗人，道光进士，累官内阁学士、工部侍郎、总管内务府大臣、兵部尚书、内大臣、热河都统、户部尚

1［美］马士：《中华帝国对外关系史》第 1 卷，三联书店 1957 年版，第 585—586 页。
2 贾祯等编：《筹办夷务始末（咸丰朝）》卷二十六，中华书局 1979 年版，第 969 页。

书，咸丰六年（1856）攀升到军机大臣、协办大学士的高位。

柏葰曾于道光年间出使朝鲜。朝鲜国王馈赠5000金，盛情难却，推辞不得。柏葰只好携回，奏闻皇帝，将5000金上交礼部收存，一时传为佳话，柏葰也以“廉”名闻官场。但没人想到，咸丰八年（1858）他却因顺天科场舞弊案栽倒。这年为旧历戊午年，柏葰被皇帝任命为顺天乡试正考官，户部尚书朱凤标、左副都御史程庭桂为副主考官。发榜之日，唱戏的优伶满洲镶白旗人平龄得中高魁，名列第七，舆论为之大哗，“谓戏子亦中高魁矣”[1]。御史孟传金上疏举发。皇帝震怒，命肃顺、端华、载垣等会同刑部严查，结果发现这是一起骇人听闻的舞弊大案，程庭桂接条子百余，得贿数万金，柏葰虽无纳贿实据，但其家人靳祥为平龄打通关节，求柏葰偷梁换柱，“抽去中卷一本，将平林（龄）中式”[2]。其他丑闻不一而足。经多次审讯，先后共惩处91人之多，大学士柏葰等5人处斩，其余或流放或革职或降职，弄得“士人满狱”[3]。这就是轰动全国的清代最大的“戊午科场案”。

行刑之日，柏葰被押赴菜市口刑场。他在众人围观下，显得那样从容。他望阙谢恩，静候皇上的“赦免谕旨”。按常理，一二品大员临刑时，总会有格外恩典——免死，法外施仁，以示皇恩浩荡。柏葰毕竟是大学士，何况在清代历史上还没有哪一位像他那样的高级官员因科场舞弊而被砍掉脑袋的。他自信皇上

---

1 商衍鎏：《清代科举考试述录》，故宫出版社2014年版，第333页。
2 张集馨：《道咸宦海见闻录》，中华书局1981年版，第246页。
3 黄鸿寿：《清史纪事本末》卷五十，上海书店1986年版。

“必有恩典”。因此，吩咐儿子不要悲伤，速回家将长途出行的日用物品送到夕照寺，免死谕旨一到，即在夕照寺等候刑部签发的流放新疆或军台的文书。时辰将到，在内廷求情的刑部尚书赵光“一路痛哭”赶来了，柏葰见此情景，连呼：“完了！完了！皇上断不肯如此，必肃六从中作祟。我死不足惜，肃六他日亦必同我一样！”柏葰说着了，皇上的确不想让他死。柏葰办事勤慎，并无大过，此次没有尽心，“罪无可逭，情有可原”，还是放他一条生路吧！但肃顺在旁坚持说：“虽属情有可原，究竟罪无可逭。”力陈取士大典关系至重，亟宜执法，以惩积习。皇上最终采纳了肃顺的建言。“老成宿望”的柏葰满怀对肃六的一腔怨恨“升天矣”。死后有人挽以联云：

> 其生也荣，其死也哀，雨露雷霆皆主德；
> 臣门如市，臣心如水，皇天后土鉴孤忠。[1]

为柏葰鸣不平。

的确，在通常情况下，柏葰不至于身首异处。人们私下为柏葰叫屈，而肃顺因用刑过严几乎落得人人切齿的地步——如徐一士《一士类稿·一士谈荟》记载说，肃顺“政尚峻厉，怨家甚多，尤以戊午科场大狱，佐文宗申国法以救积弊，锐行诛谴，深为朝列所切齿”。积重难返，在历史的惰性面前，要大刀阔斧

1 小横香室主人：《清朝野史大观》卷七《清人逸事》，上海书店1981年版，第48页。

进行“矫枉”，矫枉者（改革者）往往落不到好处。肃顺用“重典”以救时弊，引起“都人痛恨”，从政治斗争的角度而言，此举等于自陷孤立，帮对手的忙，尽管这时还没有形成恭亲王的权力中心。不过，肃顺也有同情者。科场积弊太深，有识之士引以为忧。拉关系、走后门、递条子，行贿受贿，徇私舞弊，把人们视为圣洁之地的科场弄得污秽满地，一片狼藉，这种腐败现象愈演愈烈。咸丰时代更有“条子之风盛行”，大庭广众中不以为讳，竟有无耻之徒，在纸条上画三圈、五圈为标记，如中式，三圈馈300金，五圈馈500金，花样百出，考官成为官场中人“歆羡”的美差，“世风之下，至斯极矣”。要改变这一切，不大杀大砍绝不能奏效，这正需要肃顺这般铁腕人物的胆识与魄力。在咸丰的支持下，他雷厉风行，力扫积弊，拿亟须手术的科场开刀了。野史猜测或肯定柏、肃之间有恩怨，“而不知柏相之适当其冲也”[1]。较之官官相护的积习，肃顺不避权贵的作风越发令人肃然起敬。经此刚猛涤荡，诸弊净绝，几十年中，再没有明目张胆递条子者。“自此惩儆，寒畯（俊）稍稍吐气，而大员子弟亦不敢视为故物，公然攫取矣。”[2]血腥的改革收到了预期的实效。

戊午科场案血腥味还没散尽，咸丰九年（1859），肃顺又查出户部“宝钞舞弊案”，再兴大狱。

原来，清政府因连年用兵，军费开支浩大，国库空虚，财

1 薛福成：《庸盦笔记》卷三，江苏人民出版社1983年版，第80页。
2 佚名：《国朝事略》卷五，光绪三十二年石印本。

政拮据，捉襟见肘。为了填补财政亏空，户部大量印钞票、铸大钱，设“宝钞处”“官钱总局”分别监管。又设“四乾官号”（乾豫、乾恒、乾丰、乾益）和“五宇官号”（宇升、宇恒、宇谦、宇泰、宇丰），招聘商人经办出纳。钱是好东西，有了这些开源措施，似乎可以“不尽元宝滚滚来”了。可是结果适得其反，钱钞充斥市场，造成通货膨胀，物价飞涨，货币贬值。钱钞没有信用，老百姓死活不愿使用，闹得官民交累，市井萧条。咸丰八年冬，肃顺接任户部尚书，进行清理整顿，发现五宇官号欠款与官钱总局存档不符，奏请深究，一起令人震惊的贪污案曝光——官商朋比为奸，贪污舞弊，赃款达数千万两之巨！这些大发国难财的蠹虫不铲除，国将不国。肃顺奏请严办，将司员台斐音、王正谊、李守愚、荣溥、吴廷溥、李寿蓉、凤山、贾铭慎等一律褫职抄家，商人张兆麟等交部严讯，又有数十家被抄，恭亲王奕䜣家人涉嫌，肃顺也毫不容情，同样查抄。恭亲王哑巴吃黄连，但心中不免怨恨。被籍没家产的还有科布多参赞大臣熙麟、侍郎崇伦等达官贵人。官场中人心惶惶，大有处在“白色恐怖”之中的感觉。

咸丰九年底，案子还在追查中，户部突起大火，廨宇文书烧个精光。事属巧合的可能性很小，十有八九是有人纵火“灭迹”。咸丰又一次震怒了，非一查到底，弄个水落石出不可。御史朱梦元上疏直谏，说：“冬令旱干，时有火警，请修人事，以迓祥和。”意思是说，不要再兴大狱了，天公都发怒了，火灾示警，就是明验，还是放弃峻刑、复归祥和为盼。还说，求治太锐，除弊太急，反而招致混乱，“凡事务以祥慈为念”。咸丰拒不纳谏，对肃顺的支持不遗余力。上谕批复朱梦元奏折，振振有词地说：“（朱御史）持论尚未平允。近来部院各衙门办事多趋苟且，诸臣果能力求整顿，固不宜专以刻薄残忍为能，亦不可徒博宽大之名，因循废弛。即如见办户部钞票局一案，种种弊端，层见叠出，上亏国帑，下朘旗民，若不严行惩办，何以肃纲纪而对臣民？从此惩一儆百，各知悚惕，不至自罹法网，所以保全者不更大耶？”[1] 这时的咸丰，尚有一丝朝气，他始终为大清帝国的命运“忧心焦思”，希望倚重肃顺的铁腕扭转一下“世风”，即便皇弟奕䜣家人受牵连，也在所不惜。

户部“宝钞舞弊案”在严加审讯中。此案首尾两年余，总计惩办人员不下数百人，主管财政的大学士翁心存、户部尚书协办大学士周祖培也受到革职留任的处分。过去人们总以为肃顺严查宝钞舞弊案，目的是排斥异己，打击翁心存、周祖培，可是从来没有人反问一句，作为“宝钞舞弊案”的责任人，翁、周难道不该受到惩处？尤为值得注意的还有“湘中五子”之一的李寿蓉，时任户部主事，为肃顺腹心幕客，是“肃门七子”之一，涉及宝钞舞弊案，肃顺不加袒护，将李打入牢狱，旁观者有评：“观李氏之事，亦颇见肃顺之铁面无私，不事阿徇。”[2]

1 萧一山：《清代通史》卷下，中华书局 1986 年版，第 419 页。
2 徐一士：《一士类稿 • 一士谈荟》，书目文献出版社 1984 年版，第 55 页。

自喜忠国谋，五宇算锱铢。

王闿运的诗句，最能道出肃顺唯“严”是尚，以严刑峻法打击贪官奸商、整肃朝纲、“求起积弊于衰靡之世”的良苦用心。他是一位当之无愧的改革家。

中国社会是用各种各样的关系网编织起来的。官场是“网”的一面，每个官员占据一个“网结”，以其为中心形成网中之网。网连网，网套网，得罪一个人等于得罪几个甚至一批人。这是专制政治或者说人治社会的又一大特色。肃顺“铁面无私”，不讲人情、面子，不避权要，用“严打”的方式除弊求治，的确令“朝臣震悚”，但也因此得罪了包括恭亲王在内的一批又一批人，正所谓操之激切，不免怨言四起，肃顺反而弄得不得人心。随着“除弊”力度的加大，打击面的扩展，不满情绪潜滋暗长，“倒肃”力量逐渐汇集了，治近代史的学者几乎都认为这是恭亲王权力中心（政治集团）形成的条件，也是那场宫廷政变及肃顺等人被杀的原因。[1]

肃顺是咸丰皇帝的臂膀，权重一时，致使军机处有名无实，“伴食而已”。皇上倦勤，军国大政多出肃谋。有皇上撑腰，肃老六不免恃宠骄横，颐指气使，陵轹同列，诸大臣受其欺侮，表面上“唯诺维谨”，实则饮恨于心。肃顺更加狂妄了，给人的印象

1 萧一山：《清代通史》卷下，中华书局1986年版，第419—420页；贾熟村：《祺祥政变研究》，载《文史》第16辑，中华书局1982年版；宝成关：《奕䜣慈禧政争记》，吉林文史出版社1990年版，第48页。

就是如此。

肃老六虽然狂躁，却能虚心延揽人才，接纳名士，为之谋划治国方略。作为满族人，也许还有文化上的“自卑”，使他“轻满员”而雅重汉人名流。他常说“咱们旗人浑蛋多，懂得什么？汉人是得罪不得的，他那枝笔利害得很”；“满人胡涂不通，不能为国家出力，惟知要钱耳”。他对旗人刻薄暴戾，“如奴隶然”，连受贿“亦只受旗人不受汉人也”。[1] 为节省开支，奏请减八旗俸饷，弄得旗人怨声载道，“满人深恶之”（这是一股不可忽视的“拥恭倒肃”力量）。而对汉员“颇极谦恭”，陈孚恩、匡源、焦祐瀛、黄宗汉等汉族官僚，就是肃顺集团中的骨干人物。对汉族文人学士，更是倾心相接，王闿运、郭嵩焘、高心夔、盛康、李寿蓉、尹耕云等名流（大多是湖南人），都是肃顺的座上客。一时名士荟萃，大有孔北海（孔融）坐客常满、樽酒不空之概。

满洲贵族腐朽堕落，八旗兵丁不堪一击，面对内忧外患，肃顺一眼看出，要消弭大难、平灭“发捻”，非倚重汉人不可。在他的心中，传统的“满汉之见”发生颠倒——重汉轻满而非重满轻汉。他对湖南人有特别的好感，湖湘文化孕育出一批经世之才，焕发出勃勃生机。自军兴以来，“讨贼”将帅有功者，差不多都出自湖南，曾国藩、胡林翼、左宗棠诸人，最为肃顺“倾心推服”，平时与幕宾议论时政，“常心折曾文正公（国藩）之识

1 小横香室主人：《清朝野史大观》卷七《清人逸事》，上海书店 1981 年版，第 47—48 页。

量、胡文忠公（林翼）之才略”，以为要戡平大乱、再造社稷，非大加重用不可。咸丰十年（1860），两江总督何桂清因丢失苏州、常州而被革职，皇帝打算任命湖北巡抚胡林翼出任两江总督，肃顺乘机举荐曾国藩，说“胡林翼在湖北措注尽善，未可挪动。不如用曾国藩督两江，则上下游俱得人矣”。咸丰称“善”。[1]曾国藩从此得以“大用”，有了督抚用兵筹饷之权，最终平定了太平天国运动，成为再造清廷的“中兴第一名臣”。另一位中兴名臣左宗棠，如果没有肃顺调护，恐怕连命都保不住。[2]由此观之，肃顺的才识，非一般廷臣可比，于清室功不可没。

肃顺的确是铁腕，在对俄外交谈判中也不手软，他坚决不承认《瑷珲条约》，据理力争，毫不让步，沙俄换了两名公使，谈了一年多，始终没有捞到任何便宜，俄使伊格那提也夫气急败坏地跑到英法联军中叫嚣：“有权势的肃顺是与欧洲人为敌的头号坏蛋，他已不止一次宣称，必须将全部欧洲蛮夷统统赶出中国。”[3]肃顺的盲目排外，预示着在与“鬼子六”的较量中，他不可能得到洋人的支持。肃老六的“劣势”正是鬼子六的“优势”。真正的较量还没开始，鬼子六已占了“人和”之利，而“人和”往往是制胜的关键。

咸丰十年（1860）秋，奕䜣以钦差大臣、便宜行事全权大臣

---

1 薛福成：《庸盦笔记》卷一，江苏人民出版社 1983 年版，第 14—15 页。

2 萧一山：《清代通史》卷下，中华书局 1986 年版；薛福成《庸盦笔记》卷一，江苏人民出版社 1983 年版，第 15 页。

3 ［俄］A. 布克斯盖夫登男爵：《1860 年〈北京条约〉》，商务印书馆 1975 年版，第 46 页。

身份留京督办和局。“倒肃”力量迅速聚合了，形成与“热河派”遥相对峙的“北京派”。肃老六与鬼子六之间的政争随着圆明园硝烟的散尽、《北京条约》的签订——第二次鸦片战争结束而变得有声有色。在第一回合——“回銮”之争——的较量中，肃老六不战而败，鬼子六在北京站稳了脚跟。接着，奕䜣奏设总理各国事务衙门，作为“天朝”最后的改革家，“过时”的肃顺无法接受，想在衙门名中加上“通商”二字，既是出自尊大“天朝”的心理，更重要的是限制奕䜣的权力，但没有成功。好在它是临时性的机构，说撤就撤。肃顺上当了，奕䜣有了一显身手的擂台。第二回合，肃顺又失败了。而且，由于总理衙门的设立，西方列强盛赞奕䜣，隐为后盾。京师是大清王朝的政治中枢，权力机构、文武百官差不多都集中在京师，恭亲王“地利”上的优势也是显而易见的。

肃顺凭借“得天独厚”的优势，说他“挟天子而令诸侯”也好，说他是最为皇上信任的贴身近臣也好，总而言之，天子就在他身边，他在皇上心目中的地位任何人都无法撼动。上年在京师时，皇上为求得“忧心焦思”的解脱，“日阅伎不止”，“三庆班”“四喜班”“春召班”“双奎班”等戏班轮番进宫“演内戏”，即便英法联军打到天津，戏也照演不误。满足皇上的需要，虽是肃顺等人的分内事，但把皇上的“堕落”归咎于肃顺的“导”，显然没有理解皇上。户科给事中陆秉枢上疏直谏，他把矛头直指肃顺、端华、载垣诸人，力劝皇上“放郑声，远佞人”。折上后，在朝中文武百官中引起共鸣，被誉为“鸣凤朝阳”，结果怎样呢？咸丰大骂陆秉枢“与优伶等类”，随声附和者“譬之犬之争骨群吠”[1]。肃顺还是天子腹心。出逃热河时，“行在”的一切又全部交给了他。

在恭亲王崛起之前，没人能与肃顺相抗，肃顺也不怕有人胆敢与他过不去。但他没有料到，鬼子六迅速崛起了，声望甚至在他之上，这使他不能不严加防范。肃六无须揽权，这时的皇帝寄情于声色，戏班也招到热河去了，隔两三天，总要演戏一次，皇上懒于问政，肃六大权在握。问题是，奕䜣不是一般人，而是当今皇弟，皇上的同胞手足，要是皇上倒向鬼子六一边，肃顺必败。要压倒奕䜣，最有力的武器还是皇上。兄弟之间有难以化解的恩怨，只要他们之间的关系不拉近，恭亲王就不能把他怎么样。为此，他总在皇上耳边进谗，说奕䜣有野心，有勾结洋人谋反之意。肃顺的危言耸听，并不全是无中生有。英国驻广州领事罗伯逊在给阿斯登的信中就说：“如果中国政府发动一套新的制度，人民是会接受的，很可能叛乱会就此熄灭。但是发动新的制度包含一个惊人的问题，那不多不少正是变更皇位。从现在皇帝身上，什么也希望不到。他已经退到热河去，各种迹象表示他尽量反对大臣们的迫切要求，意图留在热河……皇帝的兄弟恭亲王现在北京……处事表现很开明的看法。假如他肯听卜鲁斯的话（他好像是听信的）……教育把他培养成一个人物，可以代替

1 转引自贾熟村《祺祥政变研究》，《文史》第16辑，中华书局1982年版，第163页。

那个毫无精力的皇族代表，那是一个当国家危急时机，不顾国政的人物。”[1]不管恭亲王是否有意，英国方面（还有法、俄）确实有让彼取而代之的想法，巴夏礼更是单刀直入，劝奕䜣登上“空着的皇位”，被恭亲王“严辞拒绝了”[2]。在北京的“热河派”也传递着“失位”的可能信息。还有头脑简单的惇亲王奕誴由北京跑到热河，没深没浅说出恭亲王欲谋大位的话。各种流言杂凑到一起，由不得咸丰不信。兄弟之间的关系刚露出一丝微曦，又被浓重的阴霾锁住。当奕䜣得知皇兄病重的消息时，上疏恳请前赴“行在”探视以消除误解，没想到皇兄以相见“徒增伤悲”为由，拒绝他的一片好心。兄弟之间隔膜如此之深，肃顺可以高枕无忧了。

皇兄撒手宾天，6岁的侄子载淳继位，当年顺治皇帝也是这个年龄承继大统的，济尔哈朗和多尔衮摄政，如今可好，八大臣顾命赞襄政务，而他却“不得与聆玉几之言，受付金瓯之托”，被彻底排斥在权力核心之外。在随后颁发的“治丧委员会”名单中，他被列为十位“恭理丧仪”委员之一，但不准“前赴行在”。这一切的一切，使恭亲王沉浸在难以自制的极度悲愤之中。他对皇兄不可能没有怨言，但没有肃老六从中作梗，何至于此！新仇旧恨一股脑全推到活着的肃顺身上了。不给摄政之权，“予必自

1 严中平：《一八六一年北京政变前后中英反革命的勾结（续）》，《历史教学》1952年第5期，第16页。

2 ［俄］A. 布克斯盖夫登男爵：《1860年〈北京条约〉》，商务印书馆1975年版，第113页。

取之”，他决意向肃老六夺权了。

把鬼子六排斥在领导核心之外，这一回合，肃顺自认取得了决定性的胜利，他得意地笑了——现在笑，未免早了。肃顺得意忘形起来，但他没有想到，把鬼子六踢开，如石投水，在京城激起轩然大波，“中外骇惑”，舆论哗然，说这绝不是“圣意”，而是肃六“矫诏”、欺蔽，一手遮天，罪该“诛矣”！[1] 排肃情绪激烈高昂，使恭亲王增强了夺权的信心。可是，肃顺集团仍执掌一切军政大权，只要小皇帝尚在肃六的控制下，他就不能轻举妄动，否则，就会落个逆臣贼子的罪名而被轻而易举地铲除掉。正当恭亲王踌躇徘徊、举棋不定之时，宫廷中有一位重要人物粉墨登场了。她就是日后赫赫有名的慈禧太后。

三、慈禧：权欲中的异变

“北京派”和“热河派”的关系持续紧张，而慈禧太后突然半路杀出，使两派关系的紧张骤然加剧。

“慈禧”是西太后的徽号，是还没有来得及举行登基大典的皇太子载淳生母。这是一位读者熟悉的权欲熏心、不甘寂寞的女人。自从生出皇太子后，她那颗不安分的心在咸丰的不断压制与刺激下发生异变，总想干预朝政，为此与肃顺结怨。她既然贵为

1 李慈铭：《越缦堂日记补》咸丰十一年十月初一日，商务印书馆 1931 年版。

皇太子的生母，那么，一旦皇上驾崩，若是把她完全摈于朝廷大政之外，对野心膨胀起来的她无疑是致命的打击，她是绝不会甘心的。她的确比奕䜣幸运，咸丰满足了她的权力欲望。咸丰在临死前精心构筑了一个“权力制衡”的政治格局，作为对身后之事的安排（咸丰失算了，这恰恰种下宫廷政变的祸根，容后详叙），赋予那拉氏实际权力。对这样的安排，她没有理由不满意。可是，还是那个肃老六，偏偏与她过不去。咸丰驾崩的当天，按照清廷的家法，母以子贵，懿贵妃理应尊为太后，而肃顺依然视她为普通“太妃”，与其他妃嫔无异，直到第二天，才尊她为“圣母皇太后”（因住热河行宫烟波致爽殿西暖阁，故称西太后），比皇后钮祜禄氏晋封“母后皇太后”徽号晚了一天，这分明有所抑扬。慈禧气不打一处来，誓要与肃六一争高低。慈禧意欲何为？她与肃顺之间有何宿怨？她为何对权力发生浓厚兴趣？我们还是从头说起。

慈禧，叶赫那拉氏，满洲镶蓝旗人。由于她被尊为皇太后，娘家的旗籍照例“抬旗”，抬升为更尊贵的镶黄旗。有史书说她是镶黄旗人，也不错。

道光十五年十月初十日（1835 年 11 月 29 日），兰儿（慈禧乳名）降生在北京西四劈柴胡同一官宦之家。曾祖父吉郎阿，当过户部员外郎，祖父景瑞官至刑部员外郎。父亲惠征时任吏部二等笔帖式，做些翻译、拟稿或者抄抄写写的文书事务，道光二十三年（1843）任吏部一等笔帖式，不几年，晋升为吏部文选司主事、吏部验封司员外郎（从五品），道光二十九年（1849）外放以道员用（四品），先任山西归绥道道员，咸丰二年（1852）调任安徽徽宁池太广道。兰儿就生活在这样一个中等官僚家庭中。也许是西太后在中国近代史上的名声太臭了，她的身世几乎被编排得面目全非。如说她出身寒微，比乞丐好不了多少；要不是亲戚穆扬阿或义父吴棠的周恤，简直“无以为生”。更有甚者，说她干过“号丧女子”的营生——按京师风俗，如有丧事，丧家常雇善哭的妇女哭丧助哀，人称“号丧女子”“丧娘”，兰儿“善歌尤善哭，遂恃此糊口，凄切动人，吊者大悦，居京者皆知之”。[1] 类似的谣传还有很多很多，大都是无稽之谈。[2] 人言可亲可畏。爱者誉之，捧上中天；恨者毁之，贬入地狱。毁誉之极，高级“情感动物”生风造影，让人捕捉，绞尽脑汁，在所不辞，直弄得谬种流传，猎奇者津津乐道，历史在无形中被歪曲。这样的事例在历史和现实中已见怪不怪了。但无论毁誉者的居心是善是恶，“历史”之真付出了不该付出的代价。

兰儿生在三代为官的仕宦之家，当然用不着如丑化慈禧者所云挎着菜篮子从大西城跑到大东城的某盐店“购食物”，被店老板粗笨的手夹痛了小鼻子。养尊处优是名门闺秀的一般生活方式，兰儿也不会例外。爱美是女孩子的天性，随着年龄的增长，与一般女孩一样，她喜欢梳妆打扮，“雅好修饰”。兰儿本来

1 金梁：《四朝轶闻 • 慈禧微时》，复东印刷局 1936 年版。

2 俞炳坤：《慈禧家世考》，载《故宫博物院院刊》1985 年第 3、4 期。

生得娇美动人，稍加修饰，犹如天仙化身。姿美色绝是她的“资本”，否则她就不可能得到“风流天子”的垂爱。兰儿聪明伶俐，天资卓绝，性情坚毅，工于心计，能诗善画，这是她后来得宠的一个条件。但更特异的地方却被人们严重忽略了：她居然喜欢历史，“年16岁时，五经成诵，通满文，二十四史亦皆浏览”[1]。经史讲的什么？读者都知道，核心是古今治乱大势，兴邦治国之策。千万不要小瞧了个人爱好，在适宜的条件下，它可以改铸一个人。这个姑娘如果不是喜欢历史，恐怕就不会有后来的巨大的政治热情。历史也许能够证明：不懂历史的人，成不了政治家。

天生丽质难自弃，一朝选在君王侧。

咸丰元年（1851），咸丰承继大统后的第一年，准备挑选秀女（按例三年挑选一次），充实后宫，14至16岁的八旗少女都在挑选之列。这年，兰姑娘正好16岁。皇上对首次选秀女格外重视，直到第二年二月上旬（1852年3月下旬），准备工作才算就绪，神武门外，排车（备选秀女所乘之车谓之“排车”）络绎，应选少女由此步入顺贞门外恭候，由太监按班（5人）引入，皇帝亲自阅选，中选者“留牌子”（牌子上注明某官之女、旗别、年龄），否则“撂牌子”。二月初八（3月28日），决定兰

1［英］濮兰德、白克好司：《慈禧外纪》（《慈禧纪实丛书》之五），陈冷汰译，辽沈书社1994年版，第8页。

姑娘命运的关键时刻来临了，她肯定刻意打扮一番。皇上选秀女，从不考虑德、才，总是以貌取人。花枝招展，群芳竞艳，兰姑娘看上去很自信，而芳心忐忑不安，她只有这一次机会！皇上没有挑花眼，妩媚妖娆、楚楚可人的兰姑娘被选中了。千百位佳人，皇上只选了28位作为后宫妃嫔，百里挑一，她感到格外幸运。五月初九（6月26日），兰姑娘奉旨入宫，从此开始了她的新生活。

兰姑娘入宫时的名位是“贵人”。按规定，皇后以下妃嫔位次共分七级：皇贵妃、贵妃、妃、嫔、贵人、常在、答应。她们都是皇上的妃子，与一般宫女地位迥异。兰贵人位在第五级，起点不算太低，但要迅速实现位阶跃升，最重要的是获得皇上的宠幸。在最初的两年中，兰贵人并不怎么受宠，兰贵人还是贵人，名位没变。那两年，咸丰日理万机，忙于政务，企盼迅速结束乱局，结果事与愿违，国势日颓。皇上渐渐倦勤政务，寄情声色，兰贵人得宠的机会渐渐多了起来。获得皇上宠幸并不容易，后宫佳丽成群，没有不巴望得宠的，“宠”非力争不可。后宫里从来就是不平静的。兰贵人聪明智慧，为争宠，肯定下了一番苦心。也许读者还记得电影《火烧圆明园》中兰贵人所唱的一首插曲：

艳阳天，艳阳天，
桃花似火柳如烟，
又早画梁间，

对对，对对飞春燕。
女儿泪涟，女儿泪涟，
奴今十八正华年，
空对好春光，
谁与奴作伴?
谁与奴作伴?

艳阳天，艳阳天，
湖光山色映画帘，
春满圆明园，
双鹤，双鹤交颈眠。
女儿泪涟，女儿泪涟，
奴今十八正华年，
天地一家春，
谁与奴作伴?
谁与奴作伴?

歌曲婉转动听，如泣如诉，皇上听罢，怜爱之心油然而生，兰贵人从此得宠。电影中的情节是根据野史记载改编的。据载：“那拉氏者，惠征之女也。惠征尝为徽宁池太道，其女生长南中……雅善南方诸小曲，凡江浙盛行诸调，皆琅琅上口，曲尽其妙。于咸丰初年，被选入圆明园……编入桐阴深处。已而洪杨之势日炽，兵革遍天下，清兵屡战北，警报日有所闻，文宗置不顾，方寄情声色以自娱。暇辄携嫔妃游行园中，闻有歌南调者，心异之，越日复往，近桐阴深处，歌声又作，因问随行内监以歌者何人，内监以兰儿对。兰儿者，那拉氏之小字也，宫中尝以此名呼之。文宗乃步入桐阴深处，盘距（踞）炕上（凡园中各处皆设炕备御座也）曰：'召那拉入。'略诘数语，即命就廊栏坐，令仍奏前歌。良久，文宗唤茶。时侍从均散避他舍，那拉氏乃以茶进。此即得幸之始也。"[1] 读了这段文字，电影中的情节历历在目。不过，我们前面说过，兰儿生在北京长在北京，根本就没到过南方，惠征出任徽宁池太广道时，她已经进宫，"生长南中"实属凿空之词。但她家的仆妇是南方人，教她学唱南方小曲，倒是顺理成章的事。至于她唱的什么小曲打动了皇上，天才知道。我们前面引的电影插曲，出自词作家的手笔，似乎还有一处明显的错误，"天地一家春"应是兰贵人得幸后才有的。但兰贵人深得皇上宠幸，更重要的还是她的容貌，连她自己都说，因为长得太美了，后宫佳丽没有不嫉妒她的。[2] 她的美，用闭月羞花、沉鱼落雁来形容，看来不算过分。难怪有人说："当文宗初幸慈禧之日，颇有惑溺之象，《长恨歌》中所谓'春宵苦短日高起，从此君王不早朝'者，仿佛似之。"[3] 大有唐明皇爱慕杨贵妃的浪漫情调。

皇上如醉如痴，宠之专房——"天地一家春"，兰贵人的名

---

1 小横香室主人：《清朝野史大观》卷一《清宫遗闻》，上海书店1981年版，第70页。

2 徐珂：《清稗类钞·宫闱类·孝钦后自述》，中华书局1984年版，第379页。

3 徐彻：《慈禧大传》（《慈禧纪实丛书》之一），辽沈书社1994年版，第44页。

位开始发生变化，咸丰四年二月二十六日（1854年3月24日），晋封“懿嫔”。第二年，懿嫔的肚子渐渐隆起，咸丰六年三月二十三日（1856年4月27日），在储秀宫生下大阿哥载淳，皇上高兴得差点没发疯。自继承大位以来，皇上总盼望着早得“龙的传人”。咸丰五年，丽贵人有喜，结果产下一位格格（荣安固伦公主），气得他把庆贺满月的赐品削减了一半。

庶慰在天六年望，更欣率土万斯人。

盼了六年，总算盼到了儿子，龙脉延续，了却了天大的心事，怎能不令他激动万分！咸丰当即颁下一道朱谕：晋封懿嫔为懿妃！生下皇子，具有非同一般的政治意义，那拉氏的地位稳步提高，第二年，又晋封为懿贵妃，后宫中，除皇后钮祜禄氏外，就数她了，一旦皇子登上龙位，她就是理所当然的“国母”了。

从后宫里走出来的政治家，很难像野史中设想的那样一开始就“野心”勃勃（笔者之所以把野心加上双引号，是因为这种提法本身就有问题，它带有传统的男权中心主义的印痕。妇女没有参政权，否则就是有“野心”，这不公平）。野心需要滋长的土壤，有孕育的过程。那拉氏的政治热情，是在“撒娇”过程中激发出来的。看着封疆大吏们皇上的奏折，出于好奇，她嗲声嗲气地问这问那，甚至拿起朱笔学着皇上的样圈圈点点，皇上倒觉得蛮有趣，即使过分了点，也不会嗔怪。军书旁午，皇上宵旰劳痒，偶尔也让她代笔批阅奏章，那拉氏的书法还算“端腴”。宫里宫外，两个世界，外面的世界是不是很精彩？她不知道，但披阅奏章多了，视域渐渐开阔，“时时披览各省章奏，通晓大势”[1]，她才知道外面的世界真无奈！皇上唉声叹气，她也感觉心里沉甸甸的。学史使人明智。一种历史责任感和对大清王朝命运的关注，使她有时产生难以抑制的内在冲动。她越来越关心时政，引经据典，时不时向皇上“进言”，发表对时局的看法。皇上开始倒觉得挺新鲜，女流之辈竟关心起政治来。但自从生下大阿哥以后，那拉氏“时于上前道政事”，引起皇上的警觉，后宫干政的历史教训及不准后宫干政的祖制，不能不使皇上对她的行为微露厌恶之感，皇上曾对皇后说，那拉氏“机诈”，有恃宠干政之嫌。那拉氏察觉后，立即“敛迹”[2]，否则，可能会受到“家法”的惩罚。

然而，皇上也太不争气，自从有了“四春”之后，不仅把她抛在一边，而且越来越懒于问政。“四春”都是缠足汉女，“曹寡妇”也是，三寸金莲把皇上迷得神魂颠倒。窅娘新月，潘妃莲步，古今风流天子如出一辙。那拉氏无法忍受“空对好春光”的寂寞，同时也为大清王朝的国运担忧，好在清朝例有不准缠足女入宫（因与满族风俗相悖）的规定——“顺治初年，孝庄后

1 ［英］濮兰德、白克好司：《慈禧外纪》（《慈禧纪实丛书》之五），陈冷汰译，辽沈书社 1994 年版，第 9 页。

2 黄濬：《花随人圣庵摭忆》“补篇”，上海古籍书店 1983 年版，第 4 页。

谕：‘有以缠足女子入宫者，斩。’此旨旧悬神武门内”[1]，她抓到了“把柄”，跑到皇后钮祜禄氏处告状，请皇后出面拿“祖制”加以规劝，不料素称贤惠的皇后反倒劝她不要争风吃醋，由他去吧，劝不好还会惹祸。那拉氏不甘心，在宫里捉到一个缠足女，把一腔妒火全部发泄到她身上，辱骂毒打，“四春”闻讯搭救不及，该女被活活打死。从前纯情善良的兰姑娘不复存在，那拉氏已变成心狠手辣的毒妇。

极端的手段没有把皇上拉回自己身边，更没有使皇上勤政，两人的关系反而更疏远了。内忧不息，外患又起，皇上醉生梦死，那拉氏心急如焚。强烈的“忧患意识”使那拉氏一度收敛的处于萌芽状态的参政欲不可遏制地迸发出来，她要干政，尽管她知道后宫干政可能没有好果子吃。朝廷没有赋予她发号施令之权，所谓“干政”，只能是隐晦、曲折地对皇朝政务施加影响。恭亲王被贬，肃顺迅速崛起，权势煊赫。肃老六“才略声华，为宗室冠”，如能为她所用，她的权力意志就可以顺利贯彻，影响皇朝政治，因此，她想方设法笼络肃顺，“隐冀得肃（顺）以自援”。但肃顺拒不就范，这且不说，还对后宫干政嗤之以鼻。那拉氏碰得鼻青脸肿，恨恨不已，史载“因是衔肃”[2]，双方从此结怨。

肃老六是皇上的左膀右臂，那拉氏恨归恨，却无可奈何。或

1 徐珂：《清稗类钞·宫闱类·不准缠足女入宫》，中华书局1984年版，第357页。
2 徐珂：《清稗类钞·宫闱类·孝钦后诛肃顺之异闻》，中华书局1984年版，第382—383页。

许正因为如此，她干政的欲望越发强烈了。戊午顺天科场案发，肃顺力主处斩大学士柏葰，那拉氏反其道而行，“竭力营救柏葰”[1]，但没有成功。那拉氏果然“聪明智慧”，她有自知之明，势单力薄，孤掌难鸣，成不了大事，要想在政治上有所作为，非有“奥援”不可。肃顺似乎是她“天然”的政敌，宗室中才能可与肃顺比肩的只有恭亲王。当初她因干政惹怒皇上时，奕䜣力劝皇上说，那拉氏“诞育元子，望上矜全”[2]，皇上才没有深究。恭亲王不仅同情那拉氏，而且，读者不会忘记，他也是肃顺的政敌。因此，奕䜣似乎是她天然的同盟者。虽然叔嫂之间没有达成政治上的默契，但只要有机会，她就会抬出恭亲王。咸丰十年（1860）秋，英法联军攻陷天津，当时皇上与诸妃在圆明园宴饮正酣，闻讯大惊失色，皇上痛哭，诸妃皆泣，那拉氏临危沉着，不乱方寸，大声说：“环泣何益？恭亲王素明决，乞上召筹应付。”趁机举荐奕䜣议政。六神无主的咸丰回过神来，急召恭亲王、肃顺共谋应对时局的办法。“䜣主和，顺主战，哄于御前”，究竟是和是战，二人争吵不休，不欢而散。退朝时，肃顺愤愤地诘问奕䜣说：“驭夷乃枢臣事，何召王耶？”恭亲王回答说：“此上命，非所知。”不久肃顺了解到此乃那拉氏的主张，“顺遂衔后（那拉氏）”，矛盾加深，“宫朝之衅，伏于是矣”[3]——宫廷

1 ［英］濮兰德、白克好司：《慈禧外纪》（《慈禧纪实丛书》之五），陈冷汰译，辽沈书社 1994 年版，第 20 页。

2 费行简：《慈禧传信录》，见《史说慈禧》（《慈禧纪实丛书》之二），辽沈书社 1994 年版，第 414 页。

3 黄濬：《花随人圣庵摭忆》“补篇”，上海古籍书店 1983 年版，第 4 页。

政变的发生，绝对不是偶然的。

在那场让清廷胆战心惊的庚申之变（咸丰十年英法联军之役）中，那拉氏频频干政。英法联军大举北犯，京师讹言四起，人心惶惑，皇上闻警拟巡幸热河，那拉氏力谏不可。风声鹤唳，警报纷飞，通州连战皆北，京师大乱，皇上仓皇出逃。当皇上慌里慌张将起驾出巡时，那拉氏又一次站出来谏阻，慷慨陈词：

> 皇上在京，可以镇慑一切，圣驾若行，宗庙无主，恐为夷人踏毁。昔周室东迁，天子蒙尘，永为后世之羞，今若遽弃京城而去，辱莫甚焉。[1]

她的一番话，并不能感动圣上，虽然她有较为丰富的历史知识，用上“周室东迁”——西周幽王废申后及太子宜臼，立爱妃褒姒为后，伯服为太子。申后父申侯联合犬戎攻入王宫，杀幽王，宜臼即位，是为平王。经此大乱，国都镐京（今陕西西安）残破不堪，又处于犬戎的威胁之下，公元前770年，周平王被迫东迁雒邑（今河南洛阳），从此开始了东周的历史——这样的历史典故加以规劝，但丝毫动摇不了皇上出逃的决心。何况，肃顺力主巡幸，她的主张很容易引起肃顺的反感，尽管她是出于公心。当然，她对肃顺怂恿皇上出逃，置宗庙社稷于不顾，同

1 吴可读：《罔极编》，见中国史学会主编《第二次鸦片战争》第2册，上海人民出版社1978年版，第67页。

样不满。

由此，两人直接、间接的冲突不断加剧着。

在逃亡热河途中，颠沛跋涉之苦超乎宫娥们的想象。变起仓促，除皇上有御车外，妃嫔们乘坐的车子都是临时从街市上雇来的，骡羸车敝，兼程驰驱，行在平路上，已不堪其苦，中间长长一段山路，崎岖簸荡，更令人难耐。那拉氏玉体承受不了这种磨难，叫苦不迭，一路啜泣，三次屈尊“涕泣乞请”管后勤的肃“六爷”给她换一辆好车。肃顺有他的难处，前不着村，后不着店，到哪儿弄新车去？但他对那拉氏也太不恭敬，逼急了，声色俱厉地对那拉氏加以训斥，甚至说出“尔何人”这种粗暴而又无礼的话语，重重刺伤了她的自尊心。那拉氏“虽不敢言，然由是深衔肃”[1]，恨透了肃老六。生活上女眷们也没被照顾好，到了热河，仍然“抑制宫眷，供应极薄”，皇后、那拉氏无不“切齿于肃顺”。至于皇上，该怎么破费照样怎么破费，进膳除上“吃席”外照例另摆一桌“看席”（只看不吃）。皇后进言：流离羁旅，供应紧张，还是不用“看席”为好。皇上觉得有理，把皇后的意思告诉肃顺，肃顺不同意，说“看席”所费无几，如果骤减御膳，反而令中外惊疑，以为皇上吃饭都成了问题呢。皇上觉得此话有理，转告皇后说，撤“看席”一事，“肃六云不可”。换句话说，肃老六否定了皇后的意见，这不能不使皇后深恶肃顺，而站到那拉氏一边，共同对抗肃顺了。难怪后人探寻不久之后发生宫廷政

1《清代野史》第 7 辑，巴蜀书社 1988 年版，第 174 页。

变、肃老六被斩的原因时感慨万千："灭门之祸，起于饮食之微，可为叹息。"[1] 其实，重要的还是原有的裂痕，有怨在先，任何看似微不足道的事情都会使原有的裂痕扩大。而且，车子问题，吃饭问题，对普通老百姓来说的确是鸡毛蒜皮的小事，但对特权阶层来说未必如此。礼、义、尊、卑云云，上纲上线，可就是政治问题了。看来，"饮食之微"实在不"微"。

积怨还在加深着。作为大总管的肃顺，负责行在的一切事务，修缮、营造、膳食等等，杂事丛集，操心费神，够辛苦的。不过，恃宠骄横惯了的肃六爷，此时比在京师更加骄横，以前的流氓习气依稀可见，举止粗俗，身穿便装，大大咧咧"出入无禁"，连后宫他也敢闯，"嫔御弗避"。这种公然破坏后宫规矩的行为，皇后、那拉氏都难以容忍。至于皇上怎么想，只有皇上自己清楚。

皇上病了，那拉氏总想干预朝政，而肃老六要专权，不欲那拉氏染指，冲突随着皇上病势的趋重不断升级。肃六是个明白人，他意识到，皇上大病不起，一旦宾天，小皇子继位，那拉氏就是太后，母后擅权，他绝没有好下场，还是先下手为强。皇上对那拉氏心存不满，近年更甚，脑中闪过将其贬入冷宫的火花，这一切，都瞒不过肃六，更何况"文宗最喜肃顺，言无不尽"呢！一次，那拉氏忤旨，皇上愤愤然向肃六诉说，肃六趁机献策，向皇上提出令人震惊的处置那拉氏的办法——"请用钩弋

1 黄濬：《花随人圣庵摭忆》"补篇"，上海古籍书店 1983 年版，第 1 页。

故事！”

肃顺所说的“钩弋故事”，发生在西汉武帝时期。钩弋夫人（因居钩弋宫故称）赵婕妤是汉武帝的妃子，生子弗陵。弗陵早熟，只数岁，就长得形体“壮大”，多知多识，武帝奇爱之，有心将传国玉玺交给他，但又生怕主幼母壮，母后干预朝政。为避免重蹈吕后擅权乱国的覆辙，后元元年（公元前 88 年），武帝挥泪将赵婕妤赐死，立弗陵为太子（第二年继位，即汉昭帝，由光禄大夫霍光辅政）。这就是历史典故“钩弋故事”的由来。

肃六的献策，就是劝皇上采取果断措施，效法汉武帝立子除母，除掉“后患”那拉氏，要不要“霍光”辅政，似乎也在不言中。可是，皇上却“濡濡不忍”，一时下不了这个狠心，这也难怪，毕竟是自己眷恋过的娇妻，又生下皇子，为大清立下绝大功劳。看来，肃六的毒计超出了皇上的心理承受能力，也为自己埋下了杀身之祸的种子。不久，皇上醉酒，借酒发泄对那拉氏的不满，不慎失言，把肃六“请用钩弋故事”的密谋泄露出来，为那拉氏所知，读者可以想象，她会有什么样的反应。“衔肃刻骨”[1]，杀机暗藏，只要她那拉氏掌权，决不放过肃老六！当然，杀机只能藏而不露，野心也得收敛，皇上对她最不满意的就是揽权干政，万一皇上动起怒来，一气之下把她打入冷宫，一切付诸东流，欲除肃而不能。在咸丰皇帝最后的日子里，那拉氏表现得特别恭谨，总带着小皇子哭哭啼啼地守护在病榻旁。人之将死，

1 黄濬：《花随人圣庵摭忆》，上海古籍书店 1983 年版，第 430 页。

其“心”也善。看着心爱的小皇子，看着泪眼红肿的皇贵妃，皇上现在反倒为那拉氏担心起来，皇子不能失去母亲，他要保全那拉氏。他把随身携带的私章“同道堂”郑重地交给那拉氏（名义上是交给皇子载淳的，皇子年幼，理所当然由其母收存）。这不是一枚普通的私章，而是最高政治权力的象征。在这授收“同道堂”的一刹那，那拉氏掌握了权柄，晚清政治格局即将发生历史性巨变。肃顺碰到了他从未遇到过的强硬对手。

咸丰撒手归西。在他辞世的第二天，诏告天下，肃顺、载垣、端华等八臣顾命，辅佐皇太子。细心的读者也许会产生这样的疑问，赞襄（语出《尚书》，辅助之意）政务的大臣有八位，这在中国历史上是罕见的，何其多也？如今谁也弄不明白当时的咸丰是怎样想的。不过，笔者大胆猜想，咸丰意欲削弱、限制肃六的权力。肃六的确是咸丰的心腹宠臣，这是不争的事实，但他目空一切，除了皇上之外，谁也不看在眼里，专横跋扈。咸丰欣赏肃六雷厉风行、果断铁腕的办事作风，却不希望他死后出现肃六独揽大权的局面，八臣顾命，互相牵制，自然可以削弱肃顺的专权。当然，皇上也很清楚，八大臣中，肃顺是首脑，七臣唯命是从，要限制肃顺，还必须有另外的钳制力量，他想到后宫里的两位女主：皇后钮祜禄氏和皇子生母那拉氏。皇上身边有两枚印章，“同道堂”交给皇子（由那拉氏监管），另外一枚“御赏”交给皇后，规定，凡赞襄政务大臣所拟谕旨，必须钤上这两枚印章后才能生效，“御赏”盖于起首，“同道堂”盖于结尾，缺一不可。以肃顺为首的“赞襄”集团要想把权力意志付诸实施，只有求助于两位皇太后。这是一种“垂帘辅政，盖兼有之”[1]的“三权分立”（不恰当的比喻）的政治格局。权力制衡之下，谁也别想专权。咸丰可谓用心良苦。但理想与现实之间往往相去甚远。咸丰不会料到，他殚精竭虑、精心勾画的政治蓝图，在他死后不久便被撕裂，诱发一场政治大震荡。

咸丰“龙驭上宾”，肃顺顾命赞襄政务，自觉责任重大。也许他在接受顾命的那一刻，就已暗下决心，一定不辜负皇上厚爱，尽心尽力辅佐幼主，开创一个崭新的政治局面。但肃顺行政一向缺乏策略的灵活性，四面树敌，连两宫太后也彻底得罪了。皇上驾崩后，两宫并尊，钮祜禄氏称母后皇太后，那拉氏称圣母皇太后，但晋封徽号时，“圣母”迟了一天。那拉氏与肃顺本来就形同水火，肃顺有所抑扬，那拉氏岂甘忍受？肃顺曾欲置那拉氏于死地，那么，那拉氏一旦掌权，决不能容忍肃顺的存在。等着瞧吧！那拉氏不露声色，盘算着如何铲除以肃顺为首的赞襄集团，实现垂帘听政的目的。

政争刻不容缓地开始了。权力三方（两宫太后站在一边，也可以说权力双方）如何协调施政？遗诏没有讲明，是咸丰的疏忽，还是其他？谁也说不准。不管怎样，眼下必须明确，国家机器一刻不能停止运转。晋封徽号后，两宫太后召集八大臣，讨论诏议疏章黜陟刑赏等施政要事，或者说如何分配权力。以肃顺为

1 佚名：《热河密札》，《近代史资料》总第 36 号，中华书局 1978 年版，第 13 页。

首的八大臣坚持，谕旨由赞襄大臣拟定，太后只管盖章，不得改动，章疏也不必呈览，总而言之，一切权力归肃六爷，两宫太后只不过虚应故事，充当钤印的工具而已。肃顺太猖獗了，简直把两宫太后视为掌上玩偶。慈禧忍无可忍，慈安也感到肃六欺人太甚。肃老六要独揽大权，两宫太后偏偏不让他独揽，"御赏""同道堂"不是两块玉石雕刻，拿来当摆设的。双方唇枪舌剑，论争不休。我们无法得知争吵的细节，但足足僵持了4天，4天！读者不难想见，当时气氛之紧张，论争之激烈了。最后达成"章疏呈览，谕旨钤印"[1]的暂时妥协。而这个妥协，肃顺、那拉氏恐怕谁都不会满意，谁心中都一清二楚，这种暂时不会维持太久。肃顺也许会想，独揽大权是迟早的事，幼主和两宫太后跳不出肃六爷的手心。那拉氏倒危不自安，热河是肃顺的天下，纵有能耐，也摆脱不了肃顺的控制。要垂帘听政，铲除赞襄集团，非有外援不可，她立即想到了肃顺的政敌、被排斥于权力中心之外的恭亲王。没有多少主见的慈安太后也觉得慈禧的见解有理，"惟有同垂帘听政，始可免为他人鱼肉"[2]，但主张先与恭亲王商量后再议。两位太后俯身巨缸说话，"计议甚密"，决定"羁縻肃顺"，以防狗急跳墙，同时派出密使前往北京，召恭亲王前来热河密谋。[3]这一切，肃顺集团都被蒙在鼓里。

1 费行简：《慈禧传信录》，见《史说慈禧》(《慈禧纪实丛书》之二)，辽沈书社1994年版，第415页。

2 萧一山：《清代通史》卷下，中华书局1986年版，第431页。

3 小横香室主人：《清朝野史大观》卷一《清宫遗闻》，上海书店1981年版，第69页。

激烈的冲撞之后，热河恢复了平静。七月二十六日（8月31日），经两宫太后批准，八大臣拟定的“祺祥”年号正式确定。“祺祥”，吉祥如意也，谁都希望“祺祥”带来好运气。但肃顺怎么也不会想到，他亲自主持拟定的表达美好愿望的“祺祥”年号，只存在了69天。

“祺祥”年号确定的当天，恭亲王以“叩谒梓宫”为名，离开北京，踏上北向热河之路。恭亲王的热河之行，是要与两宫策划一个惊天大阴谋，跟着而来的便是摧毁赞襄集团的血雨腥风。

第六章 军事上的大转折：曾胡洞开天京门户

我军最重大之损失，乃是安庆落在清军之手。此城实为天京之锁钥而保障其安全者……安庆一失，沿途至天京之城相继陷落，不可复守矣。

——《洪仁玕自述》

惊天大阴谋在酝酿之中，政治上的大震荡即将来临。而军事上出现了大转折，八月一日（9 月 5 日），曾国藩、胡林翼统率的湘军，经过一年多的苦战，终于攻克安庆，取得“定乾坤之能转不能转”的关键性胜利。安庆是太平天国首都天京的门户，它的得失，对双方都具有决定性影响，“天国”从此步步滑向地狱，而大清王朝却从垂死中复苏，迎来了“中兴”的一缕曙光，曾国藩也因此成为中外瞩目的焦点人物。

曾国藩站在安庆城头，陶醉在辉煌胜利的喜悦中。晴天霹雳，咸丰驾崩的噩耗传来，曾国藩顿感“天崩地坼”“神魂震惊”。安庆告克，大局已有转机，而皇上竟没有闻此捷报，郁悒终古，怎不令为臣子的“攀号莫及”，“尤深感痛”！[1]

八月八日（9 月 12 日），曾国藩巡视安庆，接着设帐殿，率将士为咸丰成服哭临，一时哀声四起。

涛声依旧。面对滚滚长江，曾国藩心潮澎湃，百感交集，思绪万千……

1《曾国藩全集（修订版）》第 17 册《日记之二》，岳麓书社 2011 年版，第 194 页。

一、曾国藩：在“自杀”中崛起

曾国藩能打到安庆，的确不容易，甘苦备尝、受尽委屈不说，还留下几度自杀未遂的耻辱纪录。没有“自杀”，也许曾国藩就到不了安庆城下，更谈不上攻下安庆，当然也不会有后来的“中兴第一名臣”的丰功伟业。笔者还想重复前面说过的一句话：“成功”的绝对意义就是自强不息的自我实现的过程。

曾国藩原是一位仕途得意的幸运京官，雄心勃勃，很想干出一番事业。咸丰继位之初，下诏求言，刷新政治，曾国藩积极响应，参政议政，痛陈时弊，希望新主有所作为。可是，他的建言，并没有被采纳，这使他难免感到失望，而一般士大夫故步自封，麻木不仁，不思振作，反而讥笑他出风头，“谤议横生”，更令曾国藩绝望。

补天倘无术，不如且荷锄。[1]

壮志难酬，还不如回家种红薯——曾国藩当官不是为了发财。咸丰元年十二月十八日（1852 年 2 月 7 日），他上了一道《备陈民间疾苦疏》，如石沉大海。4 天后，他写信告诉几位弟

1 曾国藩：《秋怀诗五首》，《曾国藩全集（修订版）》第 14 册《诗文》，岳麓书社 2011 年版，第 36 页。

弟，准备弃官归田，“以避尸位素餐之咎”[1]，颇有些心灰意冷。

咸丰二年六月十二日（1852年7月28日），曾国藩得任江西乡试正考官，借机出京。二十四日（8月9日）离京赴南昌，准备便道回湘乡老家。七月二十五日（9月8日），行至安徽太湖小池驿，惊闻母亲去世，乃告假离职回家奔丧（这叫“丁忧”），由安徽经湖北而到湖南，八月二十三日（10月6日），回到了白杨坪。

曾国藩在白杨坪缞衣麻裳，原打算守制三年，恪尽孝道，然而，洪秀全领导的太平天国运动，排山倒海，势如破竹，由广西席卷湖南，围长沙两个多月，接着连克益阳、岳州、汉阳、汉口，十二月四日（1853年1月12日）占领华中重镇武昌。太平军“势成割据”，皇帝“痛哭”，添派重兵围追堵截，同时号召各地团练乡勇，保卫桑梓。皇帝特别想到了曾国藩。十一月二十九日（1月8日），颁给湖南巡抚张亮基一道上谕，说：

> 前任丁忧侍郎曾国藩，籍隶湘乡，闻其在籍，其于湖南地方人情自必熟悉。着该抚传旨，令其帮同办理本省团练乡民、搜查土匪诸事务。伊必尽力，不负委任。[2]

十二月十三日（1月21日），曾国藩接到帮办湖南团练的谕

1《曾国藩全集（修订版）》第20册《家书之一》，岳麓书社2011年版，第204页。

2《曾国藩全集（修订版）》第1册《奏稿之一》，岳麓书社2011年版，第68—69页。

旨，犹豫迟疑，准备上疏陈情，恳乞终制。好友吴敏树致书力劝，郭嵩焘则专程赶往白杨坪，“以力保桑梓之谊”为言，敦促他应召出山。“国藩”之谓何？不正是为国屏藩吗？此时不出，尚待何时?！于是焚毁疏稿，遵从墨绖从戎的古制，接受帮办团练大臣的任命，二十一日（1月29日）到了长沙。

咸丰三年（1853）春，当太平军由武汉凯歌东进，克九江，下安庆，建都金陵时，曾国藩在湖南厉行“治乱世用重典”的原则，大开杀戒，他先后派兵勇镇压了衡山、安仁、安化等县起义军，同时，专门在省城长沙其公馆内设立了一个审案局，委派知县刘建德、厉云官等轮流审案，拿获匪徒讯明定供，即用巡抚令旗，立即正法。曾国藩杀人不拘成例，抛开法律条文、司法机关，痛自杀戮。据他自己奏称，审案局成立短短几个月内，斩决104人，立毙杖下2人，监毙狱中31人，计137人，还不包括各县就地处死的以及擒获的安化蓝田串子会众92人，他自己后来承认杀了200余人，实际远不止此数。如此剃头一样地杀人，实属少见。

曾国藩越职侵权，自立公庭，肆意滥杀，谤议四起，骂他“曾剃头”（比喻杀人如剃发）、“曾屠胡子”，连新任巡抚骆秉章也认为他伤天害理，与其为难。而曾国藩不顾一切，以“不要钱，不怕死”六字自矢，一意孤行。

曾国藩雷厉风行地大杀大砍，果然奏效。远近震慑，地方安静。湖南是社会冲突特别剧烈的省份，但不仅没有成为第二个广西，而且倒成了曾国藩反攻太平天国的基地。

太平天国建都金陵，清廷痛失半壁江山。要收复失地，光靠绿营兵，简直就是痴人说梦。曾国藩对此早有认识，咸丰元年三月初九日（1851 年 4 月 10 日），他上了著名的《议汰兵疏》，提出裁减绿营、组建新军的建议，没有被采纳。现在奉命帮办湖南团练，看透了绿营兵的种种恶习，其中“最堪痛哭者，莫大于‘败不相救’四字”。他在给朋友的信中说，近来官兵征调，总是天涯一百，海角五十，士与士不熟，将与将不睦，此营惨遭失败，彼营掉头反顾而不相助，且咧口痴笑作壁上观，就是岳飞再世、孔子复生也改变不了这种牢不可破、深入骨髓的恶习，用这种腐败透顶的军队去临阵对敌，剿灭太平军，不被太平军所平都是万幸。有鉴于此，他决心改弦更张，“别开生面，斩断日月”，苦练一支劲旅，使之呼吸相顾，痛痒相关，赴火同行，蹈汤同往，胜则举杯同庆，败则拼死相救。这就是与绿营截然不同的新军——湘军。

曾国藩初到长沙，就把同乡罗泽南、王鑫所带之勇组成“大团”，归他指挥，这个“大团”就是湘军的基干。曾国藩不会忘记，湘军的建军，与罗泽南、王鑫的名字紧紧联系在一起。

但曾国藩由于“侵官越俎”而为省城军政长官所不容，八月十四日（9 月 16 日）他默默离开长沙，来到衡州，卧薪尝胆，募勇练兵。在曾国藩的苦心经营下，咸丰四年（1854）初，包括水、陆两方面军的湘军宣告成军，计陆师 5000 余人，水师 5000

人，连同陆路长夫、随丁，水路雇船、水手、粮台员弁、丁役，总计全军 1.7 万人。

当曾国藩编练湘军之时，太平军克敌制胜，频频奏凯。

与北伐同时，太平天国举行大规模的西征作战，夺取长江中上游之地，巩固天京。曾国藩由此迎来了他的强大对手。咸丰三年四月十二日（1853 年 5 月 19 日），西征军在春官正丞相胡以晃、夏官副丞相赖汉英统率下，由和州溯江而上，五月四日（6 月 10 日）夺取安庆，接着，连拔江西彭泽、湖口、南康，十八日（24 日）兵临南昌城下，与江西巡抚张芾、湖北按察使江忠源相持，八月二十二日（9 月 24 日）太平军撤围北上，二十七日（29 日）攻克九江。此后西征军兵分两路：一路由胡以晃、曾天养率领，自安庆经略皖北；一路由石祥祯、韦志俊率领，自九江沿江西上，进入湖北，一度攻克汉口、汉阳。咸丰四年（1854）春，石、韦与曾天养、林绍璋等，率 4 万大军回军西征，一月十五日（2 月 12 日）在黄州、堵城大败清军，曾国藩座师、湖广总督吴文镕投水自尽，副将德亮等战死。十九日（2 月 16 日）太平军乘胜攻克汉口、汉阳，留石凤魁镇守，大军则由石祥祯统率西上，进攻湖南。见太平军攻到了家门口，清廷又无兵可调，而曾国藩编练湘军的计划基本完成，于是出兵应战。

一月二十八日（2 月 25 日），湘军会师湘潭，陆师 10 营，由塔齐布、周凤阳、朱孙贻、储玫躬、林源恩、邹世琦、邹寿璋、杨名声、曾国葆统领，塔齐布为先锋；水师 10 营，由褚汝航、夏銮、胡嘉垣、胡作霖、成名标、褚殿元、杨载福、彭玉麟、邹汉章、龙献琛统领，褚汝航为各营统领（仅留罗泽南、李续宾二营驻防衡州），几乎全军出动。曾国藩在衡阳大誓其师，发布《讨粤匪檄》，向太平天国宣战。随即水陆并发，夹湘江而下。

太平天国西征军石祥祯部已攻入湖南，二月一日（2月27日）占岳州，六日（3月4日）、九日（7日）、十三日（11日）连拔湘阴、靖港、宁乡，企图一举拿下长沙，以湖南为基地，实现席卷桂、粤，逐步统一华南的战略目的。

太平军以夺取长沙为目标，曾国藩自然以保卫长沙为目标。湘潭誓师后，湘军全军开赴长沙，二月上旬自长沙开赴靖港、乔口、岳州，旌旗飘扬，威武雄壮。太平军没与湘军交过手，不知虚实，恐抵敌不过，在宁乡略施小计，阵毙曾国藩陆师营官储玫躬后，主动放弃岳州等地，撤回湖北。三月二日（3月30日）曾国藩率湘军水师收复岳州。当他草拟“剿贼获胜”“贼踪全数退出”湖南的捷报时，湘军却罹不测之祸。三月七日（4月4日），洞庭湖北风大作，波浪翻滚，褚汝航、成名标所统水师船只，在岳州湖畔漂沉24只，撞击破损数十只，不战自乱，兵勇溺死无数。尚未与敌正面交锋，就遭受如此重大损失，曾国藩可谓出师不利。

太平军退出湖南，在湖北加紧休整，迅速补足兵力后，回戈反攻，在岳州败湘军陆师曾国葆、邹寿璋、杨名声等部。陆路失利，水军也无斗志，曾国藩为保存自己的兵力及炮船——与太平军作战的本钱，三月十日（4 月 7 日）丢开岳州，退保省城。

太平军重占岳州后，乘胜进军，石祥祯从水路乘风破浪，一路追击，一直打到距长沙仅 60 里的靖港；林绍璋率主力从陆路绕过长沙，疾驰南下，三月二十七日（4 月 24 日）攻克湘潭。一南一北，对长沙形成两面夹攻之势，顿时长沙城内人心惶惶，一片混乱。面对危局，作为湘军统帅的曾国藩，如何排兵布阵，就成为战事胜败的关键。他冷静地判断着：湘潭是长沙的门户，湘潭不保，长沙危矣，“不仅省城孤注，难以图存，即衡、永、郴、桂及两粤匪党闻风响应，从乱如归，东南大局不堪设想”[1]。有鉴于此，曾国藩几乎把老本全部押到了湘潭一面，而以小部分兵力牵制靖港太平军。这一战役布局的正确性，终于使湘军扭转了大局。

三月二十八日（4 月 25 日），塔齐布、江忠淑等湘军主力到达湘潭，立即对太平军展开猛烈进攻。太平军立足未稳，又无后援，立即乱了方寸，只有招架而已。四月一日（4 月 27 日），湘军水师统领褚汝航等率师 5 营受曾国藩之命增援湘潭，太平军只有被动挨打，连战皆败。

湘潭初战告捷，而曾国藩所派牵制之师兵机不顺，四月二日（4 月 28 日），他亲率水师千余人，大小战船 40 余只及陆勇 800 人，自长沙驶赴靖港。他意识到，湘潭太平军连战皆北，专盼靖

1《曾国藩全集（修订版）》第 1 册《奏稿之一》，岳麓书社 2011 年版，第 161 页。

港来援，因此应发兵靖港以为牵制，使太平军首尾不能相顾。他很清楚，重兵押在湘潭，自己所带之勇难期得力，凶多吉少，但兵机所在，不可缓图，只好力任其难，硬着头皮亲自出马了。天有不测风云，当曾国藩到达距靖港20里的白沙洲时，西南风陡起，水流湍急，水师战船顺风驶至靖港不能停留，被太平军炮火猛轰一阵，顿时桅樯摧折，血肉横飞，只好牵缆着船，驶泊靖港对岸的铜官渚。这时太平军又出动小划船200余只，顺风驶逼水营，水勇开炮轰击，无奈炮高船低，不能命中。太平军顺风纵火，水师大乱，纷纷弃船上岸。曾国藩率陆师驻扎白沙洲，见水师受挫，急命全线出击，驰援靖港，意图挽回败局，不料陆师知水师溃败，全无斗志，一与太平军接触，便奔命不遑，抢渡浮桥，桥被挤断，落水溺死百余人。曾国藩仗剑督阵，在岸上竖起了令旗，厉声喝道："过旗者斩！"岂知兵败如山倒，曾国藩无法遏止，士兵绕过令旗，只顾逃命，霎时作鸟兽散。曾国藩回到坐船上，想到自己督师竟一败涂地，何以见人？想到自己一手训练出的军队，竟如此不经打，所称"劲旅"者何？想到兵不用命，有禁不止，军纪何在？气恼、愤恨、沮丧、羞愧，一起涌上心头，他纵身跳水，想一死了之，随从章寿麟奋不顾身跃入水中，将其救起，连夜狼狈逃回长沙。

曾国藩率残兵败将逃回省城，受到官绅的讥笑、嘲弄和攻击，几乎"为通省官绅所鄙夷"。曾国藩本来就不见容于长沙官绅，此时更不缺落井下石者，布政使徐有壬、按察使陶恩培、提督鲍起豹，要巡抚骆秉章出面，弹劾曾国藩（时曾国藩上奏“自请治罪”），解散湘军。骆秉章虑事更为周全，如果解散湘军，谁来保卫长沙？因而劝解说：“曾公已自请议处，何烦再劾？君等但咎其败，不顾寇势之盛，非曾公一军，谁与任城守者？”[1]

群小诟辱，官绅讪笑，如此奇耻大辱，令曾国藩悲观失望，无地自容。他躲到妙高峰，立下遗嘱，起草了“为臣力已竭，谨以身殉”的遗折，嘱老弟国葆替他备置棺材，准备在四月五日（5 月 1 日）这天，如湘潭不能取胜，就自杀殉国，以谢湘人。

看来曾国藩编练湘军的心血并未枉费。四月五日，湘军陆师副将塔齐布、训导江忠淑、水师知府褚汝航、千总杨载福、生员彭玉麟等部经过连日苦战，攻克湘潭，毙敌万余人，林绍璋部几乎全军覆没。湘潭大捷，长沙之警解除，在全城额手称庆之际，曾国藩也就打消了死意。

湘潭之败，是太平军出广西后在长江一带第一次遭受重创，影响巨大。从全局上讲，它使太平天国以湖南为基地统一华南的计划落空，李秀成总结太平天国失败的原因时，把湘潭之败列为十项错误之一。对西征军来说，则是由胜利进军到失利退守的一个重要转折点，换句话说，曾国藩以几乎自杀为代价扭转了败局。

湘潭战后，太平军撤至岳州以防御湘军，以主力围攻武昌。曾国藩利用这个喘息机会，重整湘军。经过几个月的整顿，水陆

1 郭振墉：《湘军志平议》（湘军史专刊之一），岳麓书社 1983 年版，第 204 页。

全军已达2万余众，军容复壮。

咸丰四年六月二日（1854年6月26日），石祥祯、韦志俊、石凤魁等部太平军二度攻占武昌。咸丰皇帝焦急异常，命曾国藩率湘军疾驰援鄂，收复武昌。曾国藩重整湘军就绪，于是全军出动，集中兵力进攻岳州，而后直趋武汉。六月十三日（7月7日），曾国藩遣知州褚汝航、同知夏銮、知县彭玉麟、守备杨载福带水师4营2000人，自长沙进泊鹿角，遏岳州太平军南进之路。陆师兵分三路，提督塔齐布、知州罗泽南为中路，道员胡林翼为西路，同知林源恩、江忠淑为东路。三路大军直逼岳州。当时镇守岳州的是太平天国的老将秋官又正丞相曾天养，虽年近花甲，但足智多谋，连曾国藩也佩服这位本家，说太平军中善于用兵的人，除杨秀清外就要数曾天养了。曾天养见湘军来势凶猛，双方力量对比悬殊，小挫之后，便避其锋芒，七月一日（7月25日），率军放弃岳州，退守城陵矶。

城陵矶位于岳州东北15里，扼洞庭湖口，形势险要，是两湖重要门户，也是曾国藩入鄂作战的必经之路。七月十六日（8月9日）湘军水师抵城陵矶，不想又遇意外，南风忽起，湘军炮船顺流而下，进易退难。曾天养见有机可乘，立即命大队战船埋伏在漩湖港，只出小舢板船诈败诱敌，湘军不知是计，穷追不舍，终于陷入重围，惨遭失败，陈辉龙、褚汝航、沙镇邦、夏銮等数百人毙命，损失战船数十号，曾国藩闻讯，“伤心陨涕”。

十八日（11日），曾天养率兵3000余人由城陵矶舍舟登岸，准备据险扎营。又是塔齐布，乘其立足未稳，发动猛攻。曾天养匹马当先，直冲敌阵，不意被湘勇黄明魁用矛刺翻，落马而死，太平军败北。曾天养为西征军主帅，主帅阵亡，士气大损，韦志俊率太平军虽与湘军相持十余日，终被湘军击溃，于闰七月二日（8 月 25 日）撤往武汉。

经过半年多的浴血苦战，曾国藩统率湘军终于廓清了湖南，扭转了战局，并且打通了进军湖北的通道，于是湘军全军入鄂，直逼武汉。

武汉为军事重镇，号称“九省通衢”，战略地位不言而喻。太平军严密设防，坚固可比“金川之石碉”。但西征军屡战屡败，被湘军一路追杀到武汉，人人有畏敌怯战心理，士气低落，而镇守武昌统辖诸将的国宗提督军务石凤魁，是一个“粗通文墨，不谙军务”而又刚愎自用的平庸之辈，听说岳州守将曾天养战死，湘军全军压来，早已吓破了胆，畏敌如虎。这一切，预示着曾国藩的好运就要来临。

八月二十一日（10 月 12 日），曾国藩督军三路齐发，向武汉三镇发起猛攻，二十三日（14 日），连下三城，城高池深的武汉轻而易举落入曾国藩之手。

曾国藩以不满 200 人的代价轻取武汉，三日之内，焚舟千余，踏尽坚垒，杀敌数千。代价之小，战绩之著，诚可谓罕见的奇捷，是清朝与太平天国作战以来最大的胜利。曾国藩简直兴奋到了极点，在给诸弟的家书中称，“自军兴以来，未有如此痛快者也”[1]。咸丰皇帝闻报大喜，赏曾国藩兵部侍郎衔，署理湖北巡抚（旋改授陶恩培）。

夺取武汉，控制长江上游，为曾国藩东征战略的第一步，而后克九江，下安庆，夺取金陵，这是其全部战略。

武汉克复后，曾国藩率水陆大军，浩浩荡荡，乘胜直趋鄂赣交界的江上险关田家镇，双方激战月余，湘军大获全胜。十月十四日（12 月 3 日）湘军攻克田家镇，江西门户洞开，曾国藩便把矛头指向了九江。这时的湘军，兵骄将傲，狂妄不可一世，连曾国藩也认为东南大局出现转机，太平军不足为患，多则三载，少则一年，即可荡平，甚至认为太平军可能放弃天京，奏请皇上谕令各路带兵大臣及各省督抚进行堵截，以防太平军逃窜。咸丰闻田家镇大捷，“感慰莫能言喻”，求成更切，命曾国藩分路进剿，由九江、安庆直抵金陵，曾国藩于是乎“耀兵东征”了。

事实上曾国藩低估了太平军的实力，高兴得早了一些。

武昌、田家镇惨败后，太平天国已把曾国藩视为最强劲的对手，迅速调整了军事部署，特派“独具将才”“文武备足，谋略甚深”的青年将领翼王石达开由安庆率军进扎湖口，指挥江西战事，派骁勇善战的林启容防守九江，派著名战将罗大纲屯兵湖口对面的梅家洲，要与湘军一决雌雄。

十一月十九、二十、二十一日（1855 年 1 月 7、8、9 日），湘军塔齐布、胡林翼、罗泽南等部先后到达九江，发起强攻，太

1《曾国藩全集（修订版）》第 20 册《家书之一》，岳麓书社 2011 年版，第 248 页。

平军负固死守。石达开深知湘军锐气正盛，装备精良，特别是水师，更是太平军水师难与匹敌的，因此不与湘军硬拼，而采取疲敌战术，准备把湘军拖疲，然后寻找机会反击。所以，任凭湘军猛打猛攻，太平军就是负固不出，湘军也无法从枪林弹雨中飞越铜墙铁壁。石达开这一着，大出曾国藩“意计之外”，使他“指日可破”、轻取九江的预想化为泡影。这使他焦急万分，改取“舍坚而攻瑕”的方针，留塔齐布继续包围九江，抽出胡林翼、罗泽南等部攻湖口对岸的梅家洲，占领九江外围要点。十二月六日（1月23日），湘军分东中西三路进攻梅家洲，太平军同样“负固不出”，湘军力攻不下，徒呼奈何。

九江、梅家洲既难逞志，曾国藩又把主攻的方向转移到湖口，想凭借水师的优势，拿下湖口，再攻九江。

湖口是鄱阳湖入长江的咽喉，梅家洲就在它的对岸，依山傍水，形势险要。东岸湖口县城，就是太平军主帅翼王石达开的大本营，他以狮子山为屏障，厚筑土城，多安炮位，并于湖口内扎大小木排各一座，排上建有木城、望楼，排外有铁索篾缆。战船数十只排列缆边，水上陆上连成一体，固如金城汤池。

十一月十五日（1月3日），当湘军陆师尚未大批南渡之际，湘军水师李孟群、彭玉麟等部已抵湖口江面，败太平军水师。石达开知道，湘军水师占绝对优势，不能硬拼，只能智取。每入夜，他便派出陆师千人，分作两班，抛掷火箭火球，“大呼惊营”，用这种战法扰敌疲敌，使对手“彻夜戒严，不敢安枕”，一连20天，弄得湘军水师锐气全消，疲惫不堪。湘军得胜之势为之一变。

十二月六日（1月23日），李孟群、彭玉麟乘胡林翼、罗泽南等攻梅家洲之机，以水师合力环攻湖口木排，费了九牛二虎之力，总算攻破了。石达开将计就计，连夜将大船装满砂石，凿沉江心，使曾国藩的“长龙”“快蟹”这些存放辎重、安置重炮的笨重巨舰无法通过，仅西岸虚留隘口，拦以篾缆，意在诱敌深入。十二日（29日），胡林翼、罗泽南、李孟群、彭玉麟等水师再攻梅家洲，水师都司萧捷三、孙昌国、段莹器及游击黄翼升等率轻舟120余只，精卒2000余人，轻而易举攻破隘口，冲入鄱阳湖。石达开见湘军中计，复于湖口设卡筑垒，断其出路，这样，湘军水师等于被肢解。原来，曾国藩的三板、四板等类轻舟，轻便灵活，适于近击，但不备重炮，不能扎营，不能远航。曾国藩把轻舟与巨舰合为一体，相互依托，配合作战，充分发挥水上优势。可是，石达开略施小计，就把湘军水师截而为二。曾国藩大惊失色，感到大祸即将临头：“百余轻捷之船，二千精健之卒，陷入鄱湖内河，业被贼卡隔绝，外江所存多笨重船只，运棹不灵，如鸟去翼，如虫去足，实觉无以自立。”[1]石达开见时机已到，当晚出动轻便战船数十艘，突然楔入口外湘军大船，延烧船只，两岸太平军呼声震天，火箭喷筒，一起施放。湘军“长龙”“快蟹”失去轻舟护卫，难以抵御，结果被焚大战船9艘，

1《曾国藩全集（修订版）》第1册《奏稿之一》，岳麓书社2011年版，第394页。

小船数只，杂色座船 30 余只，其余见势不妙，挂帆逃往九江大营。这时的曾国藩真是昼夜焦思，寝食难安。可是，还未等他想出破敌之策，太平军又来了个突然袭击。十二月二十五日（2 月 11 日）夜，翼王石达开派忠贞侯林启容自九江、冬官正丞相罗大纲自小池口，两路轻舟百余只，乘月黑迷漫，偷袭湘军水师，金鼓一鸣，火弹喷筒，百支齐放，火网密布，湘军战船燃起熊熊烈火，各哨惊乱，曾国藩难以控制。这时一队舢板，直扑他的座船，曾国藩慌忙逃上小船，投奔罗泽南的大营。座船管驾官广东把总刘盛槐、李子成，监印官安乡县典史潘兆奎、文生葛荣册阵亡，文案全失。座船为一军耳目所在，湘军水师见座船已失，人人惶愕，各船纷纷上驶，自九江以上的隆坪、武穴、田家镇直至蕲州都有丢弃的船只。此情此景，曾国藩“殊难为怀”。此役湘军 200 艘船被烧，多年惨淡经营的王牌，几乎不复成军。当晚曾国藩逃到罗泽南大营，羞愤难当。20 天前他还向皇上吹嘘，陆师围逼九江，水师肃清九江江面，进扼湖口，皇上大喜，赏穿黄马褂，赐狐皮黄马褂一件、四喜扳指一个、白玉巴图鲁翎管一个、小刀一把、火镰一个、福字一幅、大小荷包三对，又有奶饼果食等赐品。可是变起仓促，连连失利，如何向皇上交代？目睹自己苦心经营的水师船毁勇溃，简直如万箭穿心，痛不欲生，他又一次赴水求死，未遂，罗泽南多方劝阻，并且表示要与太平军在陆上决一死战，曾国藩才打消赴死的念头，毕竟自己还有一些资本，还可以重整旗鼓，东山再起。

湘军遭到重创，原本不足为怪。当初攻下武汉时，湘军内部已是危机四伏，曾国藩看得一清二楚，说有三大忧虑——骄傲松劲情绪滋长、离湘日远补给困难等。此时他还是清醒的，可是攻下田家镇后却犯了糊涂，他应该转攻为守，先稳住上游，休整军队，然后徐图进取，但他急于求成，仓促发兵，这第一步就走错了，而且第一步一旦走出去，连退路也没有了。接着，他在战役指挥中，一错再错，其中最明显的一个错误就是在刚攻九江时就分兵进攻梅家洲、湖口。曾国藩本来兵力不厚，“兵分势单，易生瑕隙”[1]，结果给敌人造成可乘之机，从而丧失了战争的主动权。虽说胜败无常，但施计用谋是制胜的关键，老成持重的曾国藩输给了二十几岁的翼王石达开，这让他实在咽不下这口气。

九江、湖口之战对作战双方来说，都是一个转折点，太平军扭转了败局，不断取得新的胜利，进围武昌，而曾国藩指挥的湘军则一败再败，陷入困境。

二、曾国藩与胡林翼：湘军的灵魂

太平军咄咄逼人，曾国藩“终日惶惶如坐针毡”[2]。为重整旗鼓，赧颜走入江西省城，编练内湖水师。咸丰五年一月十六日

1 张仲远：《楚寇纪略》，见太平天国历史博物馆编《太平天国史料丛编简辑》第 1 册，中华书局 1961 年版，第 77 页。

2《曾国藩全集（修订版）》第 20 册《家书之一》，岳麓书社 2011 年版，第 256 页。

（1855年3月4日），曾国藩到达南昌。萧捷三等所率轻舟百余，精卒两千，与外江声势隔绝，已有一个多月，士饥冻备尝，军心涣散，开赴赣江后，听说外江战船回鄂，离老营更远，军心愈摇，大有溃散之势，幸而曾国藩赶到，亲自统带、安抚，众心稍定。

到南昌后，曾国藩立即着手整顿水师：与江西巡抚陈启迈商定将赣省长龙船30只先拨与曾国藩使用；派员回湖南续招水勇；设厂委托邓仁堃监造大船。邓仁堃，字厚甫，曾国藩的老乡，湖南武冈人，任江西广信府知府。半个月前，曾国藩就致函商请他造长龙、三板五六十只，遴择哨官，添招水勇，严加操练。邓不负所望，在曾国藩陷于困境之时，助了他一臂之力。

曾国藩在南昌整顿水师，自有他的打算，那就是把鄱阳湖变成他的水上基地。他在给诸弟的家信中说得明白：我办内湖水师，就是以鄱阳湖为巢穴，将来清剿上游，则在九江、武穴、田家镇等处游弋，不出湖口二百里之内，有利则久战，不利则退回鄱阳湖。剿下游，则在彭泽、望江、安庆等处游弋，也不出湖口二百里之内，有利可久战，不利也可退鄱阳湖之内。如此办理，上游武汉太平军与下游金陵太平军，中间江路被我兵梗阻一段，像太平军肢解湘军那样还治太平军。

当曾国藩在南昌整顿内湖水师时，太平军秦日纲、韦志俊、陈玉成三路大军不断加强对武昌的攻势，二月十七日（4月3日）第三次占领武昌，湖北巡抚陶恩培等殒命。曾国藩好不容易收复的失地，再次易手，这对他来说，又是重重的一击。“每闻春风之怒号，则寸心欲碎；见贼帆之上驶，则绕屋彷徨”[1]，那种心境，比下油锅还难受。欲救不能，唯一的办法就是忍辱负重，卧薪尝胆，练成内湖水师，与太平军大战。

在南昌待了两个多月，曾国藩几乎全身心扑到造船添勇上。水师初具规模，船近200只，勇逾3000人。四月十三日（5月28日），曾国藩驻营南康，继续操练水师，新募的平江勇已到南康，交李元度统带，与内湖水师相依。

内湖水师编成后，第一步就是肃清鄱阳湖，四月十九日（6月3日）于青山、二十二日（6日）于都昌、五月三十日（7月13日）于姑塘、六月十三日（7月26日）于徐家埠等地，与太平军作战，略占上风，但七月二十三日（9月4日）在湖口之战中，水师统领萧捷三阵亡。内湖水师暂由刘于浔统领。

内湖水师作战艰苦，陆上作战也是频频不顺，武汉久攻不下，损兵折将。围攻九江之师徒劳无功，七月十八日（8月30日）主将塔齐布忧惧成疾，死于军营。塔齐布、罗泽南二将是曾国藩的左膀右臂，塔齐布之死，曾国藩伤心可知，而接统塔部的原广定协副将周凤山，将兵之能则比塔齐布差远了。

八月八日（9月18日），镇守武昌的韦志俊部太平军再次击溃湘军，曾国藩不得不抽调罗泽南支援武昌。石达开则率胡以晃、黄玉崑、张遂谋等近3万大军从安庆出发，进援武昌。曾国

1《曾国藩全集（修订版）》第1册《奏稿之一》，岳麓书社2011年版，第439页。

藩与石达开开始了新的较量。

九月底（11月初），石达开到达武昌附近，原打算进攻湖南，抄袭曾国藩的老巢，又见湘军主力聚集在武昌、九江两地，江西后路空虚，如攻其必救，则九江之围不战可解。于是改变计划，于十月十五日（11月24日）由湖北通城攻入江西，所向披靡，新昌、瑞州、临江、吉安等名城重镇，纷纷易手。石达开出敌不意，果然奏效，曾国藩急忙把周凤山全军调回，九江之围自解。咸丰六年二月十八日（1856年3月24日），太平军在南昌“咽喉”樟树镇大败彭玉麟、周凤山水陆二师。曾国藩和他的湘军纷纷逃入南昌城内困守，省城岌岌可危。曾国藩急忙奏请皇上调罗泽南援救江西，可是罗泽南还没接到调令，三月八日（4月12日）便被太平军击伤致死，又使曾国藩失掉一员大将，太平军唱道：

破了锣（罗泽南），
倒了塔（塔齐布），
杀了马（马继美，战死南昌），
飞了凤（周凤山），
徒留（刘于浔）一个人也无用。[1]

这是对曾国藩湘军惨败的写照。

1 邹树荣：《蔼青诗草》，见《太平天国资料》，科学出版社1959年版，第79页。

从咸丰五年十月到咸丰六年三月（1855 年 11 月到 1856 年 4 月），不到半年时间，江西 13 府中的 8 府 50 余县落入太平军之手，曾国藩仅保有赣州、南安、饶州、广信四府及省城南昌，“疆土日狭，饷源日竭，省会成坐困之势”。被困的曾国藩，犹如釜底游鱼，随时都有被搬掉脑袋的可能，“道途久梗，呼救无从，中霄念此，魂梦屡惊”[1]，除了坐以待毙外，似乎别无出路。可是就在此时，洪秀全、杨秀清令石达开率大军驰回进攻江南、江北大营，解救天京，石达开只好率军回援，江西军务交黄玉崑主持（后由韦昌辉接替）。太平军停止进攻，给了曾国藩绝处逢生的机会。

被困南昌，曾国藩在军事上没有多少起色，而在政治上他又深深地陷入了泥潭。

自从曾国藩到了江西，他的日子总是不太好过，九江败后，赧颜走入江西省城，受尽冷嘲热讽，如今被困南昌，“官绅人人目笑存之”，曾国藩引为终身憾事。其实，这也算不了什么，他已忍辱惯了，在给诸弟的家信中就说，兄在外，“惟有忍气二字日日长进”。至于军事上的失利，也属兵家常事，“好汉打脱牙，和血吐”，只要他在，湘军就有希望。最令曾国藩难耐的是地方官不仅不合作，而且屡屡与他为难；皇上只知道让他去卖命，并不给予应有的支持，这为曾国藩苦撑的艰难岁月平添了一番苦涩。

1《曾国藩全集（修订版）》第 2 册《奏稿之二》，岳麓书社 2011 年版，第 69 页。

曾国藩带兵在江西打仗，饷项自然应该由江西省接济。江西巡抚陈启迈，是曾国藩的湖南老乡，与他同榜进士，在翰苑共过事，有这种特殊关系，按说应全力支持才是，何况湘军对他有守土之功，保官之劳！可是，恰恰就是这个陈启迈，故意与曾国藩为难，“多方掣肘，动以不肯给饷为词”。曾国藩恐“无饷而兵溃，又恐不和而误事”，事事委曲顺从。陈启迈不经曾国藩同意，擅自调动湘军，忽东忽西，忽南忽北，朝令夕改，曾国藩屈从了；陈启迈制造摩擦，羁押湘军营官副将周凤山于长江县，刑辱参将李成谋于芷江县，江西乡勇截杀湘军之事屡有发生，曾国藩忍气了；陈启迈包庇劣员赵如胜、吴锡光，纵兵扰民，饰胜讳败，曾国藩吞声了。可是，曾国藩越忍让，陈启迈越是得寸进尺，非欲挤垮曾国藩不可。曾国藩忍无可忍，只好撕破脸皮，上了《奏参江西巡抚陈启迈》的折子，罗列陈种种劣迹，请旨惩处。朝廷恐误大局，立即将陈启迈革职，听候新任巡抚文俊查办。

曾国藩虽然在与陈启迈的纷争中取得了胜利，但他在江西地方仍然办事艰难，官绅照旧不合作，说他是自请出征，不应该支领官饷，“未奉明诏，不应称钦差字样”云云，百般阻挠，曾国藩“低首茹叹”，“但求集事，虽被侮辱而不辞”，就连与他积怨很深的王鑫也不无同情地说：“涤帅（曾国藩）遭际若是，直令人急煞！”[1]

1 邓立勋主编：《曾国藩自述》中册，海南出版社 1996 年版，第 513 页。

曾国藩在湖南、江西到处受到冷遇，备受打击、排挤，吃尽苦头，究为何事？还不是因为手中没有实权！没有督抚实职，只能受制于人，为人掣肘。他不是不知道权力的重要性，不是不想得到督抚大权，如在给友人的信中说："军事非权不威，非势不行，弟处无权、无势之位，常冒争权、争势之嫌，年年依人，顽钝寡效。"[1]但朝廷并不情愿授权给他，原因说起来很简单，就是曾国藩是汉人。

清朝最高统治者满洲贵族，原是东北的少数民族，顺治元年（1644）入关后，厉行种族压迫，"扬州十日"，"留发不留头，留头不留发"等屠杀政策，造成满汉之间很深的民族矛盾，清代秘密结社就以"反清复明"相号召，图谋推翻异族统治，重建汉人政权。清政府为稳固自己的统治，采取了种种措施缓和民族矛盾，与民休养生息，拉拢汉族精英人士进入政权机构，使清政府成为满汉同构的政权形式。但由于民族偏见，满洲贵族对汉族官僚、士大夫总是抱有戒惧心理，生怕汉人取代其统治地位。从入关到太平天国运动爆发前，清朝中央的军机大臣、内阁学士、六部尚书，虽然规定满、汉各半，但实权完全操在满官手中，汉官形同虚设。就连派往各地督师的钦差大臣，也都由满洲贵族充任，围困天京的江南、江北大营，更是满洲贵族统率的嫡系部队，朝廷希望各地地方武装能在外围击溃太平军，江南、江北大营就近攻取天京，建立首功，这样可以继续保持满洲贵族的

1《曾国藩全集（修订版）》第 23 册《书信之二》，岳麓书社 2011 年版，第 84 页。

主体地位，维护大清中央的威信。而湘军的崛起，令朝廷欣喜，更让朝廷担心。

咸丰四年（1854），曾国藩率湘军从湖南出发，进军湖北，水陆并进，浩浩荡荡，声势颇壮，咸丰"心忧之"，生怕他尾大不掉，急忙把贵州提督布克慎调来"协助"，常驻曾国藩水师，对曾国藩进行监视。八月，曾国藩一举攻克武昌，取得了清朝与太平天国作战以来最大的胜利，咸丰皇帝大喜过望，"想不到曾国藩以一介书生，竟能建此奇功"，一时兴奋，命曾国藩署理湖北巡抚。曾国藩自然求之不得，可他偏要谦辞一番，说："臣母丧未除，葬事未安，若遽就官职，则外得罪于名教，内见讥于宗族。"咸丰皇帝"朱批"说："朕料汝必辞，又念及整师东下，署抚空有其名，故已降旨令汝毋庸署理湖北巡抚。"还未看到曾国藩奏折，就草草收回任命，这并非咸丰体谅他，也并非不知道他故作姿态，而是别有所因。当时在朝的有位出身汉族的军机大臣祁寯藻，忌妒曾国藩之功，忘了自己也是汉人，见咸丰兴高采烈夸赞曾国藩，就提醒他说："曾国藩以侍郎在籍，犹匹夫耳。匹夫居闾里，一呼蹶起，从之者万余人，恐非国家之福也。"[1]咸丰听罢，惊得目瞪口呆，后悔一时兴起，竟将防范汉人的祖训忘了，赶紧收回成命，不仅收回成命，连一句温暖人心的话也没有，反而倒打一耙，说"好名之过尚小，违旨之罪甚大，着严行

1 薛福成：《书宰相有学无识》，见《庸盦文续编》下卷，清光绪己丑刊本，第7—8页。

申饬”[1]，直弄得曾国藩哭笑不得，有口难言。

曾国藩也知道朝廷对自己有戒心，为了取得皇上的信任，除了向皇上表示忠心耿耿之外，便是倚重满人，以色钦额总管营务，以塔齐布总统陆师，还不时奏明皇上，说与塔齐布“亲如昆弟，合如胶漆”。塔齐布死后，他又特别倚重满人多隆阿。尽管曾国藩用心良苦，费尽心思，但总也打消不了皇上对他的猜忌。

曾国藩无权无势，用兵筹饷，千难万险，特别是坐困江西期间，“客寄虚悬”，事事受人挟制，苦闷至极。

咸丰七年二月四日（1857年2月27日），曾国藩父亲曾麟书病故，曾国藩闻讣，举荐杨载福、彭玉麟接统水师，让湖南巡抚骆秉章代奏丁忧日期，自己急忙奔丧回籍。朝廷赏假三个月办理丧事，假满仍令赴江西督办军务。

五月二十二日（6月13日），三个月假期将满，曾国藩上了一个《恳请终制折》，要求在籍终制。这是他以退为进，对朝廷不予督抚职任的要挟手法，可是朝廷起初并未识破他的用心，回批不允终制。于是曾国藩上了一封长长的奏折——《沥陈办事艰难仍吁恳在籍守制折》，沥陈自己以侍郎虚衔领兵作战以来的艰难情状：曾国藩虽居“兵部堂官之位，而事权反不如提镇”；与督抚有主客之分，“呼应断难灵通”，至于筹饷之事，如地丁、漕折、劝捐、抽厘，无一不由州县经办，“而身非地方大吏，州县未必奉行，百姓亦终难见信”；办团练之初，曾国藩仿照通例，

1《曾国藩全集（修订版）》第1册《奏稿之一》，岳麓书社2011年版，第278页。

镌刻木质关防，文为“钦命帮办团防查匪事务前任礼部右侍郎之关防”，咸丰四年（1854）出境进攻太平军，湖南巡抚送木印一颗，文为“钦命办理军务前任礼部侍郎关防”，九江败后，咸丰五年（1855）换刻“钦差兵部侍郎衔前礼部侍郎关防”，秋天补缺又换刻“钦差兵部右侍郎之关防”，关防“更换太多，往往疑为伪造，酿成事端”，以为不足为信，筹饷更难，所有这些，都是因为没有督抚实权所致。最后他向皇上挑明说：

> 以臣细察今日局势，非位任巡抚，有察吏之权者，决不能以治军。纵能治军，决不能兼及筹饷。臣处客寄虚悬之位，又无圆通济变之才，恐终不免于贻误大局。[1]

曾国藩的话说得再明白不过了，如若想他再度出山，就要给督抚实权，否则自己在家终制。曾国藩满以为皇上会受其要挟，如其所请，殊不料，六月十九日（8月8日）皇上回批，准曾国藩开兵部侍郎缺，在籍守制。这无疑给曾国藩当头一棒，不仅没有捞到督抚实权，连手中的兵权也被削夺了。假戏真做，弄巧成拙，曾国藩心中自然不是滋味。

湘军异军突起，朝廷生怕曾国藩因此坐大，但又不得不加以利用。然而朝廷于此时丢开他，其原因倒不在于曾国藩想当督抚，而是战争形势发生了意想不到的变化——“杨韦事变”，太

1《曾国藩全集（修订版）》第2册《奏稿之二》，岳麓书社2011年版，第223页。

平天国内部自相残杀，清军借机反攻，转败为胜，不仅收复武汉，而且控制了江西战场上的局面。形势看好，曾国藩出山与否无足轻重，咸丰便顺水推舟，允准他在籍守制。曾国藩不识时务，于错误的时间、地点提出错误的要求，当然不能遂其所愿，只能自认晦气了。

曾国藩失宠守制，心中自然不快，他在给好友邵懿辰的信中不无愤慨地说："后世夺情，大约君固留之，臣固辞之，两尽其道。未有君以为可去，臣自请夺情者也。"[1] 对皇上令他在籍守制，不准夺情视师，牢骚满腹。

曾国藩"草草去职"，追悔莫及，无可奈何，只好家居，日以《读礼通考》（徐乾学编）、《五礼通考》（秦蕙田编）相伴。但他的心中并不平静，作为一个经世实学家，身处多事之秋，如何能静心于案榻？所以曾国藩居家期间，常常无所事事，想作三代墓表，终于未能动笔。食而无味，寝"总不能酣睡。心中纠缠，时忆往事，愧悔憧扰，不能摆脱"[2]，心境难安，常常闷出病来。身虽在籍，心系大局，他时刻关注着局势的变化，不时教导九弟如何对付太平军，当然"瞻望北阙，惶恐待命"，更巴望着皇上圣鉴，体谅"微臣报国心长"[3]，让他早日出山。

局势的变化总是带有些戏剧性，太平天国和清军力量的消长，形势的骤变，终于又把曾国藩推到了前台。

1《曾国藩全集（修订版）》第 23 册《书信之二》，岳麓书社 2011 年版，第 83 页。
2《曾国藩全集（修订版）》第 20 册《家书之一》，岳麓书社 2011 年版，第 345 页。
3《曾国藩全集（修订版）》第 2 册《奏稿之二》，岳麓书社 2011 年版，第 218 页。

天京内讧后，太平天国元气大伤，好在颇能服众的石达开回京“提理朝政”，天国又充满了希望，军事上攻守兼施，稳住了日益恶化的局势，同时提拔英勇善战的陈玉成、李秀成为主帅，使战争形势出现新的转机。可是石达开在政治上，不仅未能重建一个坚强的领导核心，而且自身横遭疑忌，不见信于洪秀全。杨韦事变后，洪秀全变得狭隘多疑，再也不“肯信外臣，专信同姓”。石达开回京辅政，深得军民爱戴，而洪秀全却有“不乐之心”[1]，生怕石达开成为杨秀清或韦昌辉第二，为此特封长兄洪仁发为安王、次兄洪仁达为福王，主持军政事务。实际上等于剥夺了石达开的军事指挥权。安、福二王均是无能之辈，只知受乃弟指使一意排挤石达开，甚至阴谋戕害，天京城上又一次笼罩着浓重的阴霾。石达开被逼无奈，为免遭杀身之祸，于咸丰七年五月（1857 年 6 月）逃出了天京，召集旧部，率军远征，太平天国军事上的转机随之消失。

石达开分裂出走，给太平天国造成不可估量的损失，相反，却给湘军带来新的希望。石从江西带走了太平军主力，江西战场上的局面逐渐为湘军所控制，湖口、梅家洲先后告克，咸丰八年四月七日（1858 年 5 月 19 日）湘军又攻陷了九江。但石达开毕竟是卓越的军事领袖，兵锋所指之处，清政府的地方统治立即瓦解。这年春，石部从江西突入浙江，连克江山、常山、开化、遂

1《李秀成自述》，见中国史学会主编《太平天国》第 2 册，神州国光社 1952 年版，第 792 页。

昌、处州等地，浙江全省震动，清廷财赋所出之区的杭、嘉、湖受到严重威胁。石部号称20万，入浙之举声势浩大，咸丰皇帝惊恐万状，先派漳州总兵周天受援浙，天受不得力，被革职，继又命督办江南军务的钦差大臣和春总统浙江军务，而和春畏石能战，称病不往。江南大营正围攻天京，无兵可拨，朝廷准备遣湘军萧启江、张运兰、王开化、刘芳贵等部赴援浙江，曾国藩再度出山的时机已经成熟。湖南巡抚骆秉章，乘机奏请朝廷起用曾国藩，他在奏折中称，萧、张、王、刘诸将，不是曾国藩同乡，便是其旧部，均是曾国藩深知之人，如令曾国藩统带赴浙，则将士一心，必有益于大局。而湖北巡抚胡林翼，更是竭力保荐曾国藩。

胡林翼，字贶生，号润芝，湖南益阳人，生于嘉庆十七年（1812），小曾国藩1岁。其父胡达源官至詹事府少詹事。胡林翼就出生在这样一个官宦之家，他的岳父陶澍官至两江总督，是清代赫赫有名的人物。

胡林翼道光十五年（1835）中举，第二年成进士，朝考入选第九名，改翰林院庶吉士，道光十八年（1838）散馆授编修，这一年曾国藩刚中进士。科举入仕之路一帆风顺，胡林翼志得意满，常以风流才子自命，生活豪奢，放荡不羁。相传他结婚后，岳父陶澍在南京做两江总督，胡林翼陪送岳母前往南京督署，顺便就在岳父家做客。目睹南京城中的五光十色、纸醉金迷，他游兴大发，也忘记了他在南京是总督大人的娇客身份，竟然在秦淮河钓鱼巷等处的歌榭灯船中流连忘返起来，有人告诉陶澍，请加以督教制止，陶澍却说："润芝人才，他日为国勤劳，将十倍于我。后此当无暇行乐。此时姑纵之，以预偿其日后之劳也。"[1]竟不加干涉。

陶文毅公陶澍言中了。在那个大动荡的年代里，胡林翼的经世之才很快显露出来。道光二十六年（1846），胡林翼花 1.5 万两银子捐了一个知府，分发贵州，历任安顺、镇远、思南、黎平知府，因绥靖地方有功，咸丰四年（1854）擢为贵东道道员。不久受调援鄂，湖广总督吴文镕败死在堵城后，曾国藩奏留胡林翼在湖南防剿，胡林翼从此加入湘系集团，成为曾国藩的部下。曾国藩以为胡林翼是难得的奇才，向皇上密疏保荐，说"其才胜臣十倍，可倚平寇"[2]。胡林翼果然不凡，随曾国藩转战湖北、江西，战功卓著，咸丰五年三月三日（1855 年 4 月 18 日）升任署理湖北巡抚（次年底攻克武昌后实授湖北巡抚）。由贵州道员，一年之间超擢巡抚，比曾国藩升迁快得多，这又与曾国藩的扶持是分不开的。曾国藩的气度，胡林翼佩服得五体投地。

曾国藩失宠守制，胡林翼自然成为维系湘军的中心人物。他在湖北巡抚任内，大力扩编湘军，使在鄂湘军水陆师由不足万人发展到 3 万余人，并以湖北的军饷接济在江西的湘军。在政治上，曲意交欢出任湖广总督的满洲正白旗人官文（字秀峰），这

1 庄练：《中国近代史上的关键人物》，中华书局 1988 年版，第 43 页。
2 梅英杰等：《湘军人物年谱（一）》，李润英标点，岳麓书社 1987 年版，第 230 页。

方面的遗闻逸事，野史多有记载，有一个例子颇能见胡林翼之权术：官文有爱妾，欲宠异之，到任刚一个月，适逢爱妾的生日，官文乃伪以夫人寿辰遍告百僚，打算等贺者临门，然后以实相告。届期，佳客群集——谁不想借此机会巴结总督大人?！藩司（布政使别称）某已递手本，当司阍（守门人）告诉他总督为爱妾做生日时，藩司勃然大怒，索回手本。正与司阍争吵间，胡林翼到了，询问其故，藩司愤愤地说："夫人寿辰，吾侪庆祝，礼也，今乃若此，我朝廷大僚，岂能屈膝于贱妾?"胡林翼从旁赞叹："好藩台！好藩台！"说完，竟自昂然传"年家眷晚生胡林翼顿首拜"之帖入祝！当藩司索回手本时，道府以下纷纷随索者不少，转见胡林翼以巡抚之尊入祝，则又纷纷相随而入。官文及爱妾求荣反辱，多亏了胡林翼，才算保全体面，那种感激之情无以言表。胡林翼知官文爱妾畏妾，归署后以夫人之意邀请其爱妾游宴，事先告太夫人多多善待。官文爱妾应邀而至，胡太夫人盛情款待，还认她为"义女"（干女儿），官妾荣不可言，称胡林翼为兄。胡林翼欲有所措置，恐官文为难，总是事先请官妾从中疏通，官妾总在枕边吹风，说："你懂得甚么，你的才具识见安能比我门（们）胡大哥？不如依着胡大哥恁么做便怎么做罢！"[1]官文唯命是从。由于湖广凡"吏治、财政、军事悉听林翼主持，官文画诺而已"[2]，胡公实际上等于兼行总督之权。这样他可以放手

1 小横香室主人：《清朝野史大观》卷七《清人逸事》，上海书店1981年版，第65页。
2 赵尔巽等：《清史稿》卷三百八十八《官文传》，中华书局1977年版，第11714页。

经营湖北，整顿吏治，裁汰绿营，扩编湘军，筹措军饷，使湖北终于成为曾国藩与太平天国作战的重要基地。

胡林翼的闻达得助于曾国藩的栽培，曾国藩郁郁不得志，胡林翼深表同情，也深知曾国藩急欲复出，因而不遗余力支持他出山。还在咸丰七年九月二十六日（1857 年 11 月 12 日），他就上了一个《起复水师统将以一事权并密陈进剿机宜疏》，要求皇上起用曾国藩。他在奏疏中强调，湘军内湖、外江水师，早已分为二部，互不统辖，江面千余里，若没有总统大员节制调度，则号令不一，心力不齐，于大局无补。统领水师的杨载福、彭玉麟均为曾国藩识拔于风尘之中，而二人严厉刚烈，落落寡合，非他省将帅所能调遣。又说，曾国藩家居守制，何尝须臾忘天下？水师将弁都是其旧部，当此前敌缺少统将之时，理当让曾国藩移孝作忠，夺情视师，肃清九江，进捣金陵。

胡林翼所说杨载福与彭玉麟落落寡合，固是实情。咸丰五年（1855）湖口之役，二人未能协调一致，彭玉麟差点送了命，因而互相埋怨，虽经胡林翼调解，仍然无济于事。湘军旧部的矛盾，是胡林翼难以解决的，需要曾国藩出山统摄。可是皇上接到奏折后把胡林翼批驳了一通，说曾国藩回籍丁忧时，奏派杨载福总统内湖、外江水师，彭玉麟协同办理，业经明降谕旨，允其所请。江西军务渐有起色，无须曾国藩出山，仍令暂守礼庐可也。

咸丰八年（1858）春夏之交，石达开大举入浙，清廷急令胡林翼抽兵救援，胡林翼看时机已到，便上奏皇上，言湖北军情正紧，无兵可拨。皇上欲遣浙江藩司李续宾部湘军赴援。胡林翼又以李续宾暂难起程奏对，逼着皇上起复曾国藩。胡林翼、骆秉章以及给事中李鹤年等，桴鼓相应，支持曾国藩东山再起。湘军本来就是曾国藩的私人武装，湘军将士更是到处扬言："涤公（曾国藩）未出，湘楚诸军如婴儿之离慈母。"[1] 面对各方面的压力，束手无策的咸丰皇帝，不得不考虑重新起用曾国藩，以挽救大局。咸丰八年五月二十一日（1858 年 7 月 1 日），皇帝发布上谕，"令曾国藩驰驿前往浙江，办理军务。着骆秉章即传旨令该侍郎迅赴江西，督率萧启江等星驰赴援浙境，与周天受等各军力图扫荡。该侍郎前此墨绖从戎，不辞劳瘁，朕所深悉。现当浙省军务吃紧之时，谅能仰体朕意，毋负委任"[2]。居家守制一年又四个月的曾国藩接到上谕，喜出望外，再没有故作姿态，仍以兵部侍郎的名义，立即治装出山，六月七日（7 月 17 日）由湘乡启程，十二日（22 日）到长沙，与巡抚骆秉章及左宗棠会商援浙军事。六月二十四日（8 月 3 日）由长沙抵达武昌，会晤湖广总督官文、湖北巡抚胡林翼。胡林翼在得到曾国藩复出的消息时即与骆秉章商定，湖南、湖北每月各筹饷 2 万两，供曾国藩湘军之用，使他顺利复出视师。

与胡林翼分手后，曾国藩从武昌顺江东下，七月二日（8 月 10 日）行至黄州巴河，召集湘军主要将领李续宾、李续宜、曾

---

1 彭再新，梅国华校注：《李续宾史料三种》，岳麓书社 2018 年版，第 132 页。

2《曾国藩全集（修订版）》第 2 册《奏稿之二》，岳麓书社 2011 年版，第 230 页。

国华、彭玉麟等，举行军事会议，制定作战计划，决定与胡林翼联手，把湘军主力投放到安徽战场，以实现他的第三步战略——攻克安庆。曾国藩本人负责援浙事宜。

巴河会议后，湘军主力向安徽挺进，曾国藩即准备督师入浙。可是石达开久攻衢州不下，撤围而去，翻越仙霞岭直入福建。浙江军务“肃清”，看来曾国藩的“钦命办理浙江军务前任兵部侍郎关防”又要换刻。果然，七月十日（8 月 18 日）在前赴九江途中，接奉上谕：“着即以援浙之师，由江西铅山，直捣崇安，相机进剿，迅将闽省各匪，一律扫除，毋少延误。”在朝廷看来，石达开声威远播，最难对付，应厚集兵力，穷追猛打，将其聚歼。其实，这时的石达开，孤军奋战，人心涣散，已成不了大气候了。曾国藩看得清，石达开“势乱而无纪，气散而不整”，战斗力消耗殆尽，“所陷郡县，不复踞守，渐成流寇之势”[1]。用不着集中主要兵力大加挞伐；用兵的主要方向应在安徽战场，肃清皖省，便可步步为营，紧逼天京，太平天国的灭亡指日可待。曾国藩的谋略是有远见的，但他不能再像从前那样与朝廷硬抗，否则又会横遭猜忌，守制一年零四个月，一日三省，早已大彻大悟，黄老的“阴柔”之术对他更有用。皇上的命令，他欣然接受，而其注意力却在安徽。

七月十一日（8 月 19 日），曾国藩抵达九江。就在这一天，胡林翼的母亲在武昌去世，他照军营例穿孝百日，朝廷给假两

1 黎庶昌：《曾国藩年谱》，岳麓书社 1986 年版，第 97 页。

月，以便他扶柩回籍营葬，但不许终制。胡林翼丁忧去省，曾国藩顿感不安，湘军“水陆数万人，皆仗胡公以生以成，一旦失所依倚，关系甚重”，“实关系东南数省大局安危”[1]。曾国藩此言不虚，胡林翼到底是湘军最坚强的后盾。

七月十二日（8月20日），曾国藩自九江抵湖口，二十日（28日）泊吴城，登上望湖亭。三年前，他在此亭阅看湘军夜习水战，此番旧地重游，不免慨叹万分：

> 五夜楼船，曾上孤亭听鼓角；
> 一尊浊酒，重来此地看湖山。

往昔不堪回首，未来如何？也许“一尊浊酒”。

八月九日（9月15日），曾国藩抵江西建昌府，以此为大本营，指挥湘军入闽作战。石达开在福建差不多陷入绝境，“无心恋闽，将告肃清”，这是曾国藩意料中的事。曾国藩在建昌日夜焦思渴盼的并非闽中捷报，而是安徽战场的佳音。左盼右盼，盼了足足两个月，盼来的却是三河惨败的消息。十月十日（11月15日）晨，进攻庐州的湘军在三河镇被太平军、捻军包围聚歼，李续宾自缢而死，曾国藩之弟曾国华也被太平军阵毙，湘军5000精锐全部被歼。进攻安庆的都兴阿部，闻败讯，慌忙撤兵，安庆之围不战而解。

1《曾国藩全集（修订版）》第22册《书信之一》，岳麓书社2011年版，第639页。

三河之败，对曾、胡都是沉重的打击。指挥三河作战的李续宾，从参加湘军到败亡，7 年之间，先后克复 40 余城，大小 600 余战，“威望冠诸军”，是湘军中屈指可数的悍将，他的败亡，使湘军元气大伤。胡林翼闻讯，大恸扑地，呕血昏厥，半日方醒，哀叹“长城顿失”“元气尽丧”[1]。曾国藩更是悲恸填膺，数日不食，“东征计划”受挫不说，连老弟曾国华的性命也搭上了。

皇上闻三河败讯，“不觉陨涕”，十一月十一日（12 月 15 日），命曾国藩移师援皖。曾国藩图皖，势在必行，这是他“东征计划”的关键一环，但此时他不得已而止步：湘军新败，元气大伤，士气不扬，须养精蓄锐而后举；胡林翼还在湖南益阳原籍，他不出，曾国藩岂敢轻举妄动？

十二月一日（1859 年 1 月 4 日），胡林翼回到武汉继续当他的湖北巡抚，这使曾国藩精神为之一振。胡林翼视事后，立即进驻黄州，整顿溃军，将黄州各营大加裁汰，留精锐调赴安徽宿松，将多隆阿马步 5000 余人，并鲍超、蒋凝学、唐训方各营 2 万余众，交江宁将军都兴阿统率；命李继宜收集李续宾溃军，加上新募之勇及李续宜旧部，不下万人，驻扎黄州休整；奏调户部主事阎敬铭主持武昌粮台，以利饷粮转运。曾、胡联手进攻安徽的准备工作基本就绪。咸丰九年一月二十六日（1859 年 2 月 28 日），曾国藩上了一个统筹全局的奏章，提出兵分三路夹江东下攻皖的设想，还没来得及实施，石达开由赣南攻入曾、胡老家湖

1《胡林翼全集・书牍》，大东书局 1936 年版。

南，长沙告急，胡林翼不得不抽调兵力保卫湖南。四月（5 月），石达开围攻宝庆，准备进军四川。胡林翼以为，曾国藩援浙、援闽，大功告成，可仍然“客寄虚悬”，没有督抚筹饷之权，便想借此机会，为曾公谋得四川总督职位，他鼓动官文上奏朝廷，如要曾国藩援川，“必得总督为要着”，同时致书曾国藩，不得川督，不能入川。五月二十一日（6 月 21 日），朝廷谕令曾国藩率部“由楚江前赴四川夔州扼守，以据两湖上游之势”。胡林翼、官文原希望授曾国藩以总督，结果仅有此命。曾国藩大失所望，心中不快，便以景德镇之战方酣，所部兵勇无多，路途太远，人地生疏等为托词，婉拒入川。六月十四日（7 月 13 日），曾国藩指挥曾国荃等部湘军击败太平军中军主将杨辅清，攻下景德镇。江西全省肃清。二十九日（28 日），皇上再命曾国藩入川，七月二日（31 日）又命曾国藩到湖北与官文、胡林翼妥商，相机入川。曾国藩既然未得川督，当然不愿意入川作客。胡林翼也因未遂所愿，感到很失望，支持曾国藩无庸赴川。他在给皇上的奏折中声称，四川已设防，曾国藩一军如仍赴川，等于拿有用之兵，置于无用之地。朝廷只好命曾国藩缓赴四川，改援安徽了。

三、安庆之围：洞开天京门户

七月七日（8 月 5 日），曾国藩自江西抚州取道南昌赴湖北。八月十一日（9 月 7 日）抵湖北黄州府胡林翼大营，与胡林翼

"九日夜谈不可辍"，商量用兵皖省方略。二十三日（19日），曾国藩自黄州抵武昌，与钦差大臣湖广总督官文晤商军务。九月三十日（10月25日），曾国藩上了一个《遵旨会商大略折》，向皇上奏明，与胡、官会商，达成共识，用兵皖省，须分路进兵。接着，他把尾追石达开的萧启江部调回，准备大举图皖。驻扎皖北的袁甲三、胜保听说曾、胡联手攻皖，大为吃惊，"深恐驱贼北窜"，奏请皇上饬曾国藩由河南光州、固始及安徽颍州进兵。眼看曾、胡的战略部署被搅乱，曾国藩遂于十月十七日（11月11日）上《遵旨会筹规剿皖逆折》，强调欲廓清诸路，必先攻破金陵，欲破金陵，必先驻重兵于滁州、和州；欲驻兵滁、和，必先围安庆。曾国藩进一步提出四路进兵的方略：第一路由宿松、石牌以规安庆，由曾国藩自任；第二路由太湖、潜山以取桐城，由多隆阿、鲍超等任之；第三路由英山、霍山以取舒城，由胡林翼亲自指挥，先驻鄂皖之交，调度诸军，兼筹粮饷转运；第四路由商城、固始规取庐州，由李续宜任之。朝廷最终批准了他的决策，曾、胡"彼此一家"，联手攻皖已成定局。

决议已定，曾、胡即率湘军向安徽推进，咸丰十年一月（1860年2月），攻克太湖、潜山，拉开安庆争夺战的序幕。

安庆位于皖河与长江交汇处，背山面水，地势险要，康熙年间编修的《安庆府志》谈及安庆的形势说，安庆"滨江重地也。上控洞庭、彭蠡，下扼石城、京口。分疆则锁钥南北，坐镇则呼吸东西，中流天堑，万里长城"。顾祖禹《读史方舆纪要》称：

“安庆者，金陵之门户也。”战略地位如此重要，曾国藩当然要力争。夺取安庆，原本就是他“东征计划”的重要步骤。东征的基本战略思想，就是“高屋建瓴，以上制下”，能否“制下”攻克金陵，关键就看能否夺取安庆。太、潜之战后，曾国藩与胡林翼商定，安庆一路由曾国藩亲自指挥，桐城一路由多隆阿指挥，舒、霍一路胡林翼任之。三月五日（3 月 26 日），李续宜军抵皖，曾国藩令驻青草塥，以备策应。二十六日（4 月 16 日），调湘军吉字等营拔赴安庆。闰三月二十七日（5 月 17 日），曾国藩之弟曾国荃率军抵宿松，曾国藩令督军攻安庆集贤关。

曾、胡紧锣密鼓，调兵遣将，部署安庆战役。他的对手当然不会坐以待毙。自咸丰三年八月（1853 年 9 月）立足于安庆以后，太平军就严密设防，增高城垣，广置枪炮，设立望楼，兴筑迎江寺炮台及黄花亭、马山、准提庵等土城，分兵驻守枞阳以拱卫安庆。咸丰十年初太湖之战后，英王陈玉成前往安庆，与守将受天安叶芸来、谢天义张朝爵布置城守，派万宗胜、方学凯率 4000 太平军增守枞阳；储备米粮 5 万余石，足“支一年有余”，以利久战。

就全局战略而言，咸丰九年（1859）洪秀全族弟洪仁玕从香港辗转来到天京，被封为干王。仁玕颁布《资政新篇》，进行政治改革，强化中央领导权，使太平天国政治局面有所改善。接着力谋解决围困天京的江南大营，采取“围魏救赵”之计，发兵杭州，调动江南大营清军往援，然后回师，内外夹攻，终于于咸丰十年闰三月十六日（1860 年 5 月 6 日）第二次击溃江南大营。天京破围战胜利后的第五天，也就是二十一日（5 月 11 日），干王洪仁玕、忠王李秀成、英王陈玉成、侍王李世贤、辅王杨辅清、赞王蒙得恩等文武大臣，登朝庆贺，举行御前会议，制定“进取良策”。会上，各抒己见，李世贤主张用兵闽、浙，李秀成主张进攻苏州、上海，陈玉成则主张救援安庆。洪仁玕博采众议，侃侃而谈：长江者，自古号称长蛇，湖北为头，安徽为中，江苏为尾，今湖北未得，如果安徽有失，蛇中既斩，其尾虽生不久。洪仁玕的战略意向很明确，安庆必保，否则天京危矣。要保安庆，必须挫败湘军，要挫败湘军，当然要出奇制胜。洪仁玕指出：“（天京）东距苏、杭、上海，不及千里之远……乘胜下取，其功易成。一俟下路既得，即取百万买置火轮二十个，沿长江上取，另发兵一枝，由南进江西，发兵一枝，由北进蕲、黄，合取湖北，则长江两岸俱为我有，则根本可久大矣。”[1] 就是说，先东进谋取清政府的财赋之地苏沪，置办近代化的水师，然后兵分三路，举行第二次西征，自下而上，会师武汉，攻敌必救，安庆之围即可不战而解。这个“先东后西”的战略，与曾国藩的“以上制下”的战略，简直有异曲同工之妙。

安庆军情渐紧，“先东”自然不能旷日持久，洪秀全令李秀成、李世贤、杨辅清等东征军，迅速进军，限“一月肃清回奏”。

1《洪仁玕自述》，见中国史学会主编《太平天国》第 2 册，神州国光社 1952 年版，第 852 页。

因此，御前会议后，闰三月二十五日（5月15日）东征军立即从天京出发，大举东进，二十九日（19日）克丹阳，击毙帮办江南军务江南提督张国樑、湖北提督王浚；四月六日（26日）克常州，钦差大臣督办江南军务江宁将军和春因伤呕血而死；十日（30日）占领无锡；十三日（6月2日）占领苏州，开辟苏福省根据地，接着分兵进攻上海、浙江。

江南大营溃败，太平军大举东进，清廷财赋之地势将不保，这使咸丰皇帝惶恐万分，一再令曾国藩丢开安庆援苏。皇帝处境困难，对曾国藩来说，正是转机，是他要求权力的大好时机，便借口“肝气作痛”“目疾复发”“兵力太单”等，按兵不动。曾国藩不说皇上也明白，这是在要挟。咸丰原曾想，湘军出力，江南、江北大营收功，结果事与愿违，江南、江北大营全部瓦解。江南的嫡系部队被太平军消灭得差不多了，已经无力对抗太平军的攻势。要延续大清帝国的统治，只有依靠湘军，要依靠湘军镇压太平天国，非重用曾国藩不可，此外别无选择。这一点，曾国藩洞若观火，他在给四弟的家书中就说，苏州失守，“东南大局一旦瓦裂，皖北各军必有分援江浙之命，非胡润帅（林翼）移督两江，即余往视师苏州”[1]。果不出所料，四月十九日（6月8日），朝廷将两江总督何桂清革职，赏曾国藩兵部尚书衔，署理两江总督，即命统率所部兵勇，取道宁国、广德、建平，径赴苏州，力保东南。当了多年“黑官”的曾国藩，总算有了出头之日（权

1《曾国藩全集（修订版）》第20册《家书之一》，岳麓书社2011年版，第485页。

臣肃顺帮了不少忙）。但皇上同时命官文、胡林翼拨出马步兵勇交督办江北军务荆州将军都兴阿带赴扬州。如果按朝廷旨意行事，势必要撤安庆之围，原来的战略部署就会被打乱。这样，如何处理好平吴与争夺安庆的关系就摆在了曾国藩的面前。曾国藩认定，“安庆不得，终无克复金陵之理”，因此，安庆之兵断不可撤动。他在给皇上的奏折中阐发他的“以上制下”方略，说自古平江南之策，必踞上游之势，建瓴而下才能成功。自咸丰三年（1853）金陵被陷，钦差向荣、和春都是督军由东面进攻，原想屏蔽苏浙，却屡进屡挫，不仅未能克复金陵，反而转失苏常，这并非由于兵力单薄，“实形势之未得也”。要收复金陵，北岸必须先克安庆、和州，南岸须克池州、芜湖，以成高屋建瓴、以上制下之势。如果仍从东路入手，主客异势，形势全失，必然重蹈覆辙，平定太平天国将遥遥无期。他特别强调，“安庆一军，目前关系淮南之全局，将来即为克复金陵之张本”[1]。

曾国藩软磨硬泡，不仅不撤安庆之围，反而加快了围攻安庆的节奏。五月二日（6 月 20 日），指挥湘军攻克枞阳，“断贼接济”，水师进逼花山、梅山墩，切断安庆外援线路，六月十六日（8 月 2 日）完成了对安庆的合围。

作为署理两江总督，曾国藩有权制两江（江苏、安徽）的责任，总不能把职责抛到一边，否则皇上面前不好交代，但他绝不肯远离安徽战场。六月十一日（7 月 28 日），曾国藩渡江进驻祁

1《曾国藩全集（修订版）》第 2 册《奏稿之二》，岳麓书社 2011 年版，第 501 页。

门，建立祁门大营，摆出一副东进苏常的架势。其实，曾国藩自己明白，他这样做不过是应付朝廷；同时，他进驻祁门，可以牵制南岸太平军，掩护北岸湘军攻取安庆。正如他在给彭玉麟的信中所说，曾某人“虽南渡，而仍以水师及安庆陆军为根本”。曾国藩南渡，湘军部署略有变化：曾国荃率湘军主力 1.5 万人围攻安庆；多隆阿、李续宜所部 2 万余人驻安庆、桐城之间，作为策应；胡林翼率 1.5 万人驻潜山、太湖一带，作为后援，胡林翼负责指挥全军；杨载福、彭玉麟水师控制江面，归曾国藩调遣；曾国藩率鲍超霆字营及总兵朱品隆、副将唐义训等部万人驻军皖南。

六月二十四日（8 月 10 日），清廷实授曾国藩为两江总督，并命为钦差大臣督办江南军务，大江南北水陆各军均归节制，曾国藩用兵、筹饷，大权在握。可是朝廷命曾国藩按所奏分兵三路，规复苏常时，他仍然拖延出师。原来，曾国藩曾在署理两江总督不久，上了一个《通筹全局并办理大概情形折》，提出分兵三路规复苏常的计划：第一路由池州进规芜湖，与湘军水师就近联络；第二路由祁门至旌德、太平，进图溧阳，与皖南督办军务大臣张芾相联络；第三路分防广信、玉山，以至衢州，与总兵张玉良等军相联络。这个三路进兵的方案，不过是故作姿态，连他自己也知道根本无法实现。这时，他便以立足未稳为由，巧为辩解。七月九日（8 月 25 日），清廷再催曾国藩由徽州、严州转战而东，保全浙江，再图江苏。曾国藩又以各军尚未到齐为由，按兵不动。曾、胡战略目标都很明确，就是倾全力争夺安庆。

安庆之围一日不解，天京就一日难安，因此，太平天国也要全力以赴保卫安庆。

太平军东征大军攻陷苏常后，李世贤部于四月二十四日（6月13日）攻占吴江后南向浙江，二十六日（15日）占领嘉兴。李秀成则率军继续东进，准备进攻上海，四月（6月）间，连下昆山、太仓、嘉定、青浦，五月十三日（7月1日）克松江，逼近上海。上海自第一次鸦片战争后，已辟为通商口岸。道光二十五年（1845）通过《上海租地章程》，英、法、美先后设立租界，使上海成为西方列强侵略中国的大本营。太平军进攻上海，对外国侵略者的在华利益构成威胁，于是，美国人华尔出面组织“洋枪队”，与清军联手抵抗太平军的进攻。李秀成多次组织进攻，终未能得手，不得不于七月八日（8月24日）撤离上海，这样，攻陷上海购置火轮的计划落空。“先东后西”分兵三路进行第二次西征的部署只能改为两路了。

咸丰十年七月（1860年9月），太平天国决定举行第二次西征，计划会师武汉，以“围魏救赵”之计，解安庆之围。为此制订了“五路救皖”的计划：陈玉成率军从长江北岸推进，经皖北入鄂东；李秀成率军从长江南岸推进，经皖南、江西进入鄂东南，这两支大军为西征军主力。两军约定明年春会师武汉，以调动围攻安庆的湘军。另外三路为牵制之师：李世贤部经徽州入赣东；杨辅清、黄文金部沿江南岸入赣北；刘官芳部攻祁门曾国藩大营。八月（10 月），太平军开始大举西征。

当太平军启程西征时，清廷又遇难关——英法联军进攻北京，差点又打乱曾、胡围攻安庆的部署。咸丰出逃热河时，令各省派兵勤王，且特别指名要曾国藩精选湘军交鲍超统带克日赴京，“勿得借词延宕，坐视君国之急”。皇上有难，曾国藩岂有不救之理？不过，他也知道，朝廷还会走妥协的道路，答应列强的侵略要求，从而结束战争，因此，对付外国侵略者并不是重点，太平天国才是“心腹大患”。而朝廷所调又是湘军的精锐之师，一旦撤动，必然打乱他既定的战略部署。但君命难违，这使曾国藩左右为难，焦灼万分。幸而幕僚李鸿章上两全之计：“按兵请旨，且无稍动。”于是曾国藩依计而行，以进为退，回奏朝廷，说什么“惊闻君父非常之变，且愧且愤，涕零如雨”，又说什么“鲍超虽号骁雄之将，究非致远之才，兵勇未必乐从”，还说，湘军入援，岂可仅以鲍超应诏？“应恳天恩，于臣与胡林翼二人中饬派一人带兵北上，冀效尺寸之劳，稍雪敷天之愤。”这个《奏请带兵北上以靖夷氛折》[1]，令人玩味：鲍超不必北上勤王，要入援还不如自己或胡林翼统兵北上，效忠朝廷。清廷全指望曾国藩、胡林翼对付太平军，当然不可能令其入援。公文往返需要时间，曾国藩以进为退，按兵请旨，旁观时局变化。果不出曾国藩所料，清廷接受英法侵略者的要求，签订了可耻的《北京条约》。“和议”已成，湘军自然不必北上，曾国藩争夺安庆的计划总算

1《曾国藩全集（修订版）》第 2 册《奏稿之二》，岳麓书社 2011 年版，第 588 页。

没有被搅乱。而这时，太平天国的西征大军一起杀来，曾、胡又面临着更为严峻的考验。

八月十六日（9 月 30 日），陈玉成率本部自天京渡江北上，二十五日（10 月 9 日）占领安徽定远炉桥，十月十四日（11 月 26 日），与捻军龚德树、孙葵心部会合，南下桐城，准备直接解安庆之围。二十三、二十八日（12 月 5、10 日）在挂车河一带被多隆阿、李续宜部湘军击败，捻军退走庐江，陈玉成入桐城，进行休整。十一月二十二日（1861 年 1 月 2 日），发起枞阳之战，鏖兵月余，未能取得进展。陈玉成直接谋解安庆之围的计划受挫，便抽兵西征，进军武汉。咸丰十一年二月四日（3 月 14 日），在捻军的配合下陈玉成攻克英山，七日（17 日）下蕲水，八日（18 日）破黄州府城，前锋逼近武汉。湖北巡抚胡林翼闻讯大惊，气得吐血，大骂自己“笨人下棋，死不顾家”，急令李续宜率万余人回救“顾家”。

黄州既失，武汉城内一片混乱，汉口“居民完全跑光。商店倒闭，街道荒凉；从前在汉水上挤满了的无数的中国商船和客船已经全部无影无踪”。驻武昌的湖广总督官文逃出城外，连胡林翼夫人陶静娟也要带着儿子胡子勋出逃，有人劝阻，“虑为民望也”。胡夫人说：“吾义在殉夫，无殉城之责。向者之不去，为老妇一身无所惜，今公以儿子属我，去，吾分也。”[1] 读者可以想见，虽然李秀成失期未至，但陈玉成一军完全可以不费吹灰之力拿下

1 郭嵩焘：《养知书屋集》卷二十四，光绪十八年刊。

武汉。武汉既克，便可调动湘军，进解安庆之围。可是，陈玉成却轻信“洋兄弟”的“规劝”，坐失戎机。根据咸丰八年（1858）《中英天津条约》，汉口被辟为通商口岸。咸丰十一年二月（1861年 3 月），英国水师提督何伯、参赞巴夏礼依据此约和《中英北京条约》所攫取的侵略特权，到达武汉，办理开埠通商事宜，二月十一日（3 月 21 日）与官文议定汉口英国租界条约。陈玉成进攻武汉，自然威胁到英国侵略者的利益，于是，第二天，巴夏礼亲到黄州对陈玉成进行阻挠，“劝”英王“不要进军汉口”。他用威胁的口吻说：“攻占我们已经建立了的商业中心，是不可能不严重妨碍我们的商务的，所以他们必须使自己的行动不要跟我们发生冲突才好。”[1] 由于侵略者的干涉，陈玉成终于放弃攻打武汉的计划，转攻鄂北，三月十三日（4 月 22 日）回师安徽。所谓“围魏救赵”、会师武汉，因李秀成迟到和陈玉成早退而未能实现。曾、胡围攻安庆的决策又一次化险为夷。

当陈玉成鏖战皖北、进军湖北之时，西征军南路之师也发起一连串的攻势。咸丰十年八月十二日（1860 年 9 月 26 日），侍王李世贤、辅王杨辅清合力攻克宁国府，杀提督周天受。八月二十五日（10 月 9 日）李世贤部克徽州，二十八日（12 日）克休宁。黄文全部攻入赣北，十一月九日（12 月 20 日）占领彭泽，二十五日（1861 年 1 月 5 日）进攻景德镇，与左宗棠部湘

1 ［英］呤唎：《太平天国革命亲历记》，王维周译，上海古籍出版社 1985 年版，第 279 页。

军交锋不利，再攻浮梁，又挫，太平军伤亡累累，一退建德，再退芜湖，进攻赣北“意在断祁门之粮路、解安庆之重围”的计划落空。咸丰十年九月（1860 年 10 月），李秀成部从天京出发，经芜湖、繁昌、南陵，于十月十九日（12 月 1 日）越羊栈岭占领黟县，离曾国藩祁门大营不到 80 里，“朝发夕至，毫无遮阻”，曾国藩大惊，以为无计逃生，立下了遗嘱，准备殉国。因李秀成无意攻祁门，绕道而去，进入江西，曾国藩绝处逢生。不过，攻打安庆围城战役的指挥中心——祁门大营，原本就是太平天国救援安庆计划的组成部分，所以，曾国藩在祁门，不免险象环生。

祁门属于徽州府，西南沿着昌江，与江西景德镇相邻，东有山路与黟县、歙县、休宁相通，南北两面均是大山：南为怀王山山脉，北为黄山山脉，形似“釜底”，兵家谓为绝地，曾国藩立大营于祁门，已非明智之举，曾国荃、李鸿章、李元度劝他移驻别处，但曾国藩不听。

咸丰十一年一月六日（1861 年 2 月 15 日），负责攻祁门大营的刘官芳部太平军分兵两路，攻破祁门北面的大洪岭和西北的大赤岭，八日（17 日）进逼祁门，前锋抵距祁门 18 里的石门桥。曾国藩颇有大难临头之感，幸亏湘军副将唐义训奋力拼杀，将太平军击退到大赤岭外，曾国藩又一次转危为安。可是没过多久，二十七日（3 月 8 日），李世贤部太平军攻取婺源，旋绕道江西，二月三十日（4 月 9 日）攻占景德镇，切断了湘军的粮道，这一着确使曾国藩危不自安了。幕僚李鸿章等人再三力劝曾国藩趁早移军，曾国藩坚决不从，说遇险即退，大局何堪设想？“诸君如胆怯，可各散去。”但军中不可一日无饷，“接济已断”，曾国藩焦急万分，遂决定孤注一掷，攻打徽州，“若能打开徽州，尚可通浙江米粮之路；若不能打开徽州，则四面围困，军心必涣，殊恐难支”[1]。从三月二日（4月11日）到十日（19日），曾国藩亲自督战，进攻徽州，结果湘军连吃败仗，被太平军打得“不可言战”。回到大营，曾国藩感到前途黯淡，楚歌声声，看来在劫难逃，便“书遗嘱，部署后事”[2]，又一次准备自杀。关键之时，左宗棠在乐平击败太平军，李世贤莫名其妙地撤走景德镇和徽州守军，进入浙东，又一次使曾国藩死里逃生。经过这次“危机骇浪”，曾国藩不敢在祁门待下去，三月十六日（4月25日）拔营，四月一日（5月10日）到了东流，扎下大营，就近协调各军争夺安庆。

安庆之围日紧一日。太平天国调集各路援兵谋解安庆重围。三月，陈玉成自鄂回皖，十八日（4月27日）抵集贤关，在菱湖南北岸筑垒18座，对曾国荃形成包围，另于关外赤岗岭筑垒四座沟通内外，阻截敌援。曾国藩一抵东流，立即调集湘军精锐，全力支援安庆，他以多隆阿、鲍超围攻集贤关，又调李续宜率陆军十营，以杨载福率水师在长江协助，对陈玉成形成反包围。干王洪仁玕、章王林绍璋率军自天京增援，又包围了多、鲍

1《曾国藩全集（修订版）》第20册《家书之一》，岳麓书社2011年版，第590页。
2 欧阳兆熊、金安清：《水窗春呓》，中华书局1984年版，第3页。

湘军，双方互相围困，犬牙交错。“贼以全力救安庆，我亦以全力争安庆”，无论曾胡湘军，还是太平天国，都把安庆的得失视为攸关全局的关键，双方投入的兵力越增越多。三月二十二日（5月1日）、四月二日（11日），洪仁玕、林绍璋以及定南主将黄文金的援军被多隆阿击败，退守桐城。陈玉成见援师隔绝，留靖东主将刘玱琳、傅天安、李四福坚守赤岗岭四垒，自率军突出重围，十一日（20日）至桐城，与洪仁玕、林绍璋会商再援安庆。十四日（23日）陈、洪、林、黄兵分三路进攻挂车河多隆阿军，次日双方展开激战，太平军再败，陈玉成只好回京请援。湘军稳住了安庆战场的局面。但不久，李秀成攻进湖北，曾、胡争夺安庆的计划又一次面临危机。

李秀成对救援安庆原本就不积极，他的根据地是苏福省，“得苏州而无杭州，犹鸟无翼”[1]，他一心想开辟浙江根据地。但决策已定，他又不能不执行。咸丰十一年初，他率部由浙江进入江西，攻建昌、抚州，不克，二月二十六日（4月5日）占樟树镇，三月十一日（20日）占吉安，弃城北进，连克奉新、瑞州、武宁、新昌，四月二十一日（5月30日）占领义宁州，沿途招兵买马，早已误“会师武汉”之期。月底，分路进入湖北：右路由武宁北攻兴国州；中路由义宁州北攻通山；左路西攻通城。李秀成军号称50万，一度攻占武昌县。武汉告急，警报迭至，胡林

1　赵烈文：《能静居日记》同治三年六月二十日，载太平天国历史博物馆编《太平天国史料丛编简辑》第3册，中华书局1962年版，第374页。

翼惊慌失措，竟然要撤安庆之围，回师保湖北，以尽守土之责。这对曾国藩来说，简直如雷击顶，来自朝廷、太平军多少风波险滩他都闯过去了，关键时刻，曾胡“一家”竟产生战略歧见，比什么都可怕。安庆一旦撤围，一年多的心血全部白费，大局将不堪闻问。曾国藩胸中有数，太平军两次进军湖北，不外乎“分我兵力”，“多方以误我”，达到“围魏救赵”的目的，如果撤围安庆，岂不正中太平军之计？因此，无论如何不能撤围，“吾但求力破安庆一关，此外皆不遽与之争得失”，哪怕武汉失守，也在所不顾。他在给曾国荃的信中剖陈军情说：“群贼分路上犯，其意无非援救安庆，无论武汉幸而保全，贼必以全力回扑安庆围师。即不幸而武汉疏失，贼亦必以小支牵缀武昌，而以大支回扑安庆，或竟弃鄂不顾。去年之弃浙江而解金陵之围，乃贼中得意之笔，今年抄写前文无疑也。无论武汉之或保或否，总以狗逆（陈玉成）回扑安庆时，官军之能守不能守以定乾坤之能转不能转”，而且，武汉纵然有失，“尚可旋得，安庆一弛，不可复围，故余力主不弛围之说”[1]。曾国藩又屡次力劝胡林翼，总以不分畛域，不弛围安庆为上策。

胡林翼是曾国藩最有力的支持者，争夺安庆是曾、胡共同谋定的，胡林翼曾说：“安庆为江表咽喉，实平吴之根本，安庆未复，水陆阻梗，不能直抵金陵。”[2] 这与曾国藩的见解完全一样。

1《曾国藩全集（修订版）》第 20 册《家书之一》，岳麓书社 2011 年版，第 587 页。

2《请缓提漕折银两暂资饥军接济疏》，见《胡林翼集》第 1 册，岳麓书社 2008 年版，第 694—695 页。

这时胡林翼主张弛围，看来对形势估计有所偏颇，认为安庆强攻难下，只能久困饥毙太平军，听说安庆“近得奸商艇船接济”[1]，“如安庆米多，必应奏撤”，调鲍超重兵回鄂[2]，否则，不知等到猴年马月才能攻下，何况湖北军情紧急，作为湖北巡抚，岂能坐视不救？但未过几天，四月二十一日（5月30日），据守安庆的太平军将领程学启逃出安庆，向曾国藩季弟曾贞干投降，告知城中粮食匮乏，难以持久。得此情报，胡林翼立即打消了弛围安庆的想法。四月十三日（5月22日）鲍超自东流、成大吉自太湖抵赤岗岭，开挖长濠，将该处太平军四垒包围，五月二日（6月9日）太平军弹尽粮绝，全军覆没，刘玱琳解到杨载福大营，被肢解杀害。刘玱琳全军尽覆，这更增强了胡林翼的信心。曾国藩争夺安庆的计划得以顺利执行。

李秀成虽兵进湖北，但无意于武汉，观望了一阵子，六月（7月）撤军而去，使太平军又一次失去夺取武汉的良机，这是忠王李秀成所犯的一大错误，难怪黄文英批评忠王“顾己不顾人，顾私不顾公”[3]。至此，太平天国制定的“五路救皖”计划彻底失败，安庆会战进入了最后阶段。

太平军直接、间接救援安庆的努力全部付诸东流，安庆局势更加恶化，粮食告罄，军心动摇，出城投降者时有所闻。为救

1《致各大帅及各营》，见《胡林翼集》第2册，岳麓书社2008年版，第839页。

2《复曾国藩》，见《胡林翼集》第2册，岳麓书社2008年版，第843页。

3《黄文英自述》，见中国史学会主编《太平天国》第2册，神州国光社1952年版，第858页。

累卵孤城，太平天国再次组织救援。挂车河败后，英王到了无为州，五月二十日（6月27日），驻守宁国的辅王杨辅清奉命来晤，共商救援之计。六月十五日（7月22日），陈玉成与杨辅清合兵数万经舒城、霍山、英山、蕲水、宿松，七月一日（8月6日）攻太湖不下，取道小池驿、黄泥港，经怀宁清河、三桥头、高楼岭，直趋安庆，七月十九日（8月24日）抵集贤关，在关口、毛岭、十里铺连营40余座。章王林绍璋、前军主将吴如孝以及黄文金等部万余人在挂车河、麻子岭一带牵制多隆阿军，以减轻湘军对陈玉成、杨辅清的压力。二十（25日）、二十一日（26日），陈玉成、杨辅清指挥部队进攻长濠受阻。二十二日（27日）又向曾国荃的西北长濠发起更为猛烈的攻势。曾国藩的幕僚赵烈文在《能静居日记》中记本日战事说：太平军“大股扑西北长濠，人持束草，蜂拥而至，掷草填濠，顷刻即满。我（湘军）开炮轰击，每炮决血衢一道，贼进如故，前者僵仆，后者乘之……贼死无算而进不已，积尸如山。……凡苦战一日一夜，贼死者万数千人，我军死者百余人，用火药十七万斤，铅子五十万斤”[1]。战事之惨烈，可想而知。太平军付出沉重代价，还是没有攻破曾国荃的长濠。七月二十四日至二十八日（8月29日至9月2日），太平军每于夜间轮番攻击，“烽火烛天”，无法取得突破。城内弹尽粮绝，二十八、二十九日陈玉成用小船暗济城军，

1 赵烈文：《能静居日记》咸丰十一年八月十三日，载太平天国历史博物馆编《太平天国史料丛编简辑》第3册，中华书局1962年版，第200—201页。

均被曾国荃截夺，安庆危在旦夕。

争夺安庆的战役已持续了 18 个月之久。在进攻安庆之前，胡林翼就清醒地意识到，要从太平军手中夺得城市，如果粮不竭、援不穷，就是有猛将千人、精兵 10 万也无法攻破。唯一的办法，就是曾国藩所说的“结硬寨，打呆仗”，长期围困，使之粮竭、援穷，最后一鼓而下。围攻安庆的“奥秘”就在于此。太平军的洋兄弟呤唎在《太平天国革命亲历记》中做了真实的描绘：

> 当太平军坚守安庆的时候，清军完全明白，要是他们违反了他们的战略原则，企图爬上安庆的城墙，就一定会遭到严重的打击。因此他们十分精明地在安庆周围，自扬子江上游直至城边，修建了绵长的木栅封锁线。他们运用哲学的思维，精密地计算到，当城内粮尽的时候，他们的兵士就可以吃得饱饱地爬上城墙而不会遇到任何“严重的打击”；同时还可以用最简便的好办法来随意搜罗那些饥饿待毙的守军的头颅。这样就可以占领这个城市。[1]

曾国藩就是利用“久困”这一法宝，终于使守城的太平军弹尽粮绝，奄奄待毙。

---

1 ［英］呤唎：《太平天国革命亲历记》，王维周译，上海古籍出版社 1985 年版，第 277—278 页。

釜中余炙存人脯，屋上饥乌作鬼声。[1]

安庆城内一片死气，出现最可怕的食人惨剧，曾国藩夺取安庆的最后时机已到。八月一日（9月5日），湘军用炸药轰塌北门城墙，毫不费力地攻入城中，太平军坚守了9年的安庆，至此落入湘军之手。

湘军进入城中，对奄奄一息、毫无抵抗能力的太平天国军民，进行了疯狂的屠戮，“男女老少和平居民，尽被戕害，他们的被剁碎的尸体，飘浮在扬子江中，顺流而下”[2]，江水为赤。城内守军2万余人，“诛戮殆尽，并无一名漏网”。

安庆之战中，嗜杀成性的曾国荃狂杀滥诛之余，有些“我心不忍”，曾国藩不以为然，教训他说：“既已带兵，自以杀贼为志，何必以多杀人为悔？”[3]战争不是慈善事业。他感到，安庆屠城，“差快人心”。

城破之日，英王陈玉成在城外欲救不能，挥泪而撤，走庐州，后在寿州被苗沛霖诱擒，同治元年五月八日（1862年6月4日）在河南延津被杀，年仅26岁，一代名将，就此落幕。

八月一日（9月5日），湘军攻陷安庆的消息传到武昌，湖北巡抚胡林翼肺病已到了不可救药的程度，“顿闻吉语，笑仅见

1 彭玉麟：《彭玉麟集（上）》，岳麓书社2008年版，第26页。

2［英］呤唎：《太平天国革命亲历记》，王维周译，上海古籍出版社1985年版，第286页。

3《曾国藩全集（修订版）》第20册《家书之一》，岳麓书社2011年版，第661页。

齿”。八月二十五日（9月29日），清廷以安庆告克，大加封赏，赏官文太子太保衔，曾国藩太子少保衔，胡林翼太子太保衔，另加骑都尉世职，曾国荃赏加布政使衔。可是为攻安庆而心力交瘁的胡林翼已等不及“生膺殊荣”，次日病死武昌，时年50岁。胡林翼是湘军第二号人物，是曾国藩最坚强的后盾，“其事业固与曾国藩相伯仲也”[1]，他的去世，无论对湘军还是对清政府平定太平天国，都是巨大的损失，如曾国藩所说：“中道弃捐，岂独吾党之不幸！”[2]

安庆失守，太平天国的战争形势更加恶化，洪仁玕浩叹不止：“我军最重大之损失，乃是安庆落在清军之手。此城实为天京之锁钥而保障其安全者。一落在妖手，即可为攻我之基础。安庆一失，沿途至天京之城相继陷落不可复守矣！”[3]可是，读者会问，在长达一年多的安庆会战中，太平军动员了数十万兵力，与湘军反复拼杀，终归失败，究竟是为什么？曾、胡为什么以悬殊的兵力竟能克敌制胜？失败的教训和成功的经验，都值得关注。从会战双方的战略决策来说，很难挑出多少毛病来，但执行过程却大相径庭。一者，曾、胡共图安庆，事权统一，基本上配合默契，而太平军英、忠二王貌合神离，互不统属，各行其是。二者，曾国藩作为主帅，决策既定，坚定不移地付诸实施，虽历四次波折而不稍摇动，而太平军主帅恰恰缺少这种坚定的决心，

1 萧一山：《清代通史》卷下，中华书局1986年版，第761页。
2《曾国藩全集（修订版）》第24册《书信之三》，岳麓书社2011年版，第526页。
3 太平天国历史博物馆编：《太平天国文书汇编》，中华书局1979年版，第555页。

“会剿武汉”失期不说，英王、忠王各自在完全可能一举攻克武汉的条件下不去抓住战机，结果造成无可挽回的损失。三者，安庆必争，安庆必守，兵力的相对集中就成为用兵的关键，“在有强大敌军存在的条件下，无论自己有多少军队，在一个时间内，主要的使用方向只应有一个，不应有两个”[1]。曾国藩以争夺安庆为目的，即把湘军的精锐5万人全部投放到安庆战场，虽然与太平军相比，兵力悬殊，但在安庆一地占有优势，曾国藩在给九弟曾国荃的信中说：“普天下处处皆系贼占上风，独安庆一城系贼占下风。”[2]相比之下，太平军用兵的方向就有多个。“五路救皖”计划固然不错，如果能顺利执行，也能够达到救援安庆的目的，但令人吃惊的是，“五路”进军的方向都是间接的，没有一路直接用于安庆，只不过安徽是陈玉成的根据地，他不能不力图直接解安庆之围。兵力本已分散，“五路救皖”未能达到预期目的，如果把陈玉成、李秀成等部主力兵力集中起来，完全可以与曾、胡一争高低，但太平天国始终没有做到这一点。四者，曾、胡一致认为，围困安庆之战，应以打援为重点，“若处处合围，则兵力皆为坚城所牵制”，因而只有曾国荃一军万余人围困安庆，而让主力多隆阿、李续宜部2万余众（后又增调皖南鲍超所部精锐8000人）专门对付太平天国援军，以杨载福、彭玉麟水师封锁江面，切断大江南北太平军的联系，切断安庆城内太平军与菱

1《毛泽东选集》第1卷，人民出版社1967年版，第208页。

2《曾国藩全集（修订版）》第20册《家书之一》，岳麓书社2011年版，第524页。

湖北岸陈玉成部的联系。就是围城之师也同时兼顾打援，如曾国荃在安庆城外挖掘长濠两道，前濠用以围城，后濠用以拒援，湘军打援的兵力远远超过围城的兵力。针对湘军这一战术特点，太平军理应先破打援之师，再图安庆，可是在作战过程中，往往外围之敌不除即攻安庆，或以小部兵力牵制打援湘军，而以大部进攻安庆，结果总是腹背受敌，被动挨打。当然，湘军有一支强大的水上之师，船坚炮利，陆师装备精良，也非太平军可比，这是造成太平军安庆会战失败的客观原因。太平天国首都天京门户被洞开，再也无力关闭。

曾国藩夺取安庆后，他的“东征计划”只剩下最后一步，那就是攻克天京，剿灭太平天国。

涛声依旧，曾国藩心潮起伏，蓦然回首，感慨良深。昨天已成为历史，而今迈步从头越。未来的军事政治生涯并不会一帆风顺，但他充满信心。只是皇上郁悒终古，朝局会发生怎样的变化？他不免担心起来。

第七章 惊心动魄的权力角逐

惊天大阴谋终于化作血腥的政治震荡。霹雳政变成功，慈禧垂帘听政。清代历史上前所未有的政治体制“垂帘政治”开始运作，“慈禧时代”来临了。

曾国藩的担心不是没有根据的。去年秋，恭亲王留京督办和局时，他就猜透，“恭亲王之贤，吾亦屡见之而熟闻之，然其举止轻浮，聪明太露，多谋多改。若驻京太久，圣驾远离，恐日久亦难尽惬人心”[1]。所谓“难尽惬人心”，当然指的是皇上周围的“热河派”。果然不出所料，奕䜣被排斥于政治权力中心之外。聪明的恭亲王当然心有不甘。

由于安庆的胜利，军事上呈现出蒸蒸日上的势头，来自外部的压力减轻了，统治集团内部斗争于是白热化起来。

就在曾国藩洞开天京门户的当天，即八月一日（9月5日），恭亲王奕䜣一路风尘赶到了热河……

一、叔嫂之间

恭亲王风风火火来到热河，正赶上小皇子为父皇举行殷奠

1《曾国藩全集（修订版）》第20册《家书之一》，岳麓书社2011年版，第520页。

礼，他顾不上旅途的疲劳，立即叩谒梓宫，伏地痛哭，“声彻殿陛”，泪如泉涌，在场的人“无不下泪”。据化名“樵客”的目击者透露，自从皇上驾崩以来，“未闻有如此伤心者”[1]！兄弟毕竟是兄弟，手足之情，棣萼之谊……恭亲王能不伤心？他受的委屈太多太多，兄弟参商，竟未及消融，更令恭亲王痛心疾首。情也重，怨也深，种种复杂的情感纠结在一起，化作满腔悲伤，随声泪喷发而出。他的“大恸”的确感动了所有在场的人，可谁又能理解他此时此刻难以言表的复杂心情呢？

哭灵毕，两宫太后立即传旨召见恭亲王。其实，恭亲王也迫切期待着太后召见，他的热河之行，不正是要与慈禧太后密谋铲除赞襄集团的大计吗？肃老六微微察觉到鬼子六来者不善，雅不欲叔嫂晤谈，“力阻”召见。八大臣之一的侍郎杜翰甚至在大庭广众之下公开声称“叔嫂当避嫌疑，且先帝宾天，皇太后居丧，尤不宜召见亲王”。肃顺听罢，拍着巴掌“称善”，没想到杜侍郎能发如此宏论，“真不愧杜文正公之子矣”！然而，太后执意召见，派太监再三传旨，肃顺集团迫于“公论”，不便过火阻挠，恭亲王灵机一动，干脆请端华陪着进见，端华没料到恭亲王会来这一招，反倒尴尬起来，看看肃顺，肃顺也感到很难堪，只好退避，戏谑说：“老六，汝与两宫叔嫂耳，何必我辈陪哉！”[2]说罢，匆匆离去。奕䜣忍气吞声，默默地走进了召对厅。

1 佚名：《热河密札》，《近代史资料》总第 36 号，中华书局 1978 年版，第 8 页。
2 薛福成：《庸盦笔记》卷一，江苏人民出版社 1983 年版，第 19 页。

叔嫂终于晤面了。这是一次神秘的不同寻常的政治性会晤，它在中国近代史上的意义不亚于即将到来的“北京政变”，也许《中国近代史词典》这类辞书修订再版时，应该考虑增加一个新条目——“热河密谋”。“密谋”的详情属于“天机”“绝密”，无法活现在读者面前，但中心议题恰是“密商诛三奸之策”[1]。“三奸”指肃顺、端华、载垣，是赞襄政务王大臣的首领。

“诛三奸”、推翻赞襄集团，这是叔嫂的共识。热河是肃顺集团的天下，不能轻举妄动，万一有个闪失，岂不任人宰割？要制人而不制于人，“非还京不可”！恭亲王如是说。慈禧太后对西方列强心存疑忌，顾虑重重地说：“奈外国何？”

恭亲王斩钉截铁地回答：“外国无异议，如有难，惟奴才是问！”[2]

恭亲王当然不是吹牛，督办和局和主持总理衙门的经历，早使他获得了西方列强的好感，在外国人的心目中，恭亲王是最值得“信任的政治家”。咸丰皇帝“宾天”，大权落到顽固守旧、极端排外的肃顺集团之手，而恭亲王遭到排斥，他们深感不安。英国驻华公使卜鲁斯在发给英国外交大臣罗素（Lord John Russell）的公文中就说：“只消朝廷不在北京，怡亲王、端华和肃顺继续掌政（权），我们就不能说中国人民已确实承受了条约。各省当

1 薛福成：《记咸丰季年载垣端华肃顺之伏诛》，见中国史学会主编《第二次鸦片战争》第2册，上海人民出版社1978年版，第292页。

2 王闿运：《祺祥故事》，见中国史学会主编《第二次鸦片战争》第2册，上海人民出版社1978年版，第326页。

局看到国家重臣，实际掌权的人是偏向于不友好的，他们也就形成和我们为难的倾向。他们对我们的建议，总是说热河不能允准，不论这话是真情还是饰词，总是十分有理，无从驳倒的。”[1]他们希望迟早有一天朝局发生变动，恭亲王掌握大权，这对他们来说，是绝对有好处的。恭亲王临来热河前，文祥又特意到英国使馆与卜鲁斯会晤，透露恭亲王即将赴热河的信息，进行试探，英国方面发出了“期待”的信号，坚定了恭亲王的信心，难怪慈禧太后“以夷务为问”，恭亲王底气十足地“力保无事，又坚请速归”了。[2]

慈禧太后的顾虑打消了，双方就如何采取行动，也有所“密商”，比如调胜保之兵配合，安排恭亲王之弟、慈禧太后的妹婿醇郡王奕譞拟定拿问肃顺等人的谕旨，等等。当然，还有最重要的一点，那就是“权”，一旦政变成功，权力如何分配，不能不敲定。太后垂帘，亲王辅政，该是这次密谋达成的“备忘录”。[3]

密谋两个小时后，恭亲王迈着沉稳的步伐走了出来，他对权力角逐充满自信，当然，免不了有些紧张不安，只不过不露声色罢了。

肃顺在恭亲王初到热河之时，并不把他放在眼里，“颇蔑视之”，以为权操在我手，彼能如何，鬼子六“不足畏也”，没有什

1 严中平：《一八六一年北京政变前后中英反革命的勾结》，《历史教学》1952 年第 4 期，第 18 页。
2 佚名：《热河密札》，《近代史资料》总第 36 号，中华书局 1978 年版，第 9 页。
3 费行简：《慈禧传信录》（《慈禧纪实丛书》之二），辽沈书社 1994 年版，第 417 页。

么可怕的。可是，叔嫂“谈之许久”，究竟“谈”的什么，他没长“顺风耳”，无从得知，反正“晤”不出什么好事来，他不能不提高警惕，鬼子六太“鬼”了！

恭亲王装作若无其事的样子在热河盘桓，不拜客，不见客——慑于肃顺集团的淫威，没有什么“客”敢冒险去见他；“宫灯”辈（肃顺集团）也变得谨小慎微，“颇为敛戢”，不再像从前那样专横狂躁。鬼子六见“宫灯”辈，装得低声下气，“卑逊特甚”；肃老六等在恭亲王面前，也是“肃然改容”，毕恭毕敬。热河出现了从未有过的平静，大家相安无事，一团和气。

异常的平静，令人心慌。又是那位“老五爷”惇郡王奕誴，觉察到平静背后隐藏的杀机，在与肃顺等人一起聚餐时，冒冒失失，当着奕䜣的面，用手提着肃顺的辫子大声说：“人家要杀你哪！”肃顺只好低着头，连声说：“请杀，请杀！”[1]“人家”，不用说，肃顺明白，是恭亲王叔嫂。肃顺嘴上打着哈哈，心中着实一惊，不过，转瞬镇定自若，也许他心里说，还不一定谁杀谁呢！

还有刚登上龙位的不太懂事的小皇帝载淳，他也“参加”了“热河密谋”，慈禧太后有意无意在他幼小的心灵深处播下了“仇肃”的种子。野史披露说，他天资英敏，即位时年方6岁，知肃顺“有异志”，拿着小刀学着割菜，边割边说：“杀肃顺，剐肃顺。”又有一次，他用泥巴做成不倒翁，折断其首，说：“此载

1 中国人民政治协商会议全国委员会文史资料研究委员会编：《晚清宫廷生活见闻》，文史资料出版社1982年版，第68页。

垣、端华、肃顺也，吾必杀之。”《清宫词》赞云：

玩物纷罗不倒翁，聪明英毅欲锄凶。[1]

皇上年龄再小也是皇上，他要杀“三奸”，“三奸”一个也别想活。

政变的准备工作在加紧进行中。密谋的当天，两宫太后迫不及待地颁下“回銮”京师的谕旨。回銮是迟早的事，总不能把京师搬到热河去，但叔嫂一经会面即有此旨，肃顺集团颇感意外。这里面肯定有“鬼”，“三奸”不能不力阻回銮。当初咸丰皇帝迟迟不敢回銮，一个极重要的原因就是“怕洋人”，这是最具说服力的武器，现在肃顺又拿了出来作“挡箭牌”，说：“皇上一孺子耳，京师何等空虚，如必欲回銮，臣等不敢赞一辞。”两宫不容置辩地说：“回京后设有意外，不与汝等相干。”[2]立即命准备车驾，说走就走，急不可耐。肃顺等人不再反对回銮，但“立命办车驾”办不到，总要有一个准备的时间吧。“回銮”阻不了，那就尽可能往后拖，叔嫂要施什么诡计，也好有充分的时间从容对付。提议于九月二十三日（10月26日）由肃顺亲自护送梓宫回京，虽然拖后近两个月，两宫也不得不同意，否则激成大变，回到京师的将是一缕芳魂。

1 小横香室主人：《清朝野史大观》卷二《清宫遗闻》，上海书店1981年版，第68页。
2 薛福成：《庸盦笔记》卷一，江苏人民出版社1983年版，第19页。

署理直隶总督文煜受命承办车驾的备置、道路的维修、沿途的供应等事宜，他不敢怠慢，敦促密云知县等“赶办”，为“回銮”尽力铺平道路。

热河依然很平静。肃顺不是傻瓜——以往的研究往往把他当傻瓜，以为他根本不把恭亲王叔嫂放在眼里，轻而视之，骄不设备，不做防范，结果被人轻易地除掉——他也在采取积极的应变措施。在肃顺看来，“固本”至关重要。八月四日（9月8日），经赞襄政务王大臣“公同商酌”，奏请以吏部左侍郎匡源兼署户部左侍郎，太常寺少卿焦祐瀛补授太仆寺卿。这两缺，本应同其他官缺通过“掣签”的办法一同发放的，肃顺预留了下来，以“小利”固结人心，使赞襄集团形成一个牢不可破的整体，以防被对手分化瓦解。两宫“依议”，时机不成熟，不得不顺从，以安其心。

对恭亲王，肃顺严密监视，一旦有异，绝不手软。党人“属邸堂（奕䜣）随时小心”[1]，不难看出，恭亲王的的确确处在肃顺集团的俎案上，随时有被切割的可能。平静的热河，冒出腾腾杀气。

阳奉阴违，虚与委蛇，彼此彼此。恭亲王感觉到热河不是久留之地，党人也劝他“以早回为宜”，以防不测。肃顺集团更巴不得鬼子六尽早滚出热河，有他在热河，如芒刺背，如鬼缠身，实在是一块心病，照肃六的意思，真想一刀剜去，不留后患，载

1 佚名：《热河密札》，《近代史资料》总第36号，中华书局1978年版，第8页。

垣、端华力争不可。八月五日（9 月 9 日），八大臣不待奕䜣自请即代为向两宫太后请示行止，明明白白要驱赶了。两宫太后传旨，命恭亲王明日请安，借此机会再次“密谋”。

两宫太后准备再度召见恭亲王的消息传了出来，化名“樵客”通过“密札”向京师传递情报的奕䜣党人军机章京王少鹤露面了，这天，他秘密拜谒了恭亲王，“坐谭一时许”（两小时左右），向奕䜣倾诉肃六集团种种专横跋扈、假公济私、一手遮天的“奇绝怪绝”的恶行，表达了“不能久待苦衷”，渴盼“元圣”（恭亲王）拨开云雾重现青天，祷告“天夺其（肃顺等）魄”，云云，情绪非常激动。恭亲王劝他少安毋躁，暂时还要忍耐、沉住气，“俟进城（回到京师）再说”，饶不了肃老六。“元圣”的“相待优厚”，使这位“樵客”备受鼓舞，“可感之至”，仿佛看到了光明。随后，二人就明日召见事进行磋商，“樵客”为“元圣”拟了“一套话”，献计献策。这“套话”，建议恭亲王向两宫重申及早回銮的重要性，原定九月二十三日的归期“必改”，改得越早越好，“以杜奸谋”，不要落入肃老六的圈套。改期的理由可“以风水之说动之”，风水迷信是很具有说服力的。恭亲王“深然之”，表示赞赏。[1]

八月六日（9 月 10 日），叔嫂进行第二次“密谋”，“密谋”的内容无非是早日回銮，在北京发动政变，锄掉“三奸”。互道保重后，恭亲王即“跪安”。召对的时间不长，但各自充满信心。

1 佚名：《热河密札》，《近代史资料》总第 36 号，中华书局 1978 年版，第 1—12 页。

八月七日（9 月 11 日），恭亲王结束了他的热河之行，启程回京。热河之行是得意的，尽管充满惊险、刺激。恭亲王为“热河密谋”的成功而欣喜，但戒惊戒惧，时刻提醒自己，千万不可掉以轻心。关于他的“离热”，颇有一些传奇色彩。据说，奕䜣行前，先密嘱他的护卫、随侍人等到布塔拉庙的后门去等候，然后与“三奸”告别，说：“我就要回北京去，听说这里的布塔拉喇嘛庙很有名，我打算先逛一下再走。可是我的底下人们还没来，你们有轿子，让我坐一坐。”

奕䜣所说的布塔拉喇嘛庙，是承德著名的外八庙之一普陀宗乘之庙，位于避暑山庄之北狮子沟北坡，是外八庙中规模最大的寺庙群，占地 22 万平方米，气势雄伟壮观。该庙是乾隆年间仿西藏布达拉宫的样式修建的，清一色的藏式建筑，饮誉海内外，人称“小布达拉宫”，的确值得一游。

“三奸”听说奕䜣要走，很是高兴，借轿游逛“小布达拉宫”算不了什么，遂连声说：“请爷坐，请爷坐！”奕䜣坐上他们的轿子，进了庙的前门，匆匆下轿步行到庙后门，顾不上游玩，带上随从赶往京师。[1]

这个恭亲王智离热河的记载出自那位“老五爷”惇亲王奕誴之孙溥雪斋的回忆，有失真之处。有识者指出，奕䜣奉旨返京是热河行在公开的秘密，又是八大臣代请以后两宫太后所做的决

1 溥雪斋：《慈禧第一次垂帘时的一些内幕》，见《晚清宫廷生活见闻》，文史资料出版社 1982 年版，第 69 页。

定，八大臣当然知道奕䜣何时回京，奕䜣用不着偷偷溜掉。但是溥雪斋的回忆透露出杀气腾腾的信息，却是不错的。[1]

恭亲王一路上小心翼翼，逢到“州县备尖宿处，皆不敢轻居”，为何？“惧三奸之行刺也”[2]，生怕遭人暗算。八月十日（9月14日），总算平安地回到了北京。虎口脱险，恭亲王长长地舒了一口气。

恭亲王悄悄地回到北京，深居简出，人们希望从他口中打探一些热河的虚实，他只说回銮有期，而不及其他。热河到底怎么了，旁人猜不透。

恭亲王走后，热河依旧很平静，平静得令人窒息。读者可能已经感觉到了，一场大规模的政治风暴即将来临。果然，在奕䜣走后的第三天，“热河”真正沸腾了。

二、震惊中外的北京政变

八月九日（9月13日），御史董元醇的一封奏折驰驿热河，激起轩然大波。董御史的奏折何以有如此巨大的威力，搅得热河热浪翻滚呢？读者不难猜到，奏折的内容一定触到了“要害”。

的确如此。董折提出“事贵从权，理宜守经”两大惊人建议。

1　徐彻：《慈禧大传》(《慈禧纪实丛书》之一)，辽沈书社1994年版，第131页。
2　薛福成：《庸盦笔记》卷一，江苏人民出版社1983年版，第19页。

何谓“事贵从权”？董折说，现值天下多事之秋，皇帝陛下以冲龄践阼，一切政务全靠皇太后宵旰思虑，斟酌尽善，此诚国家之福也。既然如此，应明降谕旨，宣示中外，使人们都知道皇上圣躬虽幼，但有皇太后暂时权理朝政，左右并不能干预，这样可使人心益加敬畏。挑明了说，就是请皇太后“垂帘听政”。董折强调说：“虽我朝向无太后垂帘之仪，而审时度势，不得不为此通权达变之举。此所谓事贵从权也。”

何谓“理宜守经”？董折说，自古帝王莫不以亲亲尊贤为急务，这是千古不易之经。现在赞襄政务，虽然有王大臣、军机大臣诸人，但更应该从亲王中简派一二人，同心辅弼一切事务，这样亲贤并用，既无专擅之患，也无偏任之嫌，岂不美哉！还可以从大臣中挑选一二德望素优者，任圣上师傅，逐日进讲经史，于古今治乱兴衰之道，详悉陈说，以扩充圣聪，涵养圣德，“此所谓理宜守经也”。[1]

董元醇的奏疏命意再清楚不过了，那就是推翻赞襄制度，建立一个两宫太后“垂帘听政”，恭亲王和顾命大臣共同辅政的政治体制。一个不知名的小臣，竟敢推翻“遗命”，这还了得？八大臣怒不可遏，两宫却把奏折“留中”。

董元醇的胆子是借来的。他出自大学士周祖培的门下。周祖培，读者还记得，他曾遭受肃顺的压制和打击。肃顺平素就瞧不

1《董元醇奏请皇太后权理朝政并另简亲王辅政折》，见故宫博物院明清档案部编《清代档案史料丛编》第 1 辑，中华书局 1978 年版，第 91—92 页。

起周祖培，成见甚深，说他连奏疏也写得不好，给他送了一个绰号“老八股”。在户部尚书任内，周、肃同堂判牍，有一次，周已在公牍上“画诺”签字批准，肃顺佯作不知，问：“是谁之诺也？”司员回答：“周中堂之诺也。”肃顺破口大骂：“唉！若辈愦愦者流，但能多食长安米耳，焉知公事？”[1]拿起红笔，将周诺抹掉，累次如此，周“默然忍受”，皇上宠臣，惹不起，只能饮恨于心，尽管他的地位比肃顺高。肃顺当初不会想到，他的过火高压，使周中堂迅速倒向政敌一边，并首先向他发难了。周祖培久于官场，老于世故，对政治风向的观察准确无误，他看出，慈禧太后有垂帘听政之心，恭亲王有夺权之意，便唆使门生——刚当上山东道监察御史没几天的董元醇上疏，投机而发，对太后和恭亲王兼顾周到，诚可谓用心良苦矣。据说，董疏经奕䜣、奕譞兄弟认可而后发[2]，若果真如此，董元醇浑身是胆，更有理由无所顾忌地去捅热河的马蜂窝了。

董折被“西边（西太后）留阅”，而肃顺等人已“大愤”，强烈要求发下痛驳。八月十一日（9月15日），两宫太后召集八大臣，发下董折，明确表示接受董元醇的建议，给八大臣当头一棒。肃顺等犹如被激怒的雄狮，咆哮不止，“勃然”抗论，怒吼“不可”，说：“臣等系赞襄幼主，不能听命于皇太后，请皇太后

1 中国史学会主编：《第二次鸦片战争》第2册，上海人民出版社1978年版，第290页。

2 费行简：《慈禧传信录》，见《史说慈禧》（《慈禧纪实丛书》之二），辽沈书社1994年版，第416页。

看折亦为多事。”[1]双方激烈争吵，“声震殿陛”，吓得6岁的幼主大哭不止，“遗溺”尿湿了慈安太后的衣服。慈禧太后气得两手发颤，差点背过气去。

退朝后，八大臣假幼主之名，由“焦大麻子”焦祐瀛捉刀，拟就严词切责董元醇的“上谕”，对董折痛加批驳，说：“我朝圣圣相承，向无皇太后垂帘听政之礼。朕以冲龄仰受皇考大行皇帝付托之重，御极之初，何敢更易祖宗旧制？”该御史奏请皇太后暂时权理朝政，“甚属非是”。又请于亲王中简派一二人，令其辅弼一切事务，“是何诚（居）心？所奏尤不可行”[2]。透过这道充满火药味的上谕，我们仿佛看到了肃顺铁青的脸。

八月十二日（9月16日），上谕递上，慈禧太后留中，拒绝发下。八大臣齐赴候见，太后拒不召见。太后强硬，肃顺等人也不示弱，决定“搁车”，以停止办公相抗议。几经折冲，最后经慈安太后劝解，慈禧才同意下发这道上谕。八大臣取得暂时胜利，得意扬扬，“笑声彻远近”。肃顺又笑到了前面。他不会知道，这次激烈的冲撞将成为引发宫廷政变的导火线。“七先生”奕譞“怒极”，背着八大臣愤愤地说，“俟进城讲话”，等回到北京，看怎么收拾你们！当事者迷，旁观者清。化名“守墨道人”的军机章京许庚身一眼看破，肃顺等人之祸，“肇于搁车矣”[3]。

1 吴语亭：《越缦堂国事日记》第1册，文海出版社1977年版，第547页。

2《谕内阁皇太后垂帘听政并另简亲王辅弼均不可行》，见故宫博物院明清档案部《清代档案史料丛编》第1辑，中华书局1978年版，第94页。

3 佚名：《热河密札》，《近代史资料》总第36号，中华书局1978年版，第3、12、6页。

一波未平，一波又起。清廷王牌军首领胜保、僧格林沁也跃跃欲试，向肃顺集团进行试探性挑衅。六部九卿肃顺可以不在乎，却不能漠视发自军中的声音，二人手握重兵，是一股可怕的力量。

胜保虽是一介武夫，但对政治气候相当敏感，很善于见风使舵。当那拉氏生载淳后，胜保就有一种感觉，载淳将来必承继大统，因而千方百计巴结那拉氏。他与那拉氏的弟弟桂祥友善，称得上“铁哥们”。当胜保出师抵御英法联军时，桂祥特地为他饯行，酒过三巡，胜保拔剑起誓，驱逐洋鬼子后，“必旋兵清君侧”，砍掉肃顺的脑袋。桂祥通过太监将此信息传递给姐姐，那拉氏大喜，心想，此人如能为我所用，不难扳倒肃老六。于是赐予胜保亲手所刺“精忠报国”的荷囊。胜保受宠若惊，发誓“必有以酬后德”[1]，甘为那拉氏效犬马之劳。第二次鸦片战争一结束，胜保立即响应恭亲王鼓起的“回銮声潮”，强烈吁请“回銮”，锋芒毕露，直指肃顺集团。他早已成为奕䜣—慈禧集团中的骨干人物，肃顺怀恨在心，只是胜保为一方将帅，又深得咸丰皇帝的赏识，不能轻易将其罢去。

咸丰宾天，肃顺生怕武人干政，特谕各路统兵大员不准叩谒梓宫。可是偏偏又是胜保，毫不理会，八月二日（9月6日）上了一个《吁恳兼程北上叩谒梓宫折》，准也好，不准也好，拜折

1 费行简：《慈禧传信录》，见《史说慈禧》（《慈禧纪实丛书》之二），辽沈书社1994年版，第415页。

后立即起行，由冀州、河间、雄县一路兼程北上，更可气的是，他居然拉着山东巡抚谭廷襄呈黄折向太后请安，抬高皇太后，公然向肃顺集团挑战。肃顺暴跳如雷，八月七日（9 月 11 日）明发“上谕”，以向来臣工具折没有向皇太后请安之例，缟素期内呈递黄折，也与体制不合为由，将胜保交部议处。胜保既已兼程北上，执意要叩谒梓宫，肃顺也不好强阻，武将的脾气没有几个温顺的，于是顺水推舟，同日发布上谕，准其前来行在，叩谒梓宫。肃顺恩威并用，看得出来，他政治斗争的水平有所提高。

八月十日（9 月 14 日），恭亲王由热河回到北京这天，胜保也到了北京，二人会晤，筹划政变事宜。恭亲王嘱胜保在京畿以至于密云一带，布扎重兵，保证政变成功，同时告诫胜保，千万不可锋芒太露，眼下宜韬晦隐忍，遇事小心，倍加谨慎。胜保点头称是。

胜保果然换了一副面孔。八月十二日（9 月 16 日），他在前往热河途中，具折承认自己“一时糊涂”，黄折请安，犯了大错，“今蒙训斥，始悟其非”，而仅予议处，不加严谴，“奴才……感激惶悚，莫能名状”，“感恩无地”。[1] 八月十四日（9 月 18 日）到了热河后，更加驯顺，叩谒罢梓宫，绝口不提请见皇太后的“非分”要求。当晚，“守墨道人”许庚身深夜造访，本想劝他不要造次，没料到胜保比他还要稳健，说肃六之辈“罪状未著，未可

1《胜保奏叩谢交部议处天恩折》，见故宫博物院明清档案部编《清代档案史料丛编》第 1 辑，中华书局 1978 年版，第 95 页。

鬻拳兵谏，致蹈恶名”。一席话，说得守墨道人“深以为然”，不得不承认胜保已非从前的胜保，“其人近来颇有阅历”[1]，老练得出奇。

肃顺集团“颇畏”胜保的虚声，他在热河，犹如虎豹在山，令人不自在。肃六严阵以待，一旦有风吹草动，就准备采取断然措施，解除胜保的兵权。但胜保的表现大出他的意料，像驯服的羔羊，没有了丝毫的虎气。他又自鸣得意起来，看来胜保到底被自己的“恩威”镇住了。

权力角逐不是“辩论赛”，单纯的唇枪舌剑往往无济于事，它要求有强有力的武力作后盾。中国的历史经验表明，在大规模的政治冲突中，没有后盾的一方，必定是可悲的失败者。“枪杆子里面出政权”，是颠扑不破的真理。肃顺等人不会不明白这样简单的道理。以往的研究指出，肃顺集团最大的失策就是没有去抓枪杆子。这是对肃顺的误解。

肃顺很清楚，胜保是拉不过来的，能稳住就算不错了。但是“王牌”僧格林沁亲王却是可以争取的。当肃顺得悉僧亲王闻听咸丰皇帝龙驭上宾“甚为哀痛”时，便借题发挥，八月七日（9月 11 日）与怡亲王载垣、郑亲王端华等七大臣联名，主动发函，讨好地说：“各路统兵大臣，业经奉有谕旨，无庸奏请来京。惟王爷受恩至重，非各路统帅可比，似可具折奏请叩谒梓宫，并

1 佚名：《热河密札》，《近代史资料》总第 36 号，中华书局 1978 年版，第 12 页。

请皇上节哀，当无不邀俞允。谨以布闻，伏希斟酌为幸。”[1] 不料，僧亲王不领情，没有按八大臣的意思具折奏请叩谒梓宫。不仅如此，竟在奏闻战况的折件中写上“伏乞皇太后、皇上圣鉴”等语。肃顺等人一见到“皇太后”就感到格外刺眼，浑身不舒服，但没有像对待胜保那样交部议处，只是八大臣再度联名致函，劝僧亲王不宜书写“皇太后”字样，惟用“皇上圣鉴”字样为荷。总而言之，肃顺集团要极力拉拢僧亲王。可是僧亲王不识时务，不愿就范（实则已倒向奕䜣—慈禧集团），执拗地抗辩道：“嗣后奏报，仍不敢不如此（“皇太后、皇上圣鉴”）缮写，尚望深思海量是荷。”[2] 肃顺无可奈何。

胜保、僧亲王抓不住，肃顺不能不做他想，无论如何也得抓一个“西瓜”。用不着别人提醒，肃顺立即想到了曾国藩，也只有曾国藩能与胜、僧相颉颃。肃顺的门人、“湘中六子”之一的王闿运致函曾国藩，要他自请入觐，申明母后不得临朝干政的祖制，向慈禧太后施压。但曾国藩明哲保身，不愿卷入政争的旋涡，“得书不报”，不加理睬。据说王闿运又亲自到祁门（应为安庆）大营，向曾国藩游说。他静听王闿运说话之后，用手指蘸茶水在桌子上写了一个“妄”字。[3] 他对政局的发展变化持冷眼旁

1《赞襄政务王大臣为可奏请叩谒梓宫事致僧格林沁函》，见故宫博物院明清档案部编《清代档案史料丛编》第 1 辑，中华书局 1978 年版，第 93 页。

2《僧格林沁为嗣后奏报仍书皇太后圣鉴事复赞襄政务王大臣函》，见故宫博物院明清档案部编《清代档案史料丛编》第 1 辑，中华书局 1978 年版，第 105 页。

3 章士钊：《热河密札疏证补》，《文史》第 2 辑，中华书局 1963 年版；徐立亭：《咸丰　同治帝》，吉林文史出版社 1993 年版，第 231 页。

观的态度，不偏不倚，不倒向任何一方。曾国藩太“滑”，肃顺没有抓住。

肃顺千方百计抓枪杆子，门下也很卖力地为他奔走，但事与愿违，“临时抱佛脚”，到头来还是两手空空。枪杆子抓不到，肃顺也只有拿“遗命”当法宝。吃不到葡萄说葡萄酸。也许他会说，一纸“遗命”可抵千军万马。

热河躁动不安，北京也不太平静。

董元醇奏折“发之太早”，激起波澜。其实，董折发出前，奕䜣党人李慈铭就积极为“垂帘听政”做理论准备，连日带夜，仓促写出一部《临朝备考录》，列举历代贤后临朝故事，作为“垂帘”的根据，托周祖培上呈。但周中堂还没来得及发，痛驳董折的上谕颁下，京师人心惶惶，周祖培如遭雷击，噤若寒蝉，《临朝备考录》自然压下。恭亲王缄默不语，只字不提垂帘之事，周中堂如心中长草——荒（慌）得厉害。不久，又是一盆冷水泼来：三朝元老祁寯藻从保定寄信给京师的官员，说垂帘非本朝家法，董议不可行。于是朝野啧啧，甚至有人说，回銮后董元醇必倒大霉，他这个“后台老板”肯定在劫难逃了。

京师浮言朋兴，人心不固，“热河派”占据了舆论上的优势，奕䜣—慈禧集团中有些人沉不住气了，宗室恩承就焦灼不安，要奕䜣采取紧急措施。奕䜣镇定自若，不慌不忙地说：“毋庸也，垣（载垣）、顺（肃顺）等方骄，闻此耗，备当益懈，待其既还，执付狱吏可已，安用大声色为哉！”意思是说，暂居下风，不仅不是坏事，反而是一件好事，这样可以麻痹肃顺集团，使之放松警惕。骄不设备，更有利于政变的成功。恭亲王成竹在胸。

果然不出恭亲王所料，风声传到了热河，肃顺大喜，扬言说，京师廷臣有公论，我辈受遗诏辅助幼皇，名正言顺，还有什么可担心的？那个董元醇不知道天高地厚，大放厥词，莠言乱政，罪不可逭，应请重治其罪。次日召见，肃顺等坚决要求治董元醇乱政之罪，太后不答应，八大臣力请，甚至说，干脆撕毁遗命，把我们全部革职，让董元醇来赞襄政务吧！“语既愤激，声色尤厉”，想必小皇帝又一次吓得“遗溺”。慈禧太后不再坚持，心想“热河密谋”已就，不妨姑且示弱，甘拜下风，以安肃顺等人之心——她政治斗争的艺术水平显然提高不少。对肃顺重治董元醇之罪的强烈要求，她另有一番答词：垂帘有违祖制，我已明白，董折业经痛驳，董元醇也该治罪，只是皇上刚即位，如果遽罪谏官，岂不是遏断了言路？还是放他一马吧！这一番大道理，说得肃顺等人哑口无言。不管怎么说，肃顺集团取得了暂时的胜利，退朝后，立即拟就一道上谕，以后不准臣工再提垂帘之事。至于董元醇之流不识时务者，“回銮后再究其是非可耳”[1]，饶不了他（们）。肃顺飘飘然起来。

罢朝回宫，慈安太后唉声叹气，打不起精神来。经过一系列的冲突，她感到身心交瘁，信心动摇，说还没垂帘就弄到这步

1 费行简：《慈禧传信录》，见《史说慈禧》（《慈禧纪实丛书》之二），辽沈书社1994 年版，第 417 页。

田地，他日果真听政，还不定闹成什么样子，何苦呢？慈禧太后说，肃老六等“三奸”素来不臣，天长日久，必谋篡逆，窃取国柄，我二人何以对先帝？慈安太后“默然”，不再说什么。事到如今，也只有横下一条心，与“三奸”斗到底了。

政权之争不讲原则，不择手段，但必须讲究策略。奕䜣—慈禧集团处心积虑，抓住枪杆子不说，策略运用之灵活，也非肃顺集团所能望其项背。肃顺集团已被韬晦之计所迷惑，恭亲王还有点放心不下，鼓动钦差大臣袁甲三、陕西巡抚瑛棨施放烟幕弹，上疏吊唁先帝，特意写上“两宫听政同纂（篡）先帝遗烈”的话，使肃顺产生“得道多助”的错觉。肃顺志得意满，更加骄蹇，殊不知大祸即将临头。八大臣中，唯杜翰有一种不祥之感，叹曰“变故正多”。

“回銮”的准备工作在紧张地进行中。八月十八日（9 月 22 日）发布上谕，昭告天下：九月二十三日（10 月 26 日）启程回銮。

九月一日（10 月 4 日），大学士桂良、贾桢等奏请恭上母后皇太后徽号为“慈安皇太后”，圣母皇太后徽号为“慈禧皇太后”。

九月四日（10 月 7 日），“三奸”以退为进，谒见两宫太后，说诸事丛杂，请求太后将他们管理的处所酌派他人接管。表功也好，要挟也好，刁难也好，在通常情况下，两宫太后应该表彰一番，抚慰一番，然后是不准开缺，请他们尽心尽职，这种“样板戏”，太后焉能不会？万万没有想到，两宫顺水推舟，“着照所请”，载垣着开銮仪卫、上虞备用处事务，端华着开步军统领缺，肃顺着开理藩院并响导处事务缺。“三奸”没有得到任何好处，反而连手中的至关重要的兵权也被削夺了。假戏真做，弄巧成拙，“三奸”有苦难言。

接着，安排回銮事宜。按襄政王大臣之意，两宫皇太后及幼主由载垣等七大臣扈从，间道先期回京，在东华门迎接灵驾；肃顺负责护送咸丰帝梓宫。八大臣如此安排，看来并不明智，没有肃顺，七大臣没有主心骨；离开七大臣相助，肃顺孤掌难鸣。

肃顺集团接连下错几步关键性的棋，除了一纸“遗命”外，没有多少本钱了。除非有天助，否则难以起死回生。

九月二十三日（10 月 26 日），“回銮”的日子来临了。这一天，两宫皇太后及幼主在咸丰皇帝灵前祭奠后，在载垣、端华等人的扈从下，先行回京。来到热河一年挂零，有说不出的酸甜苦辣，现在终于踏上“回家”的路。慈禧太后的心情久久不能平静。但，“回家”的路好走吗？想到这儿，她又感到紧张不安。前不久，她与先期回京的妃嫔告别时，哭泣着说，你们真幸运，可以离开热河回京了，“我母子未知命在何所？得还京师相见否？”[1] 此时的她，虽然“回归”，但总有一种安危难料、前途未卜的感觉。没进“保险箱”，祸福是一个未知数，能不紧张吗？

慈禧太后有 120 个理由为自己的安危担忧。肃老六虽然头脑

1 李慈铭：《越缦堂日记补》咸丰十一年十月初一日，商务印书馆 1931 年版。

比较简单，只会阳谋，不会搞小阴谋，但果敢而粗暴，始终把她视为眼中钉、肉中刺，先帝在世时，差一点使她成为第二个“钩弋夫人”。“热河密谋”后，慈禧太后摆出甘屈下风的姿态，使他迷失，但难保他不会清醒过来。

慈禧太后没有过虑，肃顺虽然还是那个肃顺，一副不可一世的骄容，但心中隐隐约约感觉到大势不妙。那拉氏太“机诈”，自己不能不多长几个心眼。这是一股祸水，留下来势必泛滥成灾。一不做，二不休，肃顺决定在回京途中发动兵变，除掉慈禧太后。道高一尺，魔高一丈。肃顺失算了，奕䜣—慈禧集团早已做好了周密的部署，沿途有荣禄的军队护驾，京畿一带有胜保的军队密布，“预防其变”，肃顺集团已钻入预设的天罗地网之中。肃顺见此情景，“遂不敢动”[1]。该出手时不出手，他现在已经没有出手的机会了。

九月二十八日（10 月 31 日），经过 5 天的颠簸，慈禧一行到达了京郊石槽。5 天时间不算长，但对慈禧来说，好像熬过了 5 年。5 天中，她无日不在惊惧不安中苦度，现在终于可以松一口气了。恭亲王赶来迎驾，叔嫂一见面，立即密谋政变事宜。

政变的信号弹升空了。就在同一天，胜保上了一个《奏请皇太后亲理大政并简近支亲王辅政折》，声讨肃顺等八大臣“揽君国大权，以臣仆而代纶音，挟至尊以令天下，实无以副寄托之重

1 许指严：《十叶野闻 • 肃顺狱异闻》，见《史说慈禧》（《慈禧纪实丛书》之二），辽沈书社 1994 年版，第 58 页。

而餍四海之心”。尖锐地指出，赞襄政务，应当以亲亲尊贤为断，不得专以承写为凭，因为，先皇帝弥留之际，近支亲王多不在身边，所以没有留下亲笔朱谕，“以待我皇上自择而任之，以成未竟之志也”！而今嗣皇帝既未亲政，皇太后又不临朝，该王大臣等把持朝纲，所拟谕旨并非出自圣意，以至于“群疑莫释，道路之人见诏旨皆曰：此非吾君之言也！此非吾母后、圣母之意也！一切发号施令，真伪难分，众情汹汹，咸怀不服”。为今之计，胜保吁请说：

> 非皇太后亲理万机，召对群臣，无以通下情而正国体；非另简近支亲王佐理庶务，尽心匡弼，不足以振纲纪而顺人心。[1]

胜保的奏折，极有可能是在恭亲王的授意下呈递的，为推翻赞襄制度，实现“太后垂帘、亲王辅政”鸣锣开道。同时，发出信号，也好让人们思想上有个准备，以免因政变突发引起混乱。

九月二十九日（11月1日），风和日丽，两宫太后偕小皇帝乘坐黑布轿抵京师德胜门。朝中官员200余人，均身着缟素，翻穿珠补褂，恭候在御道之侧。驾到，口奏：“臣某等跪请皇上圣躬万安。”随即去帽碰头（即叩头）。[2] 请安毕，慈禧一行迅即回

1《胜保奏请皇太后亲理大政并简近支亲王辅政折》，见故宫博物院明清档案部编《清代档案史料丛编》第1辑，中华书局1978年版，第99—100页。

2 翁同龢著，陈义杰整理：《翁同龢日记》第1册，中华书局1989年版，第145页。

宫，立即传见恭亲王，对政变的步骤等细节做了进一步的密谋，唯恐有不周全的地方。

惊心动魄的政变开始了。

九月三十日（11 月 2 日），对奕䜣—慈禧集团来说，是永远值得纪念的日子。这一天，两宫太后召见恭亲王、文祥、桂良、贾桢、周祖培等，哭诉“三奸”种种跋扈不臣、“欺藐之状”。在场的大臣，当然都是“圈内人”，被激怒了。董元醇的恩师、大学士周祖培在恭亲王的暗示下挺身而出。

周中堂愤愤地说：“何不重治其罪？”

慈禧太后愁容满面，为难地说：“彼为赞襄王大臣，可径予治罪乎？”

周中堂回答：这也不难，“皇太后可降旨先令解任，再予拿问”。

慈禧太后转忧为喜，点头称“善”。[1]

一场政变水到渠成了。

事不宜迟，两宫太后当即颁下早在九月十八日（10 月 21 日）就已拟好的《谕内阁解赞襄政务王大臣任并派奕䜣等会议皇太后垂帘听政事宜》的上谕，宣布：载垣、端华、肃顺着即解任，景寿、穆荫、匡源、杜翰、焦祐瀛着退出军机处。

刚宣读完上谕，载垣、端华上朝来了。一见恭亲王等人在此，就没好气地大声呵道：“外廷臣子，何得擅入？”他们还蒙在

---

1 薛福成：《庸盦笔记》卷一，江苏人民出版社 1983 年版，第 20 页。

鼓里，不知道自己在一分钟前刚被解任。

恭亲王从容地回答："有诏。"

载垣转过身来，埋怨两宫太后："不应召见（恭亲王等）。"

慈禧太后冷冷地发话了："东后及予皆深感汝及他同官护送梓宫，颇能尽其职分，今日大事已毕，监国之名，宜即销去。"

载垣、端华莫名其妙。载垣厉声说道：岂有此理！"予之监国乃大行皇帝遗命所授，两太后无权以去之，皇帝冲龄，非予允许，无论太后及何人，皆无权召见臣工。"[1]

慈禧太后神态严静，不动声色。

不一会儿，诏下，恭亲王捧诏宣读：

> 奉上谕：
>
> 前因载垣、端华、肃顺等三人种种跋扈不臣，朕于热河行宫命醇郡王奕谖缮就谕旨，将载垣等三人解任。兹于本日特旨召见恭亲王，带同大学士桂良、周祖培，军机大臣户部左侍郎文祥，乃载垣等肆言不应召见外臣，擅行拦阻。其肆无忌惮，何所底止！前旨仅于（予）解任，实不足以蔽辜。着恭亲王奕䜣、桂良、周祖培、文祥即行传旨：将载垣、端华、肃顺革去爵职拿问，交宗人府会同大学士、

1 许指严：《十叶野闻》，见《史说慈禧》（《慈禧纪实丛书》之二），辽沈书社 1994 年版，第 59 页；薛福成：《庸盦笔记》卷一，江苏人民出版社 1983 年版，第 21 页。

九卿、翰、詹、科、道严行议罪。钦此。[1]

宣读毕，载垣、端华感到好笑。大祸降临，怡、郑二王还把一纸“遗命”当护身符。怡亲王载垣先是冷笑一声。接着，厉声吼道：“我辈未入，诏从何来？”他还固执地认为，拟诏是八大臣的“专利”。恭亲王二话没说，一挥手，示意“拿下”。载垣、端华怒目圆睁，虎视周围，咆哮道：“谁敢！”二王的话已经称不出分量。一群侍卫近前，不由分说，褫下二王冠带，扭出隆宗门。二王环顾左右，随从早已被驱散，肩舆也不见了。二人踉踉跄跄，被拥至宗人府，关进了大牢。直到这时，二人才如梦方醒，“遗命”不是灵丹妙药，挽救不了他们失败的命运。

怡、郑二王打入大牢，景寿等五大臣也落入网中，八大臣中，只有一个肃顺还在途中。于是，慈禧太后又发下一道谕旨：“着派睿亲王仁寿、醇郡王奕谖将肃顺即行拿问，酌派妥员押解来京，交宗人府听候议罪。钦此。”[2]肃老六已成釜底游鱼，跳不了几下了。奕䜣—慈禧集团以迅雷不及掩耳之势，一举政变成功，史称“北京政变”或“辛酉政变”“祺祥政变”。九月三十日（11月2日）这一天，据京师官员的日记记载，上午黑云密布，天阴沉沉的，风不停地吹着，中午，阴云散尽，晴空万里。与政变的

1《谕将载垣等革职拿问》，见故宫博物院明清档案部编《清代档案史料丛编》第1辑，中华书局1978年版，第102—103页。

2《谕将肃顺即行拿问议罪》，见故宫博物院明清档案部编《清代档案史料丛编》第1辑，中华书局1978年版，第103页。

节奏联系起来，迷信的人大概又可以演绎出各不相同的说法。

肃顺护着梓宫，不紧不慢，在归途上优哉游哉。京城里的疾风暴雨，他毫无所知。孤注一掷，在途中发动“兵变”之想化为泡影，他心里只觉得不踏实，听天由命吧。但愿先皇帝在天之灵能够保佑他平安无事。

政变当晚，肃顺一行到达京郊密云县驻足，奉旨捉拿肃顺的人马蜂拥而至，将肃顺住所团团包围，毁门而入。只听肃老六在卧室里咆哮骂詈，不堪入耳。几个健卒走上前去，三下两下砸开寝门，肃顺拥着两个小妾卧于床上，束手就擒，直到这时，犹骂不绝口：“悔不早治此贱婢（慈禧太后）！”[1]

十月一日（11月3日）晨，睿亲王仁寿、醇郡王奕譞押着誓不低头的肃顺连夜赶回京城，投入宗人府牢狱。肃顺一见载垣、端华，即咆哮怒叱：“若早从吾言，何至有今日！”是啊，当初肃顺主张将慈禧太后除掉，若非载垣、端华畏首畏尾，怎会沦落到这一步？世上没有后悔药可吃，载垣、端华长吁短叹：“事已至此，复何言！”载垣又抱怨起端华来：“吾之罪名，皆听汝言成之。”[2]“三奸”互相埋怨着……

失败者的命运总是悲惨的。胜利者在弹冠相庆的同时，忘不了对失败者的惩罚。十月二日（11月4日），传谕热河都统春佑会同热河道福厚、承德府知府灵杰、热河总管毓泰，将肃顺所有

1 魏斯逸：《坚冰志》卷2，第4页。转引自徐彻《慈禧大传》（《慈禧纪实丛书》之一），辽沈书社1994年版，第151页。

2 薛福成：《庸盦笔记》卷一，江苏人民出版社1983年版，第21页。

热河的财产严密查抄。十月三日（11 月 5 日），谕令西拉布查抄肃顺在京家产，不得“稍有隐匿”。十月六日（11 月 8 日），恭亲王等上《遵旨会议载垣等八大臣罪名情形折》，列举“三奸”八大罪状：一、不能尽心和议，失信于各国，以致圆明园被焚，皇上不得已巡幸热河；二、“三奸”朋比为奸，力排众论，阻止回銮，以致圣体违和，龙驭上宾；三、假传谕旨，捏造赞襄政务名目，诸事专权，连两宫面谕之事，也敢抗命不遵；四、御史董元醇上条陈，两宫特召载垣等面谕照行，彼等不服，胆敢面称“系赞襄皇上，不能听太后之命”“请太后看折亦系多余之事”，当面咆哮，几至惊吓幼主，含怒负气，拂袖而出，其目无君上情形，不一而足；五、动不动危言不可召见亲王，有意挑拨离间；六、肃顺擅坐御位，进内廷当差出入自由，无所顾忌，擅用行宫内御用器物，把持一切事务，宫内传取日用物品，抗违不进，并敢声称，“有旨亦不能遵”，诸如此类，不一而足；七、肃顺奉到拿问谕旨，胆敢肆意咆哮，恭送梓宫，辄敢私带眷属，尤属法纪所不容；八、肃顺时常自请分别面见两宫，召对时，词气之间互有抑扬，意在构衅，居心尤属叵测。[1]“八大罪状”中，后三条属于“肃顺专款”。这些罪状，推敲起来，多有牵强。比如说，借给肃顺十个胆子，谅他不敢假传圣旨，捏造“赞襄政务”名目——那是咸丰皇帝的意旨，只不过临终前手颤不能握笔，只

1《奕䜣等奏遵旨会议载垣等八大臣罪名情形折》，见故宫博物院明清档案部编《清代档案史料丛编》第 1 辑，中华书局 1978 年版，第 112—114 页。

好命肃顺来承写。现在把“遗命”说成是肃顺的伪作，既顺理成章地推翻了赞襄制度，又治了肃顺的罪，一举多得。“欲加之罪，何患无辞”，政治斗争就是如此。不管怎么说，“三奸”犯了“大逆”之罪，其中肃顺更是“罪大恶极”。按照大清律例，“大逆但共谋者，不分首从，皆凌迟处死”。“三奸”死定了。

同日，颁布上谕，宣布对所谓“赞襄政务王大臣”的“判决书”：首恶肃顺欺蒙专擅改写谕旨，悖逆狂谬，肆行无忌，离间构衅，擅坐御位，本应凌迟处死，以伸国法而快人心，惟朕心有所未忍，着加恩改为斩立决；载垣、端华与肃顺朋比为奸，专擅跋扈，罪大恶极，比照大逆律理应凌迟处死，惟二人均系宗室亲王，国家本有议亲议贵之条，尚可酌情稍减，姑于万无可贷之中，免其弃市，载垣、端华均着加恩赐令自尽；景寿身为皇亲国戚，缄默不语，穆荫、匡源、杜翰、焦祐瀛于载垣等窃夺政柄，不能力争，均属辜恩溺职，按律应发往新疆效力赎罪，惟念“三奸”凶焰方张，受其钳制，均有难与争衡之势，其不能振作，尚有可原。兵部尚书穆荫，着即革职，加恩发往军台效力赎罪；御前大臣景寿、吏部左侍郎匡源、署礼部右侍郎杜翰、太仆寺卿焦祐瀛，均着即行革职，加恩免其发遣。[1]

“判决”完毕，派肃亲王华丰、刑部尚书绵森，立即前往宗人府空室传旨，令载垣、端华自尽；派睿亲王仁寿、刑部右侍郎

1《谕内阁将载垣等赞襄政务王大臣即行治罪》，见故宫博物院明清档案部编《清代档案史料丛编》第 1 辑，中华书局 1978 年版，第 115—117 页。

载龄，前往菜市口刑场，监斩肃顺。

关押肃顺的囚车在街道上缓缓前行。人们听说要斩肃顺，欢呼雀跃，“交口称快”，科场、钞票两案，肃顺得罪的人太多太多，被殃及的“怨家”，驾车载酒，一起拥到菜市口，为肃顺的末日来临干杯。

肃顺身肥面白，因为要为自己发“大丧”，白袍布靴，一身丧服，格外显眼。过骡马市大街，儿童齐声欢呼：“肃顺亦有今日乎！”接着，拾瓦砾泥土抛砸，顷刻间，肃顺满身污秽，面目模糊。

牛车吱吱嘎嘎轧过一条又一条街。街道两旁，拥挤着围观的人群，“万人环视，唾骂不置”，欢呼声、怒骂声，交汇在一起，声如鼎沸。人们也在大声地议论着：早知道肃老六会有这一天；柏葰的话应验了；内阁多有古树，都是好几百年的树龄，每遇会试年，有鹊占巢，该科阁员必得鼎甲，可是，今年夏天，票签房外一棵古树忽然无故倒了，围墙全被压塌，屋瓦如粉末，第二天命工伐薪，枝叶堆积，与屋檐等高，识者已知这是不祥之兆，当时长机务者就是宗室肃顺，颇张权势。肃老六果然“倒”了，这是天意……[1]

囚车轧到了菜市口刑场，那里早已聚满了“看好戏”的人群。牛车一到，刑场立刻沸腾了。对“怨家”来说，这是最值得庆祝的盛大节日。行刑时刻临近了，刑场变得鸦雀无声，人

1 小横香室主人：《清朝野史大观》卷七《清人逸事》，上海书店 1981 年版，第 49 页。

们屏住呼吸，等待着那最“精彩”的一瞬间。“封”着的口打开了，肃顺肆口大骂，“悖逆之声，皆为人臣子者所不忍闻”，恐怕较之电影《垂帘听政》中“鬼子六，你们叔嫂勾结，狼狈为奸，不得好死”的骂声，还要难听，还要不堪入耳。他再没有机会与奕䜣—慈禧集团斗法，只好在最后的时刻大骂个痛快，中国的骂人语汇太丰富了，专拣恶毒的用，稍舒心头之恨。监斩官抛下“斩”令，刽子手立命肃顺“跪下”，肃顺坚不肯跪，他一定认为，自己没有做错什么，他为大清王朝尽心尽力，忠心耿耿，上可对天，下可对地，就是到了阴曹地府，也可以毫无愧色地面对先帝，大丈夫顶天立地，凭什么向“小人”低头？他也恨自己，恨自己太手软，没有“先下手为强”，砍掉“贱婢”“鬼子六”的头颅。刽子手举起大铁柄，猛击肃顺两胫，腿断了，他再也站不起来了，但不屈的头仍然高昂着。寒光一闪，鲜血飞溅，肃顺身首异处，而肆骂之声却久久在菜市口上空回荡……[1]

“三奸”死了，其余五大臣革职的革职，发配的发配，一场凶险的争权大战至此以慈禧—奕䜣集团的彻底胜利而告结束。

三、垂帘听政

政变成功，慈禧太后内心有说不出的高兴。一年来，含垢

1 薛福成：《庸盦笔记》卷一，江苏人民出版社1983年版，第23页。

忍辱，从没过上一天舒心的日子，如今，扳倒了“三奸”，推翻了赞襄制度，她大权在握，终于可以扬眉吐气了。她庆幸跳出了“热河”，赢得了“自我”，但她忘不了，所有这一切，都应该记在恭亲王的功劳簿上，没有恭亲王，凭她们两位女流加上一个不懂事的孩子，成不了任何气候。她和慈安太后对恭亲王满怀由衷的感激，优厚酬报，自然不在话下。政争一见分晓，马上论功行赏。十月一日（11 月 3 日），连颁两道“上谕”：

恭亲王奕䜣着授为议政王，在军机处行走。钦此。

宗人府宗令着恭亲王奕䜣补授。钦此。

十月二日（11 月 4 日），又连颁两道“上谕”：

恭亲王奕䜣着补授总管内务府大臣。钦此。

恭亲王奕䜣着管理宗人府银库。钦此。

没过几天，两宫召见恭亲王，仍觉回报不优，予以亲王“世袭罔替（世世代代承袭亲王）”这一最优厚的待遇。慈禧太后特别强调，“实属论功行赏”，并无他意。恭亲王倒觉得实在受惠太多，不敢接受，洒涕固辞，“两宫皇太后未忍重拂其意，不得已姑从所请，将世袭亲王罔替之旨暂从缓议”。为此，十月八日（11 月 10 日），特颁上谕，对恭亲王懿行加以表彰，并：

恭亲王奕䜣着先赏食亲王双俸，以示优礼……钦此。[1]

恭亲王获得重赏了，其他有功之臣莫不加官晋爵：大学士桂良、户部尚书沈兆霖、户部右侍郎宝鋆、户部左侍郎文祥，均着在军机大臣上行走；鸿胪寺少卿曹毓瑛，着在军机大臣上学习行走；醇郡王奕譞补正黄旗领侍卫内大臣、后扈大臣；瑞常调户部尚书；爱仁补工部尚书；麟魁补左都御史；和润调补盛京户部侍郎兼管府尹；清安补盛京刑部侍郎；豫亲王义道补阅兵大臣；瑞麟补镶黄旗汉军都统并管健锐营事务；文煜实授直隶总督，仍议叙；热河都统春佑于随扈加级外再加一级；直隶布政使文谦赏头品顶戴；僧格林沁管理奉宸苑事务；梓宫回京护送之王公加纪录二次，文武官加二级，由热河扈从及由京前来之王公赏纪录二次，文武官加一级……[2] 从中央到地方，大封大赏，但受惠最多的，不言而喻，还是慈禧皇太后。她就要成为那艘“破烂不堪的头等战舰”的“舵手”。

肃顺是扳倒了，但是肃顺集团的影响还存在，“阴魂不散”，盘结缠绕，隐为羁绊，慈禧太后不能不加以清除，这叫作“拨乱反正”。

肃顺专权的得意之笔是“祺祥”年号，肃顺倒了，年号必须

1 以上上谕，见故宫博物院明清档案部编：《清代档案史料丛编》第 1 辑，中华书局 1978 年版，第 106、109、121 页。

2 翁同龢著，陈义杰整理：《翁同龢日记》第 1 册，中华书局 1989 年版，第 147—149 页。

更改。当“祺祥”年号确定时，奕䜣党人李慈铭就大发议论，说肃顺大字不识，竟取了这样一个意义重复的年号，可笑之极。肃顺一倒，更换年号作为重大问题马上被提上了议事日程。十月五日（11 月 7 日），管理户部事务的大学士周祖培上了一个《奏请饬军机处另拟建元年号折》，说“年号为大典攸关，必须典重堂皇，始足以示中外而垂万世。现在‘祺祥’二字，意义微嫌相复，二字连读，声音亦未协和”，建议更定。慈禧太后见奏，大喜，立即命议政王、军机大臣拟定新年号。新年号“同治”进呈，慈禧允行。同日，颁布上谕，明令废除“祺祥”年号，建元“同治”。十月九日（11 月 11 日），为载淳举行隆重的登基大典。载淳御极颁诏，“以明年为同治元年，布告天下”[1]。建元，可以说是慈禧太后“拨乱反正”、消除肃顺集团影响的重大举措。

“年号”不仅仅是一个符号，记载帝王在位的年数，它本身还承载着统治者良苦的用心和美好的愿望，寓意深刻。“同治”年号有何寓意？熟悉清朝宫廷内幕的英国人濮兰德、白克好司在《慈禧外纪》一书中说，“载垣等已选定‘祺祥’二字。太后读书较多，知此二字不佳。意欲人人永忘载垣僭乱之事，遂取‘同治’二字。盖欲靖逆谋，求治安也”[2]。由这几句话，读者不难

1《周祖培奏请饬军机处另拟建元年号折》《谕内阁奉皇太后懿旨以明年为同治元年》，见故宫博物院明清档案部编《清代档案史料丛编》第 1 辑，中华书局 1978 年版，第 111、112 页。

2［英］濮兰德、白克好司：《慈禧外纪》（《慈禧纪实丛书》之五），陈冷汰译，辽沈书社 1994 年版，第 32 页。

理解，用“同治”作年号，正是为了消除肃顺集团的影响，期待国家建立良好的统治秩序，“拨乱反正”的意味是特别明显的。末代皇帝溥仪对“同治”却有另一番解释：“意思是两太后一同治政”[1]，不能说没有道理。以笔者愚见，“同治”还有一层含义：按照“热河密谋”达成的权力分配方案，铲除肃顺集团后，要用“太后垂帘”、恭亲王辅政的新政治体制取代赞襄制度，那么，“同治”自然包含了太后、恭亲王共同管理国家事务的理念，这里，“同治”就是国家政治体制的浓缩。看来，这一年号包含了多层意蕴。

肃顺把持朝纲多年，虽然恃权傲物，屡兴大狱，自陷于相对孤立的境地，但也有不少党羽散布在中央各部门。慈禧太后喜欢历史，历史上没有哪一个独裁者没有一批追随者。肃顺的党羽也许只是一小撮，但慈禧丝毫不敢低估他们的能量。要“拨乱反正”，肃清肃顺的影响，不使自己的统治建立在沙滩上，查办“党援”势在必行。

政变的第二天，即十月一日（11月3日），少詹事许彭寿上了一个《密陈查办党援等四项事宜折》，说肃顺等专擅以来，无耻之徒或充当鹰犬，或甘为囊橐，此等劣员，应严行澄汰，不留后患。许彭寿揣透慈禧心思，见机行事，希图邀赏，但他没说“鹰犬”姓甚名谁，自称“得自传闻”。折上，慈禧太后大为不满，令其指出党援诸人劣迹，明白回奏。十月七日（11月9

1 爱新觉罗·溥仪：《我的前半生》，群众出版社2005年版，第5页。

日），根据许彭寿的检举揭发，将吏部尚书陈孚恩，侍郎黄宗汉、刘崐，还有他们平日保举之人侍郎成琦、太仆寺少卿德克津太、候补京堂富绩等，一律革职。按周祖培所请，一品大员陈孚恩从重发配到新疆。十月十八日（11月20日），又以座钟处太监杜双奎与肃顺结交，擅住肃顺私寓修理钟表，大干例禁，着从重发往黑龙江给官兵为奴，遇赦不赦；总管太监袁添喜充当肃顺耳目，着革去总管，从重发往黑龙江给官兵为奴；总管太监王庆喜与肃顺交往，着革去总管，发往打牲乌拉给官兵为奴；太监张保桂、刘二寿、樊福等，都受到了惩罚。

慈禧太后查办“党援”，肃顺党羽人人自危。但慈禧不能像肃顺那样去“兴大狱”，来树立自己的权威，对她来说，稳定政局高于一切。为此，她尽可能缩小打击面，十月二十九日（12月1日），特命将在肃顺家中查抄的书信账目全部焚毁，以示既往不咎，“宽厚和平，礼待臣工至意”。慈禧这一着非常高明，她把铁腕藏于剪绒手套之中，迅速画上“清党”的句号，宽大为怀，网开一面。对她的恢廓大度，“人人称颂”，就连惶惶不可终日的肃顺党人在吞下慈禧太后赐予的定心丸后也个个感恩戴德，于是乎，“仁慈圣母”的美名，像长了飞毛腿，很快传遍朝野。慈禧太后的确不同凡响。

肃顺专权，屡兴大狱，特别是科场案、工部彩绸库案、五宇钞票案，被波及的人不计其数。肃顺一倒，马上就有人要求“翻案”“平反昭雪”。还是那位许彭寿，还是那份《密陈查办党援等四项事宜折》，喊出“翻案”的第一声，说科场案、工部彩绸库案早已清结，无法追究，可是还有五宇钞票一案，南北两监，囚满为患，应秉公从速结案，“以广皇仁”。

“翻案”理所当然，否则不足以收揽人心，慈禧太后了然于胸。但是，她也清楚，肃顺所兴大狱，并非如许彭寿所说全是“假公济私，淫刑以逞”，官场太过腐败，如不严加整饬，何以立国？肃顺没有错，只不过所为过当，走过了头，扩大了打击面而已。案子要翻，但绝不能“矫枉过正”，翻个底朝天。不然，还有什么是非曲直？耆英的儿子庆锡见肃顺被斩，额手称快，心想乃父的“冤案”可以获得平反，于是“呈诉其父为肃顺所陷，请昭雪”，但慈禧太后明明白白告诉庆锡说，“耆英罪当死”，没办法昭雪。柏葰案也是如此，礼部、刑部复审，认为柏葰“罪无可辞”，不属于冤案，不能平反，但肃顺判拟“斩立决”，量刑过重，作为补偿，柏葰之子候选员外郎钟濂录为正式官员。至于无辜被株连的人，该释放的释放，家产被抄的该清还的清还。总而言之，该如何处理便如何处理，既顺应了民意，又维护了法律的尊严，有理有利有节，令人心服口服。不能不承认，慈禧太后是一位不同寻常的女人。

政变后要做的事太多太多，千头万绪，但说一千道一万，归根到底，不过一个“权”字。“热河密谋”的目的在此，冒着九死一生的危险发动政变的目的也在此。没有“权”，慈禧太后的生命也许会变得一文不值。

按照咸丰皇帝临终的安排，“垂帘”“辅政”兼而有之，但她从没有真正地垂过帘、行使过政治权力，她只是一个被人操纵于股掌之间的可悲的盖印工具。如今，用极端手段铲除了肃顺集团，一举推翻“捏造”的赞襄制度，接下来，慈禧要把得之不易的权力牢牢控制在自己的手中。这是压倒一切、重中之重、迫在眉睫的问题。

请太后临朝听政，董元醇有折在先，但时机不成熟，慈禧没能如愿。政变前二日，手握重兵的胜保无所顾忌地上了一个《奏请皇太后亲理大政并简近支亲王辅政折》，发出了“北京政变”的信号。政变的当天，管理兵部事务大学士贾桢，管理户部事务大学士周祖培，户部尚书沈兆霖，刑部尚书赵光，四人合词“奏请皇太后亲操政权以振纲纪”，吁请慈禧太后亲操“威权”，“不居垂帘之虚名，而收听政之实效”。折中列举了汉朝邓皇后及梁皇后、晋朝褚皇后、辽国萧太后、宋朝刘太后及高太后、明朝仁圣皇太后及慈圣皇太后等“史册称美”“女中尧舜”的临朝皇后，建议效法，“折衷”仿行。这是当务之急，“最为紧要”。慈禧见奏大喜，立即颁下一道上谕：

> 本日据贾桢、周祖培、沈兆霖、赵光奏政权请操之自上并皇太后召见臣工礼节及一切办事章程，请饬廷臣会议，并据胜保奏请皇太后亲理大政并另简近支亲王辅政各一折。着王大臣、大学士、六部、九卿、翰、詹、科、道，将应

如何酌古准今，折衷定议之处，即行妥议以闻。钦此。[1]

最为紧要的显然已不是垂帘与否，而是如何把国柄紧紧抓在慈禧太后手中的问题（慈安太后仅作陪衬）。这是确立“新体制”的出发点和归宿。

上谕颁下去了，慈禧太后焦急地等待着王大臣们“妥议”的结果。

接奉上谕，王大臣等立即举行会议，商讨“垂帘听政”事宜。这是一个谁都感到棘手的问题。在清朝历史上，从没有过皇太后垂帘听政的先例，难就难在这儿，“祖制”不能破坏，必须恪守。历史上女主临朝屡见不鲜，但如何“酌古准今，折衷定议”，并不是一件容易的事情。在此以前，议论最多的是太后垂帘，亲王辅政，如今恭亲王已被授为“议政王”（议政与辅政肯定有区别，辅政有直接辅助皇帝施政的内涵），但议政王的权限应该有多大，没有现成的规定；“听政”（慈禧）与“议政”（恭亲王）之间如何“折衷”？也很为难。

大臣们开动脑筋，苦苦求索，也没有找到“折衷”的适宜方案来。时间一天天过去了，王大臣等还是没有议出一个所以然来。慈禧太后等得实在心焦与不耐烦，十月九日（11 月 11 日），便假借小皇帝的名义发下一道上谕，指点“迷津”。上谕说得明

1 《谕内阁着王大臣等妥议皇太后亲理大政并另简近支亲王辅政具奏》，见故宫博物院明清档案部编《清代档案史料丛编》第 1 辑，中华书局 1978 年版，第 104—105 页。

白："朕奉母后皇太后、圣母皇太后懿旨，现在一切政务均蒙两宫皇太后躬亲裁决，谕令议政王、军机大臣遵行，惟缮拟谕旨仍应作为朕意宣示中外。自宜钦遵慈训，嗣后议政王、军机大臣缮拟谕旨，着仍书'朕'字。将此通谕中外知之。钦此。"[1]慈禧太后的用意太清楚了，"一切政务"均由她亲自"裁决"，代表"朕意"，毫无疑问，她要独揽大权（对政治没有兴趣的慈安皇太后仍只是"聋子的耳朵"）。至于议政王奕䜣，只有"拟谕旨""遵行"的份儿，换句话说，只有"议政""施政"的权力。慈禧太后定好了基调，王大臣们总不至于执迷不悟，奏出不中听的噪声吧。

上谕颁发的第二天，十月十日（11月12日），迎来了慈禧太后的"万寿节"（生日）。"倒肃"胜利，慈禧太后怎么也得好好庆贺一番。当晚，膳房特进晚膳一桌，为慈禧庆寿。这席寿膳丰盛得令人眼馋：

火锅二品：羊肉炖豆腐，炉鸭炖白菜；

大碗菜四品：燕窝（福字）锅烧鸭子，燕窝（寿字）白鸭丝，燕窝（万字）红白鸭子，燕窝（年字）拾锦攒丝；

中碗菜四品：燕窝肥鸡丝，溜鲜虾，脍鸭腰，三鲜鸽蛋；

碟菜六品：燕窝炒熏鸡丝，肉丝炒翅子，口蘑炒鸡片，熘野鸭丸子，果子酱，碎溜鸡；

1《谕内阁皇太后亲裁一切政务惟缮拟谕旨仍书朕字》，见故宫博物院明清档案部编《清代档案史料丛编》第1辑，中华书局1978年版，第123页。

片盘二品：挂炉鸭子，挂炉猪；

饽饽四品：白糖油糕寿意，苜蓿糕寿意，五福捧寿桃，百寿桃；

银碟小菜四品：燕窝鸭条汤，鸡丝丐，老米膳，果子粥。[1]

就要告别无权无势的昨天，迎来“慈禧时代”，想到这儿，慈禧太后心里美滋滋的，慢慢品尝起这“最后的晚餐”来。

“听政”事宜仍在讨论中。慈禧太后仍然焦急地期待着。十月十五日（11月17日），慈禧又一次假借小皇帝的名义颁布了一道“谕内阁奉皇太后懿旨将历代帝王政治及垂帘事迹汇纂进呈”的明发上谕，再次强调，现在内外庶政，均赖两宫皇太后“躬亲裁定”，命南书房、上书房、翰林院等将历代太后临朝听政事迹可为效法者，汇编成册（后编成《治平宝鉴》一书），简明注释，恭呈慈禧太后参考。慈禧跃跃欲试，“垂帘听政”迫不及待的心情跃然纸上了。

王大臣等不傻，不是揣测不透慈禧太后的心思，几次上谕“点拨”，他们也不是装聋作哑“难得糊涂”。“垂帘听政”说起来容易，具体操作起来，还真有一定难度。但话又说回来，这毕竟是清代历史上一次划时代的变革，是政治体制上的一次“革命”，王大臣们不免瞻前顾后，缩手缩脚。

翰林院侍讲学士杨秉璋、御史林寿图等提出“垂帘听政”的具体建议，慈禧太后不满意，打回重议。反反复复，几经修改，

1 吴相湘：《晚清宫廷实纪》，正中书局1953年版，第90页。

最后总算取得慈禧太后的认可。十月二十六日（11 月 28 日），以和硕礼亲王世铎领衔，202 位王大臣、大学士、六部、九卿、翰、詹、科、道等大员列名的《奏遵旨会议皇太后亲理大政事宜折》，“恭呈”慈禧太后。这个“两宫皇太后召见臣工礼节及一切办事章程”（史称《垂帘听政章程》），是王大臣“妥议”了将近一个月的结果。

《垂帘听政章程》共 11 条，其中核心内容有三个方面：

——召见内外臣工，拟请两宫皇太后、皇上同御养心殿，皇太后前垂帘，于议政王、御前大臣内轮派一人，将召见人员，带领进见。

——京外官员请见，其如何简用，皇太后于名单内钦定，钤用御印，交议政王、军机大臣传旨发下，该堂官照例述旨。

——除授大员简放各项差使，拟请将应补、应升、应放各员开单，由议政王、军机大臣于召见时呈递，恭候钦定，将除授简放之员钤印发下缮旨。[1]

这三点，完全体现了“一切政务”由慈禧太后“裁决”、恭亲王“遵行”的基本精神。“听政”“议政”互动关系确定下来，新的政治体制随之建立。

慈禧太后梦寐以求的愿望实现了，谁都能想象到她内心有多么的兴奋！但“垂帘听政”有违祖制，再兴奋也不能表现得太明显。同一日，慈禧颁布一道《谕内阁皇太后亲理庶政中外文武

1 萧一山：《清代通史》卷下，中华书局 1986 年版，第 447—448 页。

臣工务各忠赤为怀》的上谕，与《世铎等奏遵旨会议皇太后亲理大政事宜折》一同发下。上谕说，已将王大臣等所议详加披阅，斟酌妥善，“着即依议行”。当然，她忘不了忸怩作态一番，来掩饰自己亲“权”的真实面目和梦想成真的兴奋心情，说“垂帘之举，本非意所乐为，惟以时事多艰，该王大臣等不能无所禀承，是以姑允所请”，其实在背后，天知道她流了多少激动的热泪，安有不乐意“垂帘”之理！慈禧太后还说，不“垂帘听政”，不足以使政令统一，纲纪修明，“不得已之苦衷，实可昭揭日月，垂示臣民”[1]。一副迫不得已、无可奈何的神情。不用“测谎仪”，读者一看便知，她在说谎，历史早已“昭揭日月”，不垂帘，毋宁死，三度垂帘，始终不肯放弃手中大权，至死方休。不为“权”而生，但为“权”而死，否则她就不是“老佛爷”慈禧太后了。作为“事后诸葛亮”，我们现在看得真真切切，可是在慈禧说那番话时，恐怕真有不少人“雾里看花”，为她的“无奈”而感动。这些“不识庐山真面目”的人一点儿也不可悲。历史的谎言在昭揭以前总是“真实”的。

要“听政”，尽可以堂而皇之地临朝，为何偏偏挂一个“帘”子把自己“藏”起来？这怪不着慈禧太后。“垂帘”听政古已有之，晋朝康帝皇后临朝时，就置“白纱屏”于太极殿。如果这还不算“垂帘”的话，那么到唐高宗时期，史书上开始有了“垂

1《谕内阁皇太后亲理庶政中外文武臣工务各忠赤为怀》，见故宫博物院明清档案部编《清代档案史料丛编》第1辑，第137页。

帘”的明确记载。当时高宗患“风疹”，政事都由“天后”武则天做主，后来高宗上朝，“天后垂帘于御座后”，参与朝政，人称“二圣”。从此以后，凡皇后临朝听政统称“垂帘”。由于“男女有别”的性别文化背景，男女之间不容直接接触，“垂帘”（隔开男女）就植根于这种性别文化的深厚土壤之中。慈禧太后不敢冲决“男女大防”，否则，她就成为妇女解放运动的先驱了。

十月二十九日（12 月 1 日），小皇帝颁布了一道上谕，宣布十一月一日举行“垂帘听政”大典，要求王公、大学士、六部、九卿届时前往养心殿行礼（和硕惠亲王绵愉辈分最尊，加恩免礼）。

养心殿是皇上处理政务的地方。殿作“工”字式，前后共 12 楹。大殿正中高悬雍正皇帝御书的“中正仁和”匾额。中为穿堂，东西配殿 10 楹，有东暖阁、西暖阁等，重户曲室，金碧辉煌。

十一月一日（12 月 2 日），这是一个历史性的日子。这天，天气晴和，阳光灿烂。“垂帘听政”大典开始了。小皇帝黄袍加身，大模大样坐到红木雕成的龙椅上。御榻后便是“垂帘”——八扇黄色纱屏，纱屏后设有御案，慈安太后坐左，右边端坐的就是神采飞扬的慈禧太后。养心殿外，王公、大臣、大学士、六部、九卿，朝珠补褂，红顶辉映，在议政王奕䜣的率领下，摘帽碰头，行礼如仪。礼毕，议政王步入殿内，立于皇帝御案左侧，大臣有章奏，即由议政王接呈案上，按部就班，肃然有序。

仪式结束了，清代历史上前所未有的政治体制——“垂帘政治”开始运作，“慈禧时代”来临了。

历史的变化就是这样富有戏剧性。当初的兰姑娘绝不会想到她会成为今日的临朝皇太后。从我们前面的叙述中，读者可以悟出，历史的机缘和个人的权谋缺一不可。从这一天起，直到光绪三十四年十月二十二日（1908年11月15日）驾崩，慈禧太后统治中国近半个世纪（48年）。在她死后的第三年，辛亥革命一声炮响，结束了大清帝国的统治。可以说，“慈禧时代”几乎与晚清的历史相始终。《慈禧太后演义》(《西太后演义》）的作者蔡东藩“凑成两首歪诗”，作为“尾声”，其中就有“碑文未必尽荒唐，母后亡时清亦亡”的诗句。在这近半个世纪的风风雨雨中，近代中国命运多舛，历尽磨难，而慈禧太后驾驶着那艘“破烂不堪的头等战舰”左冲右闯，尽力不使它沉没，但最后还是撞上“暗礁”。

慈禧太后是中国近代史上极为复杂的关键人物之一，复杂得令历史学家感到头痛。她阴毒手辣，慈安太后暴崩，儿媳阿鲁特氏皇后自杀，珍妃作井下之鬼，侄儿光绪皇帝“病殁”等，都与她有关，可她又是“老佛爷”，行过不少善事；她力图整肃吏治，严惩贪官污吏，而自己却贪婪成性，“卖官鬻爵，日不暇给”；她提倡节俭，甚至把“工艺”事业办到宫中，聘请专人教宫女们纺纱织布，要她们懂得爱惜民力物力，但她挥霍无度，重修圆明园受阻，竟挪用海军军费修建颐和园，供她游玩，造成海军军费严重不足，导致甲午战争惨败；她顽固守旧，以祖宗之法不可变为由，扼杀戊戌维新运动，可她又支持办洋务，接过维新党人的旗帜从事“清末新政”，变法之力度较康有为、梁启超的维新运动有过之而无不及，中国的近代化事业，没有她的首肯，一样也办不成；她不甘受洋人宰割，“仇洋排外”，一次次对外战争如中法战争、中日甲午战争、八国联军之役等，“宣战上谕”都经她颁发，但每件丧权辱国的不平等条约都要经她授权才能签字画押；她把外国的东西视为“奇技淫巧”，可她却也喜欢“洋玩意”，她有私厨叫“西膳房”，野史盛传她喜欢抽“洋烟”（鸦片），连西洋的马戏也在大内开演……慈禧就是这样一个矛盾的“复合体”，要想给她一个恰当的历史定位，的确不容易。有位史学家给慈禧太后写了一副对联，很有趣，录在这里，读者从中不难看出她的“多面孔”[1]：

上联：

奇女子热面孔善结人缘一手遮天风风雨雨控驭中国多至半个世纪

下联：

妖妇人冷手腕暗含杀机三次垂帘忽忽喇喇奴役臣民将近四亿人口

横批：

一代女皇

1 徐彻：《慈禧大传》（《慈禧纪实丛书》之一），辽沈书社 1994 年版，第 455 页。

第八章 中兴之基

万国瞻，新政垂衣，二后贤，病看元岁历，梦想中兴年。哀痛求言切，忧危命相专，乡邦劳，圣虑稽首戴皇天。

——李慈铭词

同治皇帝继位，两宫“垂帘”、恭亲王“议政”，这种“同治”的局面，似乎应该带来政治统治的新气象。“谶语”以纪事诗的形式出现了：

一国干戈净，三台气象新。[1]

上句是“同”，下句指“治”。人们期待着老态龙钟的大清王朝焕发青春，出现一个“中兴”的局面。

“谶语”的预言没有落空，几年后，腹心之患的“发捻”相继被剿灭，清朝取得“争山”大战的最后胜利，果然出现了为过去的史学家津津乐道的“同治中兴”的盛况。“同治中兴”不是空中楼阁，它的基础就是在“听政”“议政”新体制确立后不久奠定的：久悬不决的“借师助剿”落到实处，重用汉臣曾国藩，重新启动中国近代化的巨轮……

1 徐珂：《清稗类钞·迷信类·同治年号之谶》，中华书局1986年版，第4704页。

一、尘埃落定:“借师助剿”的实施

政变成功，慈禧太后“垂帘听政”，成为政变的最大受惠者，而出力最多、功劳最大的恭亲王却只有“议政”“遵行”的权力。“论功行赏”，慈禧太后理应给予奕䜣“辅政”“摄政”(有一定的决策权)的资格。笔者敢打赌，恭亲王心中肯定有所不平，尽管他缄默不言。不过，他的权力也够大的，首席军机大臣、总理衙门大臣，内政外交一肩挑。况且，慈禧太后毕竟是女流之辈，“头发长，见识短”，军国大政还不得听他的(这里恭亲王犯了个错误，他把慈禧太后看轻了)? 罢、罢、罢，议政王就议政王，有名无实、有实无名，无所谓，能当家就行。他在自我安慰。

慈禧太后初出“听政”，的确没有什么统治经验，凡事还真得依靠议政王拿主意，只要恭亲王对她“恭”敬，即便越点职似亦无妨。所以，“垂帘听政”之初，慈禧太后虽然名义上大权独揽，实际上是叔嫂“平分秋色”，甚至议政王的权力更大些。这是真正意义上的“同治”——“准平等的基础之上”的联合执政。这种政治局面，外国人眼尖，看得一清二楚，有人评论道:“两个当权者，慈禧和恭亲王，在谨慎地互相监视着，因为母后皇太后慈安已绝不想主张她的权威的。慈禧有一种坚强的意志和清楚的头脑，行将展布伟大的执政才能；但是她是一个女人，而且还没有多大的经验，所以需要那只有她的夫弟才能够给她的那种支助。恭亲王明知他能够统治这个帝国，并且领会到男子的一切优越性；不过他不是摄政者，最后的决定权不在他的手里。所以这两人在一起工作，最初是在准平等的基础之上的，到后来，当亲王认识了他在国家中的地位的时候，才象主妇和管家一样。”[1]总而言之，在慈禧太后“行将展布伟大的执政才能”之前，恭亲王有足够的权威影响皇朝的内政外交决策。联合执政不久，恭亲王就把久悬不决的“借师助剿”政策付诸实施了。

“借师助剿”，我们前面说过，读者或记忆犹新，恭亲王极有兴趣，而咸丰皇帝顾虑重重，死不松口，恭亲王无可奈何。如今，咸丰皇帝已经作古，阻挠“借师助剿”的肃顺集团已被铲除，恭亲王大权在握，很想把悬而未决的政策落到实处，以尽快结束“发捻交乘”的动乱局面。而且，在这次政变过程中，洋人表现出“良好的姿态”，对政变的成功欢欣鼓舞，也使恭亲王对“借师”更有信心。

政变前，慈禧太后最担心的就是洋人出面干涉，恭亲王以“外国无异议，如有难，惟奴才是问”作担保，打消了慈禧的顾虑。正如恭亲王所说的那样，政变中，洋人以实际行动证明“外国无异议”，支持、配合恭亲王的霹雳政变，如恭亲王要求洋人“不要让任何人进入某几个区域”，洋人果然照办，“小心翼翼地避免中国人所反对的行径，无论事情如何的琐屑无关大体，我们都在约束自己”。洋人不干涉就是政变成功的有力保证，何况摆

1［美］马士：《中华帝国对外关系史》第2卷，三联书店1958年版，第67—68页。

出了“合作”的姿态！政变的一举成功，洋人起了相当的作用，这不能不使恭亲王感到这是“友好”的表示。“友好”是“合作对付叛乱”的基础。

对恭亲王霹雳行动的成功和新的政治体制的确立，洋人也感到格外满意。英国驻华公使卜鲁斯在给英国外交大臣罗素的信中兴奋地说：

> 已故皇帝的亲信逮捕斥责后，接着就有一道上谕，宣示太后听政，任恭亲王为首揆（按，即议政王大臣），桂良、文祥等人并有任命，总之大家认为其表现最可能和外国人维持友好关系的那些政治家掌握政权了。更值得注意的或许是，上谕中说到肃顺及其奸党之被逮被斥，主要的是因为去年该王公等在通州扣留巴夏礼的奸恶行为，以及欺罔故君致使他虽有恭亲王保证安全无虞，而仍未能应人民之望，回銮京都。这份文件把对外国人失信和歪曲我们意向，致形成错误政策的事，看成如此有干国法的重大罪状，构成推翻并扫清被故君所信任，而自命已由故君把政府大权付托给他们的那伙人的正当理由；这意思也就隐含着，恭亲王及其同僚之操权，乃是对外国人维持友好关系使然。这个令人感觉满意的结果，全是几个月来私人交际所造成的，这充分证明我们坚持下列政策之正确。就是我们应以温和协调的态度获致恭亲王及其同僚的信任，消除

> 他们的惊恐，希望迟早总会发生变动，使最高权力落到他们手里去……[1]

卜鲁斯滔滔不绝，得意忘形，甚至把政变的成功夸张成他“私人交际”（暗中策动）的结果，试图使女王陛下相信，他的对华政策取得了巨大的成功。政变“令人感觉满意的结果”，预示着中外关系即将出现新的转机。英、法、美、俄等国在期待着。

叔嫂联手执政，恭亲王奉行“友好”的外交政策（如不折不扣地履行条约等），“这对于秩序的恢复是极重要的，因为这么一来，中国在镇压‘叛变’方面就能获得外国的援助。同样的效果也产生在居住中国的外国人方面”[2]。“借师助剿”的条件逐渐成熟了。

但“借师助剿”真正落到实处，并不是一蹴而就的事，尽管恭亲王有此想，在中国的外国人也有此意。这是因为，“借师”的主角、大洋彼岸的英国政府还没有放弃“中立”政策，这是最后的障碍。

自咸丰三年（1853）以来，英国等西方列强奉行“中立”政策，对中国的内战不加干涉。然而，经过第二次鸦片战争和《天津条约》《北京条约》的签订，西方列强从清政府手中攫取了大量侵略权益，所谓“中立”政策迅速向清政府倾斜，英国首相巴

1 武汉大学历史系中国近现代史组编：《中国近代史资料选编》，1976 年，第 130 页。
2［美］马士：《中华帝国对外关系史》第 2 卷，三联书店 1958 年版，第 68 页。

麦尊就公开发表声明说，要扩大在华侵略利益，不帮助清政府镇压太平天国就等于自杀。俄国公使伊格那提也夫甚至向清政府请求让俄国出兵“助剿”太平军。由于清政府“借师助剿”的态度不明朗，西方列强转而对太平天国进行外交讹诈。

咸丰十一年一月二十日（1861 年 3 月 1 日），英国为了达到在长江自由航行的目的，水师提督何伯（Hope）令“怪物”号舰长雅龄（Aplin）照会太平天国当局，提出八条要求：一、英人已取得长江通商许可，本人奉命停泊南京，以便行使职权；二、英国商船通过南京，由本人给与护照，请太平军承认，勿加干涉；三、英船悬挂英国旗，非自卫不开炮，遵守太平军法令；四、凡在南京停泊英船，均通知太平天国当局；五、英人上岸入城，必先取得许可，通知关务监督；六、太平军进攻九江、汉口、镇江时勿侵及英人生命财产；七、英人在岸上犯法，送交英方处理，华人在英国船上犯法，交还中方处理；八、本人只负英船之责任。[1] 对这八项要求，太平天国当局一一应允。

上海为全国最大的商业城市，更是西方列强蚁聚的巢穴。为了阻挠太平军进攻上海，二月十八日（3 月 28 日），雅龄奉何伯之命再次向太平天国提出照会，要求：太平军不得进入上海、吴淞周围百里以内，否则武力制止。太平天国考虑到咸丰十一年没有进攻上海的打算，只同意“本年内”不进攻上海、吴淞。

太平天国当局一再让步，英国方面得寸进尺，威逼利诱。这

1 郭廷以：《太平天国史事日志》下册，上海书店 1986 年影印版，第 746—747 页。

年冬天，何伯和巴夏礼访问天京，向天王洪秀全提出了一个惊人的建议："打倒清朝，平分中国！"

何伯诱之以利，意在扩大在华权益，并不想参与双方的战争。

不管是真是假，天王坚决予以拒绝，说："我争中国，欲相（想）全国，事成平定（分），天下失笑，不成之后，引鬼入邦。"

何伯见洪秀全不上钩，气势汹汹地说："尔不与合，尔天朝不久，待为（回）我另行举动。"[1]

何伯、巴夏礼的天京之行，没捞到任何便宜，怏怏而去。"中立"政策已经没有任何实际意义。

这年底，太平军不攻上海的期限就快到了，十一月二十八日（12月29日），停泊在天京江面的英国"狐狸"号兵舰舰长宾汉（H.M.Bingham）向太平天国当局递交一份极其蛮横无理的照会：一、赔偿本年夏英人在太平军领域内被抢劫而遭到的损失；二、悬挂英旗船只包括挂英旗的中国帆船得自由航行太平军领域内之河流；三、不进攻上海、吴淞周围百里地带，太平军并未遵守，此后应严禁；四、汉口、九江周围百里以内也不得进入，并不得侵扰镇江英国领事居住的地方。

英国对太平天国的指责完全是无中生有，至于本年内不攻上海的承诺，就连何伯也不得不承认，"他们在当时是相当良好地遵守了这个协定"。英国发此照会的意图，显而易见：第一，不

1 罗尔纲：《李秀成自述原稿注》，中华书局1982年版，第351页。

仅要求太平军继续保证不进驻上海，而且进一步要求太平军不进攻九江、汉口和镇江；第二，英国雇佣的中国帆船也要享有在长江自由航行的特权。所有这些无理要求，理所当然被太平天国严词拒绝，十二月二日（1862 年 1 月 1 日）“复照”详细说明拒绝这些要求的理由，针锋相对：

关于第一项要求，没有证据而要求赔偿，这是毫无道理的，这种无理要求本身就是一种极不友好的行动；

关于第二项要求，大量雇佣我国帆船，我国有充分理由担心清妖（太平天国对清廷的称呼）将会雇佣这类帆船冒充你们的商船以逞其诡计，突然提出此项要求，表现出你们所追求的只是你们自己的私利而不顾他人的幸福，既没有考虑到加强友好关系，也没有考虑遵守你们自己的诺言；

关于第三项要求，从你们来说，经营商务是谋生之道，但是，就我们来看，保卫疆土是神圣义务，本年将尽，协定期限届满，我天朝军队不能不考虑进驻上海、吴淞；

关于第四项要求，提出这个要求是极大的错误，正当我们将派遣军队攻取汉口、九江、镇江、金山之际，你们忽然在维护友好关系的谎言下，企图占据这几个重要据点，暗中帮助清妖，钳制我军行动，真是咄咄怪事！[1]

太平天国义正词严地痛斥英国侵略者的无理挑衅，的确表现出中国农民不可辱的英雄气概。

1 茅家琦：《太平天国与列强》，广西人民出版社 1992 年版，第 219—221 页。

西方列强在外交上向太平天国挑衅，无非是为他们武装干涉太平天国运动寻找借口。宾汉的无理要求被拒绝，标志着“中立”政策的终结。不久，英国女王发布命令，要“与法军及清政府军队合作”，向太平军进攻。

“中立”政策宣告终结，“借师助剿”的最后一道屏障被拆除了。“借刀杀人”开始付诸行动。

十一月八日（12 月 9 日），太平军占领宁波。十一月二十八日（12 月 29 日），攻克杭州，浙江巡抚王有龄自缢而死。接着，李秀成留部将陈炳文、邓光明、童容海等镇守杭州，自率大军第二次围攻上海。太平军分上中下三塘（上海人把东西走向的河道惯称为“塘”）五路水陆并进，在南起柘林，北至吴淞，西至嘉定、青浦这样一个大三角地带实施对上海的进攻。

上海形如“孤岛”，处在太平军的包围之中。在太平天国风暴的席卷下，猬集上海滩的江浙一带地主、官僚以及驻沪洋人深感朝不保夕，惶惶不可终日。为保卫他们的生命财产，对抗太平军的攻势，以江苏巡抚薛焕、苏松太道吴煦、候补知州应宝时、团练大臣庞钟璐等为首，与英、法海军司令官往返联络，谋保上海之策。

十二月四日（1862 年 1 月 3 日），上海纳税的外国人举行会议，筹商上海防卫问题，推选豪格（James Hog）、塔特（J.P.Tate）、韦伯（Edward Welb）、金能亨（E.Cunningham）、史密斯（F.Smith）五人组织一个委员会，为“借师助剿”奔走呼号。

“借师助剿”已成为清方和洋人共同的需要。

十二月十三日（1862 年 1 月 12 日），苏松太道吴煦、英国领事麦华陀、法国领事艾登（B.Edan）、上海义勇司令韦伯、候补知州应宝时及英法军官会聚一堂，共商上海防务，达成了一致对抗太平军的协定。第二天，吴煦、应宝时等与英、法驻沪当局，成立了“中外会防局”（又称“中外会防公所”“上海会防局”），由应宝时、吴云、潘曾玮、顾文彬四人主持，公布了《会防局开办章程》。会防局的成立，标志着恭亲王曾经提倡的“中外同心，以灭贼为志”由空喊变成了现实。

自宾汉的蛮横要求被太平天国断然拒绝后，恭亲王一直对上海“借师助剿”的进程倍加关注，不时指画方策，如要江苏巡抚薛焕发动上海的绅商去“剀切开导洋商”，晓以利害，让洋商们明白“货物在沪，须助剿除逆，方足以资保护”[1]，敦促他们向该国驻沪当局求援。这一招果然奏效。洋商被动员起来，召开纳税人会议，呼吁英、法海军司令长官与清军采取“一致的行动”，携起手来，共同绞杀太平军，以确保在沪洋人的生命财产安全，得到肯定的回答。与上海相呼应，恭亲王主管的总理衙门与英、法等国驻华公使也在筹商此事。“中外会防局”成立后，恭亲王立即以同治皇帝的名义发布上谕加以肯定：

至借师助剿一节，业经总理衙门与英法驻京使臣商酌，

1《十二朝东华录》之《同治朝》卷四，文海出版社 1963 年版，第 16 页。

> 上海为通商要地，自宜中外同为保卫。军务至紧，若必俟总理衙门在京商酌，转致稽迟。即着薛焕会同前次呈请各绅士，与英法两国迅速筹商，克日办理。但于剿贼有裨，朕必不为遥制，其事后如有必须酬谢之说，亦可酌量定议，以资联络。[1]

“借师助剿”政策，终于尘埃落定。在以后的内部战争中，洋兵与清军结成同盟，成立“中法混合军”（又称“常捷军”）、“中英混合军”（又称“定胜军”“常安军”），以及华尔（Frederick Townsend Ward）、戈登（Charles George Gordan）统率的臭名昭著的“常胜军”，在江苏、浙江战场上凶残屠杀太平军。同治三年（1864），太平天国被血腥镇压，又四年，捻军被剿灭，“借师助剿”政策起了不可小视的作用。这是恭亲王“闪光”的一笔。

西方列强放弃“中立”，置“万国公法”于不顾，公然“借师”屠杀太平军，并不是由于他们对恭亲王有特别的好感或对洪秀全有特别的恶感。好恶的情感动机不能主导“借师”与否，利益的驱动才是根本原因。卜鲁斯在给戈登的信中就说：“我们也曾支持清政府，是出于利益的动机而非出于情感的。”[2]“利益的动机”就是维护和扩大在华侵略权益。巴夏礼爽直地说：“我们防卫上海，不是为了清帝国的利益，而是为了我们自己的利益。对

1《清实录》第45册《穆宗实录》卷一五，中华书局1986年版，第48261页。
2 简又文：《太平天国典制通考》，香港简氏猛进书屋1958年版，第1170页。

我们来说，哪个朝廷统治中国是不重要的，但是自卫的权利和义务是首要的，是无可怀疑的。”[1]

相互需要、相互利用是“借师助剿”的本质。

“借师助剿”是恭亲王主持的，对此重大决策，慈禧太后做何想法，不得而知，皇皇“上谕”须经她认可后下发，她可能是积极的支持，也可能是被动的顺从。这是一个谜。主动或被动都无关紧要，对恭亲王来说，重要的是，“借师助剿”政策付诸实施了。

二、花未全开月未圆：曾国藩的人生哲学

对外“借师助剿”，对内则更加倚重湘人曾国藩，这是慈禧“垂帘听政”、恭亲王“议政”后的又一重大决策。

重用湘军首脑曾国藩，这是肃顺极力主张、坚决执行的政策。其实，喜欢历史、有一定政治见识的慈禧太后也早就看出，要取得对内战争的彻底胜利，非倚曾国藩为长城不可。有史为证：“咸丰六年，（那拉氏）诞生同治，其地位乃益巩固。当时太平天国之乱，蔓延各省，京中亦大不靖。先是慈禧入宫，时时披览各省章奏，通晓大势，至是进言，劝咸丰帝任用曾国藩，节制

1 Notes by Parkes, *Paper Relating to the Rebellion in China, and Trade in the Yang-tze-kiang River*, P.103. 见茅家琦《太平天国与列强》，广西人民出版社 1992 年版，第 236 页。

各师。”[1] 这里，那拉氏与肃老六可谓英雄所见略同。如今肃顺集团已被铲除，慈禧心想事成，得到了自己想得到的东西——权力。慈禧太后虽然知道肃顺是曾国藩在朝中的有力支持者，总督两江之位，钦差大臣督办江南军务之权，都是肃顺授予的，但肃顺被诛，慈禧却不能动曾国藩一根毫毛，这倒不仅仅是因为曾国藩很“滑”，没有卷入政争的旋涡，也是政治统治的需要，要巩固刚刚建立起来的新政体制，从大局着想，要维持大清帝国的统治，非倚重曾国藩湘系集团不可。

恭亲王与慈禧太后政见相同，虽然他热衷于“借师助剿”，但洋人只能起辅助、配合的作用，要剿灭“发捻”，还得依靠汉人曾国藩，肃顺的“遗策”他是守定了，无怪乎有人说，恭亲王“当国，阴行肃顺政策，亲用汉臣”了[2]。

叔嫂识见一致，政策的贯彻执行就可以如行云流水一般顺畅。

“亲用汉臣”曾国藩，不是一句空话，不是不痛不痒安抚一番了事，不是在已得授两江总督大权的曾国藩手中再加一点筹码，而是要大大方方舍得重权相加，比肃顺有过之而无不及，否则，都算不上“亲用”、重用。叔嫂都这样认为。

十月十八日（11 月 20 日），也就是北京政变后的第十八天，“同治”朝廷发布了一道稀见的上谕：

---

1 ［英］濮兰德、白克好司：《慈禧外纪》(《慈禧纪实丛书》之五)，陈冷汰译，辽沈书社 1994 年版，第 9 页。

2 刘体智：《异辞录》，中华书局 1997 年版，第 82 页。

> 钦差大臣两江总督曾国藩，着统辖江苏、安徽、江西三省，并浙江全省军务，所有四省巡抚、提镇以下各官，悉归节制。……钦此。[1]

这个节制四省的任命，着实使曾国藩大吃一惊，“不知其所以然，便获美誉”。当他“骇悉”北京发生了大变，肃顺集团被铲除后，才渐渐知其所以然。他倒吸一口凉气，庆幸自己没有被株连，但仍然“悚惶之至”。历史经验告诉他，位高权重，虚望太隆，没几个有好下场的，他在十一月十四日的日记中写道：“古之得虚名，而值时艰者，往往不克保其终，思此不胜大惧。将具奏折，辞谢大权，不敢节制四省。”[2]还是持盈保泰，明哲保身为妙。

十一月二十五日（12 月 26 日），经深思熟虑，曾国藩上了一个《恳辞节制浙省各官及军务等情折》，欲求解脱。折中说，他自任两江总督以来，徽州失守，祁门被困，竭蹶之状，屡见奏报，幸托圣主威福，才算捡回一条命。至于安庆之捷，胡林翼筹划于前，多隆阿苦战于后，他并无大功。江苏各州县，群盗如毛，均为他应办之事，但受命年余，竟无一兵一卒进入苏境。他于皖无功可叙，于苏负疚良深，蒙皇上天恩，不责他之无能，反令兼统浙江军务，并四省巡抚、提镇以下悉归节制。“此非常之

1《曾国藩全集（修订版）》第 3 册《奏稿之三》，岳麓书社 2011 年版，第 251 页。
2《曾国藩全集（修订版）》第 17 册《日记之二》，岳麓书社 2011 年版，第 227 页。

宠遇，臣自顾非材，实难胜任。……请皇上明降谕旨，令左宗棠督办浙江全省军务，所有该省主客各军，均归节制，即无庸臣兼统。”总而言之，“吁恳天恩，收回成命，在朝廷不必轻假非常之权，在微臣亦得少安愚拙之分”。[1]

“收回成命”，当然不可能。朝廷绝不是轻易给他非常之权，而是既要稳住他，又要他死心塌地为皇朝卖命。

辞谢大权不许，朝廷温旨抚慰，曾国藩也不好再说什么。

慈禧太后“垂帘听政”，恭亲王议政，朝政多有更张，颇有中兴气象。曾国藩对新的政治格局有了好感，唯权位太高，从此成为他的一块心病。他在家书中诉说着自己的复杂感受：

> 京师十月以来，新政大有更张。皇太后垂帘听政，前此受遗赞襄之八人者，肃斩决，郑、怡赐自尽，穆军台、匡、景、杜、焦革职，恭王议政居首，桂、周、宝、曹入军机，中外悚肃。余自十五至二十二日连接廷寄谕旨十四件，倚畀太重，权位太尊，虚望太隆，可悚可畏。[2]

曾国藩有难言之隐。

倚畀重用曾国藩及其湘系集团，是作为朝廷的重要决策而

1《曾国藩全集（修订版）》第3册《奏稿之三》，岳麓书社2011年版，第346—347页。

2《曾国藩全集（修订版）》第20册《家书之一》，岳麓书社2011年版，第717—718页。

执行的，不管曾国藩情愿不情愿，都不会改变。在辞旧迎新，新年的爆竹又一次炸响之际，同治元年正月初一（1862 年 1 月 30 日），朝廷又颁下一道上谕："曾国藩着以两江总督协办大学士。钦此。"曾国藩由此成为清朝立国两百余年来外臣中权势最大的汉人。对此，曾国藩更是危不自安，只好恳求朝廷金陵未克之前"请勿再加恩"，他实在承受不起。

朝廷破除满汉之见，如此重用曾国藩湘系集团，朝野震惊，引起不同的反响。作为汉人的李慈铭，在慈禧、恭亲王任命曾国藩为协办大学士这天，显得特别激动，特作词一首表示祝贺，以期"中兴"有日："万国瞻，新政垂衣，二后贤，病看元岁历，梦想中兴年。哀痛求言切（是日两宫下恤民求言诏，凡数千言），忧危命相专（是日拜曾帅为协揆），乡邦劳，圣虑稽首戴皇天。"[1] 仿佛"中兴"就在眼前。

与李慈铭正好相反，朝廷的这一决策引起满洲贵族权臣、在北京政变中立下汗马功劳的胜保的强烈不满。所谓"我朝自列圣以来，从不以重柄尽付汉臣，具有深意，不可不深思而远虑"，就是针对慈禧、恭亲王重用曾国藩而发的抗议，胜保与曾国藩的纷争恶斗也由此达到了白热化的程度。我们不妨就以胜、曾矛盾的演化为线索，检视一下慈禧、恭亲王决策的执行情况。这是一个饶有意味的话题。

自咸丰七年（1857）初，胜保领兵在安徽、河南一带进攻

1 转引自贾熟村《祺祥政变研究》，《文史》第 16 辑，中华书局 1982 年版，第 172 页。

捻军。他与这时的曾国藩处境相似，以“客军办贼”，没有治饷之权，但曾国藩有自己的湘军，而胜保却没有自练之兵，全是拼凑的“杂牌”，战斗力不强，所以经常吃败仗，人称“败保”。正因为如此，胜保总想染指异军突起的湘军，咸丰八年（1858）到咸丰九年（1859），曾千方百计吞并湘军，非但没有成功，反而激成与湘系“不相能”的尖锐矛盾。英法联军进攻京津，胜保奉命节制八旗禁军及各路“勤王”之师，奏调鲍超霆军北上。曾国藩、胡林翼一眼就看穿了胜保的险恶居心，是“挟君命以谋夺楚军者”，因此，如前所说，采用李鸿章“按兵请旨”之策，或由曾、胡一人亲自统兵北上，挫败了胜保的企图。湘军势力已伸入安徽，曾、胡认为，胜保“此君不去，皖难未已”，湘军无法在安徽站稳脚跟，因此，必欲挤胜保出安徽而后快。但胜保并不甘心，在朝中，他有恭亲王奕䜣撑腰，这还不够，“无兵不能自立”，没有坚强的武力后盾，别想与曾国藩的湘系集团相抗衡。他使出招降纳叛的本领，培植亲己武装，苗沛霖集团于是成了胜保与湘系集团抗争的法宝。可是，苗沛霖野心勃勃，希图割据，羽翼丰满后，公开举起抗清大旗。咸丰十一年大年初一，苗沛霖大举进攻寿州，九月二十七日（10月30日）占领寿州，安徽巡抚翁同书等人成了他的俘虏。接着，矛头指向皖北重镇颍州府城。这样，解决苗沛霖问题，刻不容缓地提上“同治”朝廷的议事日程，由此出现了“剿抚之争”，曾国藩集团与胜保集团之间的斗争进一步展开。

主抚派当然以胜保为代表。十月十八日（11 月 20 日）朝廷命曾国藩统辖四省军务这天，胜保上奏“主抚”，说，对苗沛霖，不外乎剿抚两端，当此太平军未平、捻军势盛之际，再添一股苗练，如何能对付？所以仍以抚为宜，如能受抚，以后之事由自己一手经理，驾驭得宜，总可保全。言下之意，苗沛霖只有归胜保一人节制，方不致别生枝节。

主剿派当然以湘系集团为代表，湘军最高首脑曾国藩，陆师大将李续宜，水师大将彭玉麟异口同声：“皆以为断无抚理。”[1]

两派纷争不已，形同水火。但重用湘系的决策，决定了胜保在与曾国藩的倾轧中必败无疑。

自曾国藩节制四省军务后，慈禧、恭亲王“尤注意倚湘军”，出现了“官员非由两楚出身不能遽膺优荐，将帅非与楚军结纳不能予以嘉名”的局面。湘系集团青云直上。在安徽战场上，朝廷先后任命湘系集团中的头面人物李续宜、彭玉麟、唐训方巡抚安徽，督师剿捻。在朝廷看来，只有湘军才能消除“心腹之大患”，维持摇摇欲坠的统治。如果说清廷在寿州围城战役和以后的一段时间里为免致腹背受敌而徘徊两歧之间的话，那么自攻克安庆，湘军在安徽战场上取得节节胜利后，就力主对苗沛霖实行“铁血政策”了。有湘军这样强大的武装，“苗患”何患不除！因此，支持湘系集团的主剿政策。据曾国藩透露：“壹意主剿，系遵照

1 江世荣：《曾国藩未刊信稿》，中华书局 1959 年版，第 14 页。

屡次密谕办理。”[1] 这种情况下，胜保挤垮曾国藩的目的自然难以达到。朝廷支持主剿派对抗胜保，表明湘系集团已成为稳固清政府统治的中流砥柱。为了换取曾国藩湘系集团的支持，哪怕牺牲自己忠实的奴仆也在所不惜。如果胜保识时务，急流勇退，保住既得利益和身家性命是不成问题的。但他偏偏不识时务，不能理解慈禧太后和恭亲王的一片苦心，自以为在政变中劳苦功高，继续引“苗”自重，与曾国藩集团倾轧，他的悲惨命运也就此注定了。

当然，朝廷对胜保与湘系集团之间的关系，也进行了一些调解。同治元年（1862）初，湘军集中兵力围攻庐州，无力兼顾寿州，在胜保“莅皖”的强烈要求下，朝廷暂让胜保前往皖北督师剿捻，办理抚苗事宜。胜保兴高采烈。但这种调解是暂时的、有条件的，一旦曾国藩攻克庐州，胜保的使命也就算完成了。四月十五日（5 月 13 日），庐州告克，尽管胜保大谈他的“赫赫战功”，但朝廷还是毫不犹豫地将其调离安徽，令其前往陕西镇压回民起义，而让安徽巡抚李续宜督办军务，对付苗沛霖。这使胜保暴跳如雷。四月二十三日（5 月 21 日），他在给朝廷的奏折中提出一系列离皖条件：一、李续宜不得更改已成抚局；二、委派专员办理抚苗事宜，他人不得染指；三、将苗部各营改为钦差练营，让苗沛霖办理营务；四、胜保西行后，可责成满洲贵族权臣僧格林沁就近调度，督苗剿捻立功，曾国藩湘系汉族官僚不得与

1《曾国藩全集（修订版）》第 25 册《书信之四》，岳麓书社 2011 年版，第 574 页。

闻。五、如上述要求窒碍难行，请将李续宜调离安徽，另选贤能授以皖抚。

骄横之势炙手可热！

但曾国藩对胜保寸步不让，朝廷对湘系集团的倚重也毫不动摇，胜保所请各情“着不准行”，“苗沛霖系皖省练总，自当听巡抚约束”，促胜保速速西上。这一着简直使胜保怒不可遏，直到此时他还不明白朝廷何以把“祖训”抛开，如此倚重汉人。“奴才满洲世仆，受国厚恩，苟愚见所及，不敢逆探圣意所向以为语”，又向主子大发牢骚说：

> 未闻汉有彭越、英布遂不复用韩信、陈平……亦犹此时不能因有楚师而遂不容复有他师也……在楚军动辄连衔要结，众口一词；而奴才一介孤臣，安能与之较长短？况奴才与官文、曾国藩未握兵权之先，即蒙先皇帝厚恩，赐印赐刀，久任统帅，较之李续宜等更多宣力数年！现当我皇太后、皇上信任楚军之际，奴才既不必与之争功，亦不屑与之负气！[1]

其实，朝廷也不愿牺牲奴才，调胜保西行，就是要他离曾国藩远些，不要与之较长短，争得失，相互倾轧了。可是胜

1 中国第一历史档案馆编：《清政府镇压太平天国档案史料》第 7 册，社会科学文献出版社 1993 年版，第 108 页。

保始终不能体谅朝廷的一片良苦用心。不久，他看到曾国藩的湘军遍布皖北，苗沛霖势有瓦解之虞，便擅自调苗入陕。朝廷再也无法容忍了，派多隆阿率湘军重兵拦截，接着将胜保革职拿问，赐令自尽[1]，苗沛霖以及张乐行捻军随之被剿灭。曾国藩牢牢地控制了安徽。

曾国藩集团与胜保集团由暗斗到明争到曾国藩最终取胜，表明汉族官僚与满洲贵族权力大小发生倒转，满洲贵族一统天下的局面一去不复返，以曾国藩为首的湘系集团成为可以左右时局的强大的军事政治集团。这是慈禧太后、恭亲王顺应时势做出的决策所产生的必然结果。

慈禧、恭亲王对曾国藩倚畀之专，不容置疑，胜保之死，更属铁证。

倚重曾国藩，说到底，是要借用曾国藩这把利剑，去削平太平军、捻军。而这恰恰是曾国藩所需要的，尽管他时常感到不安。攻克安庆后，曾国藩立即着手进攻天京的准备工作，夺取金陵，这是他"东征计划"的最后一步。为此，特让九弟曾国荃回湖南续招湘军，同时，让李鸿章到皖北招募淮军。兵源不成问题，筹饷成为头等大事。朝廷所给大权，正好派上用场。过去曾国藩靠卖官鬻爵（捐输和捐纳）及各省协饷来维持湘军的开支，现在，光靠这些办法筹饷来维持庞大的湘军已经难以为继，必须另辟财路，其中最佳的办法，在他看来，便是推广厘金制度。

1 池子华：《苗沛霖与胜保——兼论胜保之死》，《扬州师院学报》1988年第2期。

厘金制度是咸丰三年（1853）帮办江北大营军务的刑部侍郎雷以诚创议的，次年得准施行。办法是，在通商码头设立关卡，货物通过按值百抽一的税率抽税，行商抽通过税，坐商抽交易税。这是一种病商害民的制度，但对清廷筹措用以镇压太平天国的军饷却成效显著。曾国藩早有意于抽厘，只不过他没有督抚筹饷之权，不敢妄为。总督两江、节制四省以后，立即大力推广厘金制度，四省水陆通衢关卡林立，就连乡村小径也设有厘卡，任意盘剥，曾国藩可谓“广揽利权”。厘金成了湘军的养命之源。除此以外，他还着手整顿两淮盐政，征收盐课，这又是一笔数额巨大的收入。所以，对于饷源，曾国藩再也不会像从前那样东央西告，受尽屈辱，弄得焦头烂额了。

整军扩军、筹集军饷还不够，还必须在用人行政方面进行一番整顿，统一事权。作为两江总督，他有节制四省的大权。辖下安徽一省已为他牢牢控制，可是江苏巡抚薛焕、浙江巡抚王有龄、闽浙总督庆端，都不是自己的嫡系，非排除不可。接受节制四省的任命后，曾国藩连上奏章，弹劾浙江巡抚王有龄不谙军情，袒庇私党，上下朋比；揭发江苏巡抚薛焕只知娱情古玩，株守上海，一筹莫展；揭露闽浙总督庆端好谀恶直，专讲私情，吏治官常，不能振作，要求朝廷撤职查办。朝廷既然下决心倚重湘系，只能照办，允其所请，除王有龄于咸丰十一年十一月二十八日（1861 年 12 月 29 日）太平军攻克杭州时已自缢外，庆端和薛焕均调他职。曾国藩立即保荐幕中亲信左宗棠为浙江巡抚，沈葆桢为江西巡抚，李鸿章署理江苏巡抚，加上广西巡抚刘长佑、贵州巡抚江忠义等，曾国藩集团势力占据了长江中下游并伸展到西南内地，一跃成为当时最强大的政治实力派。

曾国藩按自己的意愿统一了事权，同治元年（1862）便指挥湘军向太平军发起了全面的进攻。

朝廷的倚畀重用的确是曾国藩戡平大乱的有力保证，但曾国藩的忧惧也绝不是虚幻的魔影。树大招风，权重骇人，功高震主，这些古训，像警钟一样时常在他耳边响起。节制四省的任命，没有让他有丝毫春风得意的感觉，相反，却让他神魂不安，好像有把剑悬在头上，随时可能落下来。也许读者会想，曾国藩过虑了，何至于此?

当然，曾国藩没有患神经病，历史的经验更不是欺人之谈。慈禧太后绝不会任由曾国藩集团膨胀发展，这对大清王朝没有任何好处。她绝不会放松对曾国藩的防范。这是曾国藩意料中的事。

料想所及的事情接二连三地发生了。

慈禧太后虽然假曾国藩以节制四省的大权，杀了胜保，以示对他的倚重，其实疑心之重较咸丰皇帝还有过之。有人不断进谗，说曾国藩少年时渡洞庭湖诗有云："直将云梦吞如芥，未信君山铲不平。"忆刘蓉诗也有"我思竟何属？四海一刘蓉……他日余能访，千山捉卧龙"之句，强调曾国藩以刘先主自许，有帝王思想，不可不防。这的确是危险的信号。慈禧太后神经绷得紧紧的。曾国藩湘军实力强大，不得不倚之剿“发捻”，不能不加以重用，但是，也不能不严加防范。慈禧太后一方面用“恩”加以羁縻，另一方面不停地用“威”敲打，给曾国藩点颜色看看，要他有所顾忌。这样的例子实在很多。就拿曾国藩与沈葆桢争饷一事来说，沈（福建侯官人，进士出身，林则徐的女婿）为曾一手栽培，咸丰五年（1855）入湘幕。曾国藩说他“器识才略，实堪大用，臣目中罕见其匹”[1]，保荐他做了江西巡抚。曾国藩保荐沈葆桢，是要他在江西筹饷，把江西变成湘军的后方基地。可是沈葆桢不愿在曾国藩脚下盘旋，有意自立门户，争饷养兵。同治元年（1862）未经曾国藩同意，即截饷 4 万两，曾国藩骂他“不近人情”。同治二年（1863）九江关道蔡锦青分拨 1.5 万两解曾国藩大营，沈葆桢一定要追回，“绝无婉商”的余地，曾国藩十分气恼，全数退还。同治三年三月（1864 年 4 月），沈葆桢奏请江西省厘金概归本省经收。江西是曾国藩的饷源基地。沈这种卡脖子的做法，朝廷居然同意了，这使曾国藩忍无可忍，他上疏力争，沈寸步不让，朝廷即令江西厘金曾、沈两家平分，又经总理衙门于上海奏拨银 50 万两作为抵偿。曾与沈几次为争饷打官司，结果都输了，这是慈禧玩弄的花招：支持沈葆桢来打击曾国藩，挑起湘系集团内部纷争，削弱湘系。玩弄权力平衡术，搞釜底抽薪，这是慈禧的拿手好戏。咸丰十一年十二月二十四日（1862 年 1 月 23 日）左宗棠被曾国藩举荐为浙江巡抚，同治二年三月

1《曾国藩全集（修订版）》第 2 册《奏稿之二》，岳麓书社 2011 年版，第 503 页。

十八日（1863年5月5日）即被朝廷超擢为闽浙总督，与勋望久著的曾国藩比肩列坐，并驾齐驱，明眼人一看便知，曾国藩奉命可以节制江浙皖赣四省巡抚、提镇，但总不能节制总督，这分明要支持左宗棠与曾国藩分庭抗礼，限制曾国藩的权势。左宗棠脱离曾国藩，自立门户，与沈葆桢联为一气，与曾国藩闹矛盾，不正是慈禧太后的得意之笔吗？慈禧还有一招，就是发动言官对曾国藩进行攻讦，虽不治他的罪，但足以让曾国藩常存畏惧心理。曾国藩自督两江、节制四省以来，“夙夜祗惧，最畏人言”，慈禧可谓“对症下药”，恰到痛处。

所以，曾国藩自节制四省以来，无日不在惊惧之中，“梦魂悚惕，惧罹不测之咎”[1]，唯恐身败名裂。

慈禧、恭亲王倚畀重用曾国藩湘系的决策收到了预期的效果。同治元年（1862）初，经精心策划，曾国藩指挥曾国荃中路主力湘军在南路左宗棠、东路李鸿章策应下，大举进攻天京。经过两年零一个月的大搏战，同治三年六月十六日（1864年7月19日），攻陷太平天国首都天京。太平天国运动失败。“二主争山”局面终于了结，曾国藩由此成为再造大清的“中兴第一名臣”。

湘军攻入天京，立即大动干戈，疯狂屠城，肆行暴掠，然后是放火灭迹，“火光烛天”，大火烧了七天七夜。繁华的金陵，六朝风流名都，“楚人一炬，可怜焦土”。不仅“十年壮丽天王府，

1《曾国藩全集（修订版）》第29册《书信之八》，岳麓书社2011年版，第553页。

化作荒庄野鸽飞”，就连街道路巷也难以分辨出来，到处是瓦砾，这是中国文化史上的一场浩劫。

攻克金陵，无疑是湘军取得的最大的胜利。钦差大臣、协办大学士、两江总督曾国藩因功赏加太子太保衔，赐封一等侯爵，世袭罔替，并赏戴双眼花翎。浙江巡抚曾国荃，赏加太子少保衔，赐封一等伯爵，赏戴双眼花翎。其余 130 余人各有封赏。曾国藩的事业自此达到了巅峰。

金陵告克，朝廷上下，一片欢腾，然而曾国藩却坐卧不安，忧心如焚。他早就说过，“处大位大权而兼享大名，自古曾有几人能善其末路者”。这是帝王专制时代严酷的现实。如今金陵告克，曾国藩权位盛极，举国瞩目，怎不令他忧惧丛生？

果然，金陵大火未熄，烧身之火骤起。上谕说：“曾国藩以儒臣从戎，历年最久，战功最多，自能慎终如始，永保勋名。惟所部诸将，自曾国荃以下，均应由该大臣随时申儆，勿使骤胜而骄，庶可长承恩眷。”[1] 言下之意，如曾国荃等人（包括曾国藩本人）骄横难制，后果将不堪设想。这无疑给曾国藩重重一击。曾国藩据曾国荃报告，上奏朝廷，说金陵太平军被斩尽杀绝，无一漏网，可是很快发现幼天王洪天贵福等逃出天京，朝廷闻报，差点治曾国藩奏报不实、曾国荃疏防纵敌之罪。

麻烦不止于此。平心而论，曾国藩兄弟的所作所为，足以

1《曾国藩全集（修订版）》第 7 册《奏稿之七》，岳麓书社 2011 年版，第 353—354 页。

令朝廷疑窦丛生。试想太平天国在全国最富庶的地区苦心经营了 12 年，曾国藩居然说金陵“全无货财”，连三岁的小孩也不会相信！“先斩后奏”，未等朝廷允准，擅杀李秀成，也莫名其妙，曾国藩回奏擅杀的原因，说是怕押送京师途中李秀成会绝食而死，这更不成话！无论曾国藩如何弥缝，难堵悠悠之口，一时流言满天飞，说曾国藩兄弟“杀人灭口”“专横跋扈”，所杀“李秀成”为替身云云，编修蔡寿祺、监察御史朱镇、御史贾铎等，更是交章弹劾（当然受慈禧暗示），立下盖世奇功的曾国藩兄弟一下子成了众矢之的。慈禧本来就对曾国藩防范甚严，功成之日更不敢松懈，特派都统富明阿前往金陵，“查访忠酋（忠王李秀成）真伪及城内各事”，监视曾国藩的一举一动。曾国藩日子更不好过了，“主眷日衰，外侮交至”，精神极端痛苦，不堪言状。

飞鸟尽，良弓藏，狡兔死，走狗烹。慈禧不过把曾国藩视为走狗，并非真倚实用，湘幕中人不是不知，赵烈文就说：“受任危难之间，盖朝廷四顾无人，不得已而用之，非负扆真能简畀，当轴真能推举也。”[1] 现在假曾国藩之手镇压太平天国的目的达到了，兔死狗烹，曾国藩也可以弃若敝屣。

事到如今，曾国藩如何是好？有两条路可走，一是造反，取而代之，建立新朝；二是裁军告退。

走第一条路，说不想，那是假话，他很早就萌生了帝王思

1 赵烈文：《能静居日记》同治三年四月八日，载太平天国历史博物馆编《太平天国史料丛编简辑》第 3 册，中华书局 1962 年版，第 346 页。

想，朝廷对他防范甚严，不无原因。但他又满脑子都是“地维赖以立，天柱赖以尊”的“君，天也”的观念，忠君意识浓厚，岂敢犯上作乱，当乱臣贼子？

尽管他要忠君报清到底，但他的左右就希望他当皇帝。早在安庆战役后，据说左宗棠、王闿运、郭嵩焘等，就极力怂恿，“彼可取而代之”，曾国藩不为所动。到了攻克金陵，曾国藩势力达于极盛，他自己就说：“长江三千里，几无一船不张鄙人之旗帜。”[1]要想推翻清廷，真是易如反掌，而朝廷功高赏薄。咸丰皇帝有承诺：“粤寇之据金陵也，文宗显皇帝顾命，颇引为憾事，谓有能克复金陵者可封郡王。”[2]而曾国藩仅得侯爵。曾国藩虽说不在乎，但确有抱不平者，湘乡老家起造新房，贴出上梁文说“两江总督太细（小）哩，要到南京做皇帝”[3]。更何况，朝廷屡与为难，明摆着要烹走狗，湘军将士无不义愤填膺，决意要造反，拥立他做皇帝。天京告克，彭玉麟即以书“劝进”：“东南半壁无主，老师岂有意乎？”曾国藩见信，吓得半天说不出话，随即将信搓成一团，咽到肚里。众将帅不肯罢休，在他审讯李秀成期间，群集大厅，曾国藩知来意，一言不发，挥毫写下 14 个大字：“倚天照海花无数，流水高山心自知。”众将见此，叹息而退，谁也不敢再说什么。[4]曾国藩审讯李秀成，李亦劝他“做皇帝”，据

1《曾国藩全集（修订版）》第 27 册《书信之六》，岳麓书社 2011 年版，第 564 页。

2 薛福成：《庸盦笔记》卷二，江苏人民出版社 1983 年版，第 36 页。

3 曾纪芬：《崇德老人自订年谱》同治三年，附录于《曾宝荪回忆录》，岳麓书社 1986 年版，第 12 页。

4 张辉主编：《曾国藩之谜》，经济日报出版社 1995 年版，第 190 页。

曾国藩后人透露，他“不是不干，是不敢”。难怪曾国藩说李秀成“甚狡”，与赵烈文计议，不欲押赴京师而就地处斩了。

既然不敢当乱臣贼子，也只有走第二条路：裁军告退。

要说引退，曾国藩早有此意，什么富贵功名，“皆人世浮荣”，他看得透，想得开，并不恋权。自节制四省后，他谨守一句格言，叫作“花未全开月未圆”，万事不要做过头，持盈保泰，此为明哲保身之道。所以位越高，权越重，他越是不安，总以预留退路为妙，看他给曾国荃的几封家书，就可知道他的处世之道及他如何考虑收场的。

同治二年一月七日（1863 年 2 月 24 日）致国荃书说：“疏辞两席（钦差大臣、两江总督）一节，弟所说甚有道理。然处大位大权而兼享大名，自古曾有几人能善其末路者？总须设法将权位二字推让少许，减去几成，则晚节渐渐可以收场耳。”

四月二十七日（6 月 13 日）致国荃书说：“来信‘乱世功名之际尤为难处’十字实获我心。本日余有一片，亦请将钦篆、督篆二者分出一席，另简大员。吾兄弟常存此兢兢业业之心，将来遇有机缘，即便抽身引退，庶几善始善终，免蹈大戾乎？”

同治三年三月二十六日（1864 年 5 月 1 日）致国荃书又说：“余昨日具疏告病，一则以用事太久，恐中外疑我兵权太重，利权太大，不能不缩手以释群疑。一则金陵幸克，兄弟皆当引退，即以此为张本也。”[1]

1《曾国藩全集（修订版）》第 21 册《家书之二》，岳麓书社 2011 年版，第 267 页。

曾国藩早有功成身退之念，但他没料到成功之日会生出无数波澜，也没料到朝廷会步步紧逼。曾国藩无奈，立即让曾国荃辞去浙江巡抚，托病开缺回籍调理。朝廷照准，赏给 6 两人参，表示抚慰，曾国荃气得七窍生烟，满腔怨愤地回到家乡。曾国藩深恐老弟想不开，左一封信，右一封信，不厌其烦地开导、劝说，要他像郭子仪那样“招之未尝不来，麾之未尝不去”，“置祸福毁誉于度外，坦然做去”云云。八月二十日（9 月 20 日）是曾国荃 41 岁生日，曾国藩特作《沅甫弟四十一初度》七绝 13 首，劝老弟想开些，中有一首云：

左列钟铭右谤书，人间随处有乘除。

低头一拜屠羊说，万事浮云过太虚。[1]

曾国藩熟读《庄子》，对庄周“知其不可奈何而安之若命”之说深有体味。人生天地间，随时随地，有乘有除，何必太介意！像屠羊说那样功高不争功的人也值得崇拜。劝弟也是自劝。还是那句人生格言：“花未全开月未圆。”

曾国荃先退，剩下的烂摊子——裁军就由曾国藩来收拾了。为了“避权势，保令名”[2]，释嫌疑，避祸端，金陵攻克后不到 20 天，曾国藩毅然裁撤湘军，但他没有立即辞官引退，尽管这是他

1《曾国藩全集（修订版）》第 14 册《诗文》，岳麓书社 2011 年版，第 86 页。

2 王定安：《湘军记》卷九《围攻金陵下篇》，岳麓书社 1983 年版，第 136 页。

的初衷。那样，等于要挟朝廷。的确，愤而辞官，容易引起朝廷的怀疑与非难，要是被裁的湘军将士出于激愤把他抬出来作为精神领袖来反抗朝廷，更不堪设想。裁军而不辞官，表示他仍愿一如既往为朝廷卖命，慈禧太后还有什么好说的呢？只要双方不走极端，就可以相安无事。

慈禧“恩”“威”交替使用，既达到了剿灭粤匪的目的，同时又使曾国藩时存“临渊履薄冰之惧”，不敢骄横妄为，政治手腕之高明，令人称绝。曾国藩在“恩”“威”的交互作用下，兢兢业业，谨守“花未全开月未圆”的人生格言，对功名利禄淡然视之，攻克天京后，复裁军而不辞官，亦可谓深谙明哲保身之道。

“花未全开月未圆”，作为曾国藩的人生哲学，终于使他跳出了“处大位大权而兼享大名，自古曾有几人能善其末路者”的政治怪圈，成为“保全末路”的有数人物。

三、安庆内军械所：中国近代化的新起点

我们的话题说远了些，还是回到咸丰十一年的主题上来。

在清廷中央，由于凶险的争权大战，奕䜣最初无暇顾及近代化事业，新的政治格局确立后，“借师助剿”、倚畀湘系诸务，又让他忙得不亦乐乎。但自总理各国事务衙门设立后，他就没有忘记发起一场大规模的改革运动，进行自我更新，改变积贫积弱的

国势。如今他大权在握，除了将京师同文馆（次年正式开办，是清末最早的“洋务学堂”，培养翻译、外交人才）的设想付诸实施外，开始酝酿新的长远的近代化蓝图。

在中央的恭亲王着手制定中国近代化的远景规划，而在地方的曾国藩这年底率先开办了中国第一家近代军事工厂——安庆内军械所。读者不要小视这家规模不大的军事工厂，它是中国近代化的新起点——物质层面的近代化的开端，改变中国历史面貌的洋务运动由此而兴起，作为发起人，曾国藩因此成为“洋务运动之父”。

我们这里所说的洋务运动，实质上就是中国近代工业化运动。洋务运动的发起人和领导者，习惯上称为“洋务派”，代表人物就是恭亲王、曾国藩、李鸿章、左宗棠等人。作为“先行者”，曾国藩在中国近代化的历史舞台上扮演了特殊的角色。

洋务运动的兴起有其特定的历史条件，那就是“内忧外患”。“内忧”即太平天国运动的大风暴，“外患”即西方资本主义的侵略，这就决定了洋务派向西方学习，兴办近代军工企业，有着双重目的：对内镇压农民起义，对外御侮自强。洋务运动作为近代化运动，其进步意义不可低估，它是中国由传统走向近代的里程碑。

洋务运动的启动和曾国藩成为“洋务运动之父”，都不是偶然的。

洋务运动开始于曾国藩开办安庆内军械所，但在此之前的 20 多年里，还有一个认识的发展过程，这个过程，笔者称之为“近代意识”的觉醒。所谓“近代意识”，就近代中国特定的历史条件而言，是指向西方学习，发展资本主义，以实现“富国”“自强”之目的的观念形态。

从鸦片战争到洋务运动，我们之所以只是说“近代意识”觉醒，是因为“近代意识”这种观念形态，还远远没有成为普遍的社会意识，而当时弥漫整个社会的仍然是浓重的“封建意识”和“大国意识”。国人夜郎自大，总以为西洋各国都是些没有开化的蛮夷小国，却不知曾经居于世界前列的中国已经被远远抛在了后面。但是，鸦片战争中，中国败在一个“小国”手中，割地赔款，丧权辱国，这不能不使中国人大为震惊。在西方坚船利炮的震撼下，部分改革派开始睁眼看世界，“近代意识”由此萌发，林则徐、魏源就是这种“近代意识”的体现者。

林则徐（1785—1850）是读者熟知的人物，福建侯官（今福州）人，字少穆，禁烟派的代表人物。他在广东查禁鸦片期间，为了解敌情专门组织编译了《四洲志》《华事夷言》等书，这是近代中国为研究西方情况而搜集、汇编材料的开端。

随着对“夷情”认识的增多，林则徐逐渐改变了“天朝无物不有”的腐旧观念，意识到了“天朝”并不完美，也有“不如夷”的地方，“夷”确有值得学习的长处，就拿洋人的“船坚炮利”来说，中国就落后一大截。中国要打败入侵者，必须“制炮造船”，因而提出“制炮必求极利，造船必求极坚”的主张，表达了在船炮这些新式武器的生产方面赶超洋人的强烈愿望。从承认“不如夷”到以“坚”“利”为目标赶超西方资本主义国家，这是认识上的巨大飞跃。这里，林则徐实际上已经提出了向西方学习的时代课题，也反映了“近代意识”的觉醒。

把林则徐思想发扬光大的是魏源。

魏源（1794—1857），字默深，湖南邵阳人，是一个具有远见的著名思想家。他支持林则徐严禁鸦片。《南京条约》签订后，他在复仇雪耻的爱国主义精神激励下，根据所能搜集到的资料，在林则徐主持编译的《四洲志》的基础上，编写了《海国图志》一书，对强国御侮之道做了可贵的探索。魏源明白指出，《海国图志》是“为师夷长技以制夷而作”。[1] 这个“师夷长技以制夷”的惊世命题，成为近代中国的主旋律。

“师夷”，就是以“夷”为师，向西方学习；“制夷”就是抵抗西方列强，“师夷”的目的在此。

“夷之长技”，魏源所能看到的主要是军事方面，他说，“夷之长技”有三：一战舰，二火器，三养兵练兵之法。这些“长技”，应该学到手。

魏源是一位对新事物比较敏感的思想家。虽然他直接提出的只是仿设外国新式军事工业的主张，但他还是从仿造外国军舰联想到造商船，从仿造新式枪炮联想到制造某些民用产品，表明他已看到了大机器工业在民生日用方面比在军事方面有更广阔的应

1 魏源：《海国图志原叙》，见《海国图志》，岳麓书社 1998 年版，第 1 页。

用前景，这是极可宝贵的。

从林则徐、魏源身上，可以感受到时代跳动的脉搏、“近代意识”的觉醒和社会发展的方向。向西方学习，走以工业化为核心的近代化道路，是历史的选择。第二次鸦片战争后，曾国藩率先接过林、魏的旗帜，鼓吹“洋务”，掀起了一场工业化运动。

曾国藩是有名的“实学家”，否则，他成为“洋务运动之父”是难以想象的。

“实学”，从字面上解释，就是实实在在的学问。用一句话来概括“实学”，就是“经世致用”的学问。何谓“经世致用”？也用一句话来概括，就是学问有益于国计民生。如此解释“实学”，太过简单，但对读者来说，有一个好处，即很容易理解。

“实学”这一概念是随着北宋理学思潮的兴起而提出来的。理学，又称道学，是两宋时期儒家批判吸收，融合佛、道两教哲理而形成的思辨色彩很浓的学术思潮，周敦颐、程颢、程颐、朱熹等，都是理学大家。理学家们，虽然对“理”有不同的理解，但大多以“实学”相标榜。按照朱熹的话说，“理”无所不在，无所不包，“其味无穷，皆实学也”，强调理学即“实理”，与佛教的“空”和道教的“无”相区别。

理学是官方哲学，“理”是传统伦理道德的体现，是“三纲”（君为臣纲，父为子纲，夫为妻纲）和“五常”（仁、义、礼、智、信），是衡量是否成圣的标尺，这是符合统治者维护道统需要的。但理学家们把“理”神秘化，空谈心性义理，不着边际，高深莫测，脱离实际太远，标榜实学，结果还是有名无实，成了“空寂寡实之学”。正因为如此，宋元之际，“理学”空疏的学风就遭到批判，到明清时期，更形成一股实学思潮，涌现出一批真正的实学家，像黄宗羲、顾炎武、王夫之等，都是明清之际实学思潮的代表人物，他们反对空虚玄妙的天道性命，主张“修己治人之实学”[1]。顾炎武还提出立身行事的最高标准，就是“博学于文，行己有耻”。所谓“博学于文”，是指博学经世致用的有益学问；所谓“行己有耻”，指凡与国计民生无关的不合理的事有所不为，换句话说，要以天下国家为己任，“天下兴亡，匹夫有责”。实学家们以发扬儒学通经致用的传统、昌盛经世致用的实学，扭转了宋明空疏的学风。

鸦片战争后，国门洞开，西学东渐，对中国社会产生强大的冲击波。外患频仍，国难深重，一些有识之士，睁开眼看世界，探索救国救民的真谛，实学思潮再起波澜。我们刚才所说的林、魏及龚自珍，都是著名的实学家，他们提出向西方学习、“师夷长技以制夷”的时代课题，把西学融注于实学之中，丰富了实学的内容，同时使实学具有了鲜明的时代特征。

曾国藩就是那个时代的实学大家，“明道救世”是他实学思想的核心。“事关民生国命者，必穷源溯本”，这种务实态度，是

---

1 顾炎武著，黄汝成集释：《日知录集释》卷七《夫子之言性与天道》，上海古籍出版社 2006 年版，第 402 页。

他筹办洋务的思想基础。

近代中国，国难日深，凡有血性的中国人，无不心存忧患意识，林、魏如此，曾国藩也不例外。这种忧患意识，成为他筹办洋务的内在驱动力。

道光二十年（1840）英国发动侵略中国的鸦片战争，在京为官的曾国藩感到“极可痛恨”。但他也妄自尊大，以为堂堂“天朝”大国，何惧英夷！英夷不过是“螳螂”，“螳螂竟欲当车辙”，必将被碾得粉碎。不料，泱泱大国居然被小国打败，签订了可羞可耻的《南京条约》，这使曾国藩既感到震惊又感到愤恨：“接到英吉利、法郎（兰）西、米（美）利坚各国通商条款，大局已坏，令人心灰。”[1] 没想到，第二次鸦片战争，清政府又被打得一败涂地，签订一系列丧权辱国的不平等条约。虽然求得暂时和平，但曾国藩意识到，这种和平并不可靠，防备洋人入侵，不可一日而忘。他在给朝廷的奏折中痛陈：“此次款议虽成，中国岂可一日而忘备？”国事日非，曾国藩忧心忡忡。他清醒地认识到，洋人一次又一次发动侵华战争，所恃者无非船坚炮利。中国要自强御侮，需要船坚炮利，要船坚炮利非办洋务不可。咸丰十年十一月八日（1860 年 12 月 19 日），他在《遵旨复奏借俄兵助剿发逆并代运南漕折》中说：“无论目前资夷力以助剿、济运，得纾一时之忧；将来师夷智以造炮制船，尤可期永远之利。”[2] 曾

1《曾国藩全集（修订版）》第 20 册《家书之一》，岳麓书社 2011 年版，第 552 页。
2《曾国藩全集（修订版）》第 2 册《奏稿之二》，岳麓书社 2011 年版，第 618 页。

国藩并不太赞成借“夷力”镇压太平天国的主张，即使是借师助剿，也只能是权宜之计，“永远”的目标则是自强、御侮。曾国藩政治家的远见卓识，非当时一般达官贵人所能比拟。他的向西方学习、兴办近代工业、造炮制船的主张与魏源“师夷长技以制夷”这一振聋发聩的口号相比，毫不逊色。这里，曾国藩已经喊出了兴办洋务运动的第一声。

当曾国藩与太平军全力争夺安庆时，出于镇压太平天国的需要，恭亲王奕䜣提议“购买外洋船炮”，曾国藩立即附和，咸丰十一年七月十八日（1861 年 8 月 23 日）上呈《复陈购买外洋船炮折》，说，购买外洋船炮，“为今日救时之第一要务”。英法等西方列强所擅者船坚炮利，如能陆续购买，据为己有，西方列强就会“失其所恃”。[1] 比起恭亲王，曾国藩看得更远，他不满足于购买，而且要自己设厂制造，如此不仅可以“剿发逆”，更“可以勤远略”、富国强兵，重申了“师夷智以造炮制船”的主张。

曾国藩不仅大声疾呼倡导洋务，而且身体力行，把洋务从口头上、纸面上付诸实践。这年攻克安庆后，他便率先开办了中国首家近代军事工厂——安庆内军械所，“制造洋枪洋炮，广储军实”。曾国藩由此成为“洋务派”的领袖。

安庆内军械所是一家综合性的军工企业，主要生产子弹、火药、山炮及洋枪、洋炮。经费主要从湘军军费中划拨，雇用工人近百，其中一部分是湘军勇丁，一部分是从湖南招募来的工匠。

1《曾国藩全集（修订版）》第 3 册《奏稿之三》，岳麓书社 2011 年版，第 186 页。

光造枪炮火药还不够，曾国藩还要试造轮船。

同治元年正月二十一日（1862年2月19日），有洋船一只，停泊在安庆城下，准备出售，曾国藩随即偕李鸿章、李鸿裔登轮阅看，赞叹不止，“无一物不工致”。这也激发了曾国藩试造中国第一艘轮船的决心。在他看来，“求自强之道，以学船炮为下手工夫”。他在日记中写道，中国要讲求自强，就得革新政治，访求人才，以学西洋制造船炮技术为基本要务，一旦学会了船炮的制造，那么洋人的长处我们也有了。无论是与洋人和平相处还是相互敌对，我们都有资本，挺起腰板，否则，“曲固罪也，直亦罪也，怨之罪也，德之亦罪也”[1]，与洋人没有道理可讲，只能受人欺侮。

办新事业，曾国藩可谓白手起家，资金、技术、人才，样样缺乏，其难可想而知。其中人才最为难得，好在曾国藩特重网罗各类人才，有所储备，否则只能空谈空想。在他的人才库中，有两位技术专家成为新事业的柱石，那就是徐寿和华蘅芳，两位受知于国藩，被委任为安庆内军械所的工程师。

徐寿（1818—1884），字雪邨，江苏无锡人，家境贫寒，与科举无缘，刻苦自励，勤奋好学，对博物格致之学尤为究心，举凡数学、几何、化学、矿产、机械、医学、光学、电学等，无不穷究原委，“而制器尤精”。曾国藩以其博涉多通，奉为奇才异能，以宾礼罗置幕中。

1《曾国藩全集（修订版）》第17册《日记之二》，岳麓书社2011年版，第288页。

华蘅芳（1833—1902），字若汀，江苏金匮人，自幼对数学有浓厚兴趣，长到20来岁，就成为小有名气的数学家。咸丰初年，他与徐寿结伴到了上海墨海书馆，与著名数学家李善兰等人讨论数学及其他学术问题。曾国藩以其“能文善算”，礼聘至幕。

徐寿、华蘅芳通力合作，在曾国藩的直接过问下，开始了试造中国第一艘轮船的伟大事业。两人推求动理，测算汽机，同治元年春居然制造出一部轮船发动机。七月四日（7月30日），曾国藩兴致勃勃地观看试验，结果令他颇为满意，“窃喜洋人之智巧，我中国人亦能为之，彼不能傲我以其所不知矣”[1]。那意思是说，洋人的长技到底被我们中国人学到手了，从此以后，洋人再没有恃以藐视中国的东西了。认识虽然浅薄，但那种爱国之心，报国之情，溢于言表，令人肃然起敬。

发动机不等于轮船，不能行驶于水上，还要进行艰苦复杂的研制工作。但曾国藩充满自信。

同治二年底，曾国藩梦想成真，中国造船史上第一艘火轮船终于在安庆内军械所宣告诞生。船的体积很小，长不过3丈，时速不超过30华里，却是中国自己制造的最先进的轮船。十二月二十日（1864年1月28日），曾国藩昂首阔步登上轮船试车。轮船启动了，江风拂面，波涛滚滚，曾国藩自豪地笑了，对中国的未来充满希望。他给这艘轮船取名“黄鹄”号，预示中国必将像黄鹄那样，“一飞冲天”，不再受人宰割。

1《曾国藩全集（修订版）》第17册《日记之二》，岳麓书社2011年版，第306页。

开办安庆内军械所，只是曾国藩洋务生涯的开端。在他生命的最后十年中，他为推进中国近代工业化运动呕心沥血，躬行实践。在他的努力下，办起了中国第一家大型多功能近代工业基地——被称为“机器母厂”的江南制造总局，建立了中国第一个翻译馆（至清末翻译科技书籍近200种），派出了中国第一批留学生（共30名，其中有“中国铁路之父”詹天佑等），为中国走向世界架起了一座桥梁。仅此数端，曾国藩可谓厥功辉煌。更重要的是，在他的“倡率”下，洋务运动蓬蓬勃勃开展起来，把中国的历史向前推进了一大步。

曾国藩开办安庆内军械所等军工企业的目的之一是生产镇压太平军所需的新式武器。太平天国最终被曾国藩“削平”，武器装备的落后的确是一大要因，但不是唯一的原因。太平天国失败的原因，史学界的同行已做了全面总结，笔者在《曾国藩传》一书中也从“曾国藩成功的经验也许正是洪秀全领导的太平天国革命失败的教训”的角度做了较为细致的探讨[1]，毋庸细说，这里仅从“用人”方面加以审视，或能发人深思。

曾国藩知人善任，这是他成功的奥秘。他深知，欲求事业之成功，必以聚人才为首务，因此，特别注重网罗各色人才，多方延聘，不遗余力，凡于兵事、饷事、吏事、文章有所专长者，无不优加奖励，量才录用。下士之诚、爱才之笃、致士之勤，为一时之最，所以士子依归，如众星拱北辰，争先恐后，竞献其才，

1 池子华：《曾国藩传》，安徽人民出版社1997年版，第157—162页。

曾国藩幕府成了当时人才的渊薮。容闳在《西学东渐记》中述及曾幕人才盛况，说“当时各处军官，聚于曾文正之大营者，不下二百人，大半皆怀其目的而来。总督幕府中亦有百人左右。幕府外更有候补之官员、怀才之士子，凡法律、算学、天文、机器等专门家，无不毕集，几于举全国人才之精华，汇集于此”[1]，可谓盛况空前。有如此庞大的人才团队，群策群力，集思广益，自然可以成就一番事业。诚如《曾国藩及其幕府人物》一书的作者李鼎芳所说：“曾国藩能成大事，亦即由于其幕府宾僚之群策群力互助建功也。”

与曾国藩相比，洪秀全知人用人则太过逊色。虽然太平天国也极力争取人才，甚至定鼎金陵后张榜招贤：“江南人才最多，英雄不少，或木匠，或瓦匠，或铜铁匠，或吹鼓手，你有那长，我便用你那长，你若无长，只可出力的了。”[2]同时开科取士，表现出“礼贤下士”的风度，但实际上轻视、排斥知识分子。洪秀全奉行的拜上帝教，与儒教传统格格不入，令读书人难以容忍。太平天国称孔子为“妖”，孔孟之书都是“妖书”，“敢将孔孟横称妖，经史文章尽日烧”，采用大规模的疾风暴雨式的手段，“焚书坑儒”。太平天国明文规定，“凡一切妖书如有敢念诵习者，一概皆斩”，“凡一切妖物妖文书，一概毁化，如有私留者，搜出斩

1 容闳：《西学东渐记》，岳麓书社 2015 年版，第 76 页。

2《太平天国科举考略》，转引自《太平天国史研究》第 2 集，南京大学出版社 1989 年版，第 156 页。

首不留”[1]。在南京，太平军在孔夫子庙前杀牛屠狗，用狗血喷淋孔孟之头，这种极端的排儒运动，较秦始皇还有过之。儒学是中国的传统文化，孔子是读书人的“至圣先师”，“四书”“五经”更是知识分子步入仕途的凭借，因此，“反孔”“焚书”，不能不引起知识分子的强烈不满与对抗，太平天国因此失去了知识分子的支持。

洪秀全不仅不能广揽人才，而且也不善用人才：一是不重用，投靠太平天国的知识分子本来就少得可怜，可是他们并不受重用，“所办无非写奏章、诰谕、封条，出告示，造家册、兵册等事，一切军令概不与闻”，跟勤杂工没什么差别，根本起不到智囊的作用。二是不敢用，如第一位留美学生容闳，对太平天国运动表示同情，亲往天京，向太平天国提出建设海军学校、创立银行、设立武备学堂、开办各种实业学校等七条建议，没想到天王对他的建议不加理睬，容闳失望地离开天京，投到曾国藩幕中。另一位时贤王韬的结局也是如此。像容闳、王韬这样具有战略眼光的知识分子来而复去，为曾国藩所用，不能不说洪秀全鼠目寸光了。三是不信用，“防有用之才之算己也”[2]，对患难与共的弟兄也存防备之心，石达开就不见信于洪秀全，被逼出走，给太平天国带来无可挽回的损失。可是洪秀全并没有从中吸取教训，省思改过，反而越走越远，最后走到“信天不信人”的死胡同。

---

1 张德坚：《贼情汇纂》卷二，民国二十一年印本。

2 中国史学会主编：《太平天国》第3册，神州国光社1952年版，第314页。

古人云，“存之得失之秋，用士（知识分子）则兴，失士则亡”。仅从用人方面，即可判定曾国藩必胜，洪秀全必败。李秀成被俘，总结太平天国失败的教训时，沉痛地说：“官兵多用读书人，贼中无读书人”，“误国不用贤才！”[1]

以安庆内军械所的设立为契机而兴起的洋务运动，在戡乱过程中，的确发挥了重要作用，奠定了中兴之基，同时，启动了中国近代工业化的历史巨轮，迎来了中国社会的转型期。历史的复杂性就是这样令人不可思议。

安庆内军械所，中国近代化的新起点。

1《李秀成自述》，载中国史学会主编《太平天国》第 2 册，神州国光社 1952 年版，第 838、844 页。

尾　声　“抗议”

《校邠庐抗议》，言人所难言，为三十年变法之萌芽。

——《湘学报》

一元复始。伴着元旦钟声的敲响，大清王朝送走了咸丰十一年。

新的一年——同治元年（1862）——开始了，在爆竹声中，人们开始了新一轮的“三百六十五个祝福”。

新年新气象。历史在咸丰十一年发生转折，大清王朝在少壮的慈禧、恭亲王“同治”下开始走向辉煌——“同治中兴”。

伴随着历史的脚步声，咸丰十一年的一份“抗议”，振聋发聩，成为时代的强音，久久回荡在近代中国的上空。

“抗议”发自“校邠庐”。“校邠庐”是冯桂芬在上海的寓所。咸丰十一年末，冯桂芬在这里完成了他影响中国近代历史的名著，书名就叫《校邠庐抗议》。

冯桂芬，字林一，号景亭，自称“校邠先生”，嘉庆十四年（1809）出生在江苏吴县一个朱门之家，禀赋“颖异”，聪明过人，“读书目数行下”。道光二十年（1840）中进士，点翰林，称得上江南才子。

冯桂芬为学“讲求经济”[1]。所谓“讲求经济”，就是提倡经世致用。不“讲求经济”的人，成不了实学家。林则徐、魏源、龚自珍、曾国藩以及后来的薛福成、郑观应、王韬、陈炽、康有为、梁启超等，都是“讲求经济”的实学家。面对内忧外患，避难上海滩的冯桂芬“隐然负拨乱澄清之志”，殚精竭虑，刻意求索富国自强之路，经过两年的潜心研究，在“关键之年”完成了《校邠庐抗议》40篇，成为咸丰十一年的又一大“关键”——“中华民族觉醒的又一重要标志”[2]。

“抗议”，即“位卑言高之意”[3]，是觉醒的知识分子为救亡图存、振兴中华而发出的强烈呼声。

《校邠庐抗议》分上下两卷，忧世疾笔，发出公黜陟议、汰冗员议、兴水利议、筹国用议、改科举议、广取士议、制洋器议、采西学议……涉及政治、经济、外交、思想文化诸方面的“抗议”主张。

《校邠庐抗议》尖锐地指出，两次鸦片战争，中国之所以惨

1 王翰林点校：《清史列传》第七十三卷《冯桂芬传》，中华书局 1987 年版，第 6050 页。

2 任汝平：《动荡·重构·觉醒——1861 年中国政治》，《江西社会科学》1993 年第 11 期，第 85 页。

3 冯桂芬：《校邠庐抗议·自序》，文海出版社 1968 年版。

败求和、割地赔款，蒙受开天辟地以来未有的奇耻大辱，是因为中国“不如夷”——“人无弃材不如夷，地无遗利不如夷，君民不隔不如夷，名实必符不如夷”，“船坚炮利不如夷，有进无退不如夷”[1]。既然“不如夷”，就应该放下“天朝”至尊的臭架子，老老实实向“夷”学习，“法后王”，“鉴诸国”，奋起直追。他直言不讳地说：“法苟不善，虽古先吾斥之；法苟善，虽蛮貊吾师之。”[2]这就冲决了“夷夏大防”，是对“祖宗之法不可变”的正统观念的非难。

穷则思变。落后的中国已被卷入世界，列强环伺，国难未已，“我中华且将为天下万国所鱼肉”[3]。中国要想不为“鱼肉”、不被开除“球籍”，就必须改弦更张，走自强之路。要自强，除了恢复“三代圣人”的良法美制外，更重要的是“采西学”“制洋器”。冯桂芬指出，仅仅“师夷长技”还不够，那样只能跟在洋人屁股后面跑，重要的是“师其法”，方法学到手，就可以触类旁通，青出于蓝，“驾而上之”，赶上、超过西方列强。

“师其法”，说到底就是学习西方先进的科学技术，声、光、化、电、算学、制造工艺等，都是学习的内容。翻译西学书籍、广设同文馆（洋学堂）是学习的重要途径。凡学有所成，在科技方面做出突出贡献者，国家赏给举人、进士功名，与正途出身的科举人才同等看待。这种“抗议”，在视科技为“奇技淫巧”的

1 冯桂芬：《校邠庐抗议・制洋器议》，文海出版社1968年版。
2 冯桂芬：《校邠庐抗议・收贫民议》，文海出版社1968年版。
3 冯桂芬：《校邠庐抗议・制洋器议》，文海出版社1968年版。

时代，确属惊世骇俗之论。更骇人的是，冯桂芬竟敢在原稿中写出“米利坚（美利坚）以总统领治国，传贤不传子，由百姓各以所推姓名投匭中，视所推最多者立之，其余小统领皆然”的敏感语句。学习西方的民主制度吗？那就要推翻现行的专制制度，这还了得，离经叛道，非杀头不可。冯桂芬也感到“抗议”得太早、太过火了，情愿或不情愿地一笔勾销，批注曰：“未行似不足为典。”[1]

冯桂芬不是“全盘西化”论者。在“中学”与“西学”的关系上，《抗议》提出一个影响深远的著名论断——“以中国伦常名教为原本，辅以诸国富强之术。”[2]洋务派处理中西文化问题的基本纲领“中学为体，西学为用”由此滥觞。

冯桂芬“悲悯在抱，愤时嫉俗之心时流露于笔墨间”，发出激烈“抗议”，奏出时代的最强音，荡气回肠，石破天惊。尽管这部书至冯桂芬去世仍“秘匿不出”（冯于同治十三年即 1874 年去世，《抗议》至光绪十一年即 1885 年才正式刊行），但书成之后迅即被广为传抄，影响与日俱增，在思想界刮起一股“采西学”、走近代化道路的旋风。曾国藩盛赞《抗议》为“名儒之论”，“足以通难解之结，释古今之纷……一旦昭若发蒙，游刃有地，岂胜快慰”！他相信，“尊论必为世所取法，盖无疑义”[3]。

1 阎中恒：《〈校邠庐抗议〉考》，载《江西图书馆学刊》1991 年第 1 期；黄茂林：《略论冯桂芬的中西文化观》，载《厦门大学学报》1990 年第 2 期。

2 冯桂芬：《校邠庐抗议・采西学议》，文海出版社 1968 年版。

3 丁伟志：《〈校邠庐抗议〉与中国文化近代化》，载《历史研究》1993 年第 5 期。

恭亲王、李鸿章及其他洋务派领袖，也深受“感染”。维新运动时期，《抗议》屡经翻刻，流布日广，康有为、梁启超奉为思想先驱，拿来鼓吹变法，难怪光绪二十三年（1897）出版的《湘学报》评论说，“《校邠庐抗议》，言人所难言，为三十年变法之萌芽”。

咸丰十一年，“抗议”之声骤起，高亢激越，伴着中国社会的转型，历史向我们走来……

后　记

这本书原名为《幻灭与觉醒——咸丰十一年实纪》，初版于1999年，作为“历史关键之年”丛书，由河北大学出版社出版发行。2009年漓江出版社再版，书名改为《咸丰十一年》。5年合同期届满，2015年春中国社会科学出版社再版。10年合同期满，承蒙岳麓书社厚爱，又一次再版。25年过去了，这本小书逐渐得到了读者的认可，笔者颇感欣慰。

在初版“后记”中，笔者有这样几段文字，说明写这本书的初衷：

记得几年前，有位前辈寄来他的新著，令我吃惊的是，书的发行量还不足500册。是该书没有价值吗？绝对不是，原因说起来很简单，它是一本纯而又纯的学术著作。史学“曲高和寡”，从来被视为理所当然，可是为什么不能“曲高和众”？历史能否松开板起的面孔，变得和蔼可亲、平易近人些？

毫无疑问，历史应该是属于全人类、全民族的，而不应是史学家的“专利”。史学工作者有责任、有义务承传历史，让历史走近现实，接近大众。在市场经济条件下，历史走出史学界，走向大众，应该是一种（不是唯一）选择。史学工作者理应学会推销自己的“产品”。

让历史鲜活起来，史学才有“市场”。黄仁宇先生的《万历十五年》属这方面的上乘之作，茅海建先生的《苦命天子——咸丰皇帝奕詝》、黄兴涛先生的《闲话辜鸿铭》等，也作过有益的尝试。可惜这类有血有肉、文字清新可读而又不失历史之尊的史学著作太少了。本书也只是一种尝试，但究竟做得如何，心中没底，只好请读者来评说了。

本书在写作过程中，借鉴了学术界已有研究成果，这些都尽可能在书中一一注明了。如果说本书写出了新意，那也是在前人研究的基础上取得的。

本书再版之际，对出版社及责任编辑付出的劳动表示由衷感谢。

池子华

2024年11月10日于苏州大学

图书在版编目（CIP）数据

幻灭与觉醒：1861年的内乱、外交与政局 / 池子华著. -- 长沙：岳麓书社，2025. 8. -- ISBN 978-7-5538-2332-4

Ⅰ. K256.09

中国国家版本馆 CIP 数据核字第 2025HZ1161 号

HUANMIE YU JUEXING:

1861 NIAN DE NEILUAN, WAIJIAO YU ZHENGJU

幻灭与觉醒： 1861 年的内乱、外交与政局

作　　者 | 池子华

出 版 人 | 崔　灿

策划编辑 | 奉懿梓

责任编辑 | 刘书乔　冯文丹

责任校对 | 舒　舍

书籍设计 | 吾然设计工作室

营销编辑 | 谢一帆　唐　睿　向媛媛

岳麓书社出版发行

地址 | 长沙市岳麓区爱民路 47 号

承印 | 长沙鸿发印务实业有限公司

开本 | 640mm×960mm 1/16　印张 | 24.5　字数 | 270 千字

版次 | 2025 年 8 月第 1 版　印次 | 2025 年 8 月第 1 次印刷

书号 | ISBN 978-7-5538-2332-4

定价 | 88.00 元

如有印装质量问题，请与本社印务部联系

电话 | 0731-88884129